普通高等教育中医药类"十三五"规划教材
全国普通高等教育中医药类精编教材

中医诊断学

(第3版)

(供中医学、中西医临床医学等专业用)

主 编

吴承玉　王天芳

副主编

马维骐　方朝义　李　杰
刘燕平　胡志希　徐　征

上海科学技术出版社

图书在版编目(CIP)数据

中医诊断学 / 吴承玉,王天芳主编. —3版. —上海：上海科学技术出版社,2018.5(2025.1重印)
普通高等教育中医药类"十三五"规划教材
全国普通高等教育中医药类精编教材
ISBN 978-7-5478-3952-2

Ⅰ.①中… Ⅱ.①吴… ②王… Ⅲ.①中医诊断学－高等学校－教材 Ⅳ.①R241

中国版本图书馆CIP数据核字(2018)第060322号

中医诊断学(第3版)
主编 吴承玉 王天芳

上海世纪出版(集团)有限公司 出版、发行
上海科学技术出版社
(上海市闵行区号景路159弄A座9F-10F)
邮政编码201101　www.sstp.cn
常熟市华顺印刷有限公司印刷
开本787×1092　1/16　印张13
字数270千字
2006年12月第1版
2018年5月第3版　2025年1月第25次印刷
ISBN 978-7-5478-3952-2/R·1592
定价：28.00元

本书如有缺页、错装或坏损等严重质量问题,请向工厂联系调换

普通高等教育中医药类"十三五"规划教材
全国普通高等教育中医药类精编教材

专家指导委员会名单

（以姓氏笔画为序）

王　平	王　键	王占波	王瑞辉	方剑乔	石　岩
冯卫生	刘　文	刘旭光	严世芸	李灿东	李金田
肖鲁伟	吴勉华	何清湖	谷晓红	宋柏林	陈　勃
周仲瑛	胡鸿毅	高秀梅	高树中	郭宏伟	唐　农
梁沛华	熊　磊	冀来喜			

普通高等教育中医药类"十三五"规划教材
全国普通高等教育中医药类精编教材

编审委员会名单

名誉主任委员 洪　净

主　任　委　员 胡鸿毅

委　　　员（以姓氏笔画为序）

王　飞　　王庆领　　李铁浪　　吴启南

何文忠　　张文风　　张宁苏　　张艳军

徐竹林　　唐梅文　　梁沛华　　蒋希成

编委会名单

主　编

吴承玉（南京中医药大学）　　　　王天芳（北京中医药大学）

副主编（以姓氏笔画为序）

马维骐（成都中医药大学）　　　　方朝义（河北中医学院）
刘燕平（广西中医药大学）　　　　李　杰（青海大学医学院）
胡志希（湖南中医药大学）　　　　徐　征（南京中医药大学）

编　委（以姓氏笔画为序）

王学岭（天津中医药大学）　　　　王雪梅（云南中医药大学）
王朝晖（江西中医药大学）　　　　任　健（山东中医药大学）
刘雁云（湖北中医药大学）　　　　李　文（贵州中医药大学）
李　晶（山西中医药大学）　　　　吴秀艳（北京中医药大学）
宋　红（浙江中医药大学）　　　　张星平（新疆医科大学）
陈　锐（长春中医药大学）　　　　周雪梅（安徽中医药大学）
赵　敏（内蒙古医科大学）　　　　修宗昌（广州中医药大学）
俞　洁（福建中医药大学）　　　　贾育新（甘肃中医药大学）
殷　鑫（陕西中医药大学）　　　　符　强（黑龙江中医药大学）
谢文英（河南中医药大学）　　　　燕海霞（上海中医药大学）
魏　红（辽宁中医药大学）

普通高等教育中医药类"十三五"规划教材
全国普通高等教育中医药类精编教材

前言

新中国高等中医药教育开创至今历六十年。一甲子朝花夕拾,六十年砥砺前行,实现了长足发展,不仅健全了中医药高等教育体系,创新了中医药高等教育模式,也培养了一大批中医药人才,履行了人才培养、科技创新、社会服务、文化传承的职能和使命。高等中医药院校的教材作为中医药知识传播的重要载体,也伴随着中医药高等教育改革发展的进程,从少到多,从粗到精,一纲多本,形式多样,始终发挥着至关重要的作用。

上海科学技术出版社于1964年受国家卫生部委托出版全国中医院校试用教材迄今,肩负了半个多世纪的中医院校教材建设和出版的重任,产生了一大批学术深厚、内涵丰富、文辞隽永、具有重要影响力的优秀教材。尤其是1985年出版的全国统编高等医学院校中医教材(第五版),至今仍被誉为中医教材之经典而蜚声海内外。

2006年,上海科学技术出版社在全国中医药高等教育学会教学管理研究会的精心指导下,在全国各中医药院校的积极参与下,组织出版了供中医药院校本科生使用的"全国普通高等教育中医药类精编教材"(以下简称"精编教材"),并于2011年进行了修订和完善。这套教材融汇了历版优秀教材之精华,遵循"三基""五性""三特定"的教材编写原则,同时高度契合国家执业医师考核制度改革和国家创新型人才培养战略的要求,在组织策划、编写和出版过程中,反复论证,层层把关,使"精编教材"在内容编写、版式设计和质量控制等方面均达到了预期的要求,凸显了"精炼、创新、适用"的编写初衷,获得了全国中医药院校师生的一致好评。

2016年8月,党中央、国务院召开了新世纪以来第一次全国卫生与健康大会,印发实施《"健康中国2030"规划纲要》,并颁布了《中医药法》和《〈中国的中医药〉白皮书》,把发展中医药事业作为打造健康中国的重要内容。实施创新驱动发展、文化强国、"走出去"战略以及"一带一路"倡议,推动经济转型升级,都需要中医药发挥资源优势和核心作用。面对新时期中医药"创造性转化,创新性发展"的总体要求,中医药高等教育必须牢牢把握经济社会发展的大势,更加主动地服务和融入国家发展战略。为此,精编教材的编写将继续秉持"为院校提供服务、为行业打造精品"的工作要旨,在全国中医院校中广泛征求意见,多方听取要求,全面汲取经验,经过近一年的精心准备工作,在"十三五"开局之年启动了第三版的修订工作。

本次修订和完善将在保持"精编教材"原有特色和优势的基础上,进一步突出"经典、精炼、新颖、实用"的特点,并将贯彻习近平总书记在全国卫生与健康大会、全国高校思想政治工作会议等系列讲话精神,以及《国家中长期教育改革和发展规划纲要(2010—2020)》《中医药发展战略规划纲要(2016—2030年)》和《关于医教协同深化中医药教育改革与发展的指导意见》等文件要求,坚持高等教育立德树人这一根本任务,立足中医药教育改革发展要求,遵循我国中医药事业发展规律和中医药教育规律,深化中医药特色的人文素养和思想情操教育,从而达到以文化人、以文育人的效果。

同时,全国中医药高等教育学会教学管理研究会和上海科学技术出版社将不断深化高等中医药教材研究,在新版精编教材的编写组织中,努力将教材的编写出版工作与中医药发展的现实目标及未来方向紧密联系在一起,促进中医药人才培养与"健康中国"战略紧密结合起来,实现全程育人、全方位育人,不断完善高等中医药教材体系和丰富教材品种,创新、拓展相关课程教材,以更好地适应"十三五"时期及今后高等中医药院校的教学实践要求,从而进一步地提高我国高等中医药人才的培养能力,为建设健康中国贡献力量!

教材的编写出版需要在实践检验中不断完善,诚恳地希望广大中医药院校师生和读者在教学实践或使用中对本套教材提出宝贵意见,以敦促我们不断提高。

全国中医药高等教育学会常务理事、教学管理研究会理事长

胡鸿毅

2016年12月

编写说明

全国普通高等教育中医药类精编教材《中医诊断学》经全国各中医药院校多年的使用，得到了广大师生的赞赏和高度评价，2007年被评为江苏省精品教材，2015年被评为江苏省高等学校重点教材，使用本教材的一些中医药院校中医诊断学课程被评为国家级精品课程与国家级精品资源共享课。

为了使本教材的质量再上一个台阶，达到更高的水准，我们向全国使用过本教材的单位及部分师生进行了使用情况调查，并在此基础上组织中医诊断学界的"全国中医药高等学校教学名师"与长期工作在教学一线的专家教授、资深教师组成编委会，对本教材再次进行了认真修订。

本次修订继续贯彻国家教育方针和科教兴国战略，深化教材改革，全面推进素质教育，实施精品战略，强化质量意识。立足于第1版、第2版教材，并充分借鉴历版相关教材的成功经验，在内容和形式上更充分体现出"经典、精炼、新颖、实用"的面貌，更适应21世纪中医药高质量人才的培养需要。2017年8月在南京召开了全体编委会，集体修订编写大纲，明确宗旨，落实任务，统一要求。

对《中医诊断学》的修订着重作了以下几方面的调整。在内容上，强调前后一致，如望诊、问诊、切诊中均涉及腹部内容，望诊、问诊中均涉及情志病变，力求前后统一，详略得当，更能贴近临床实际；对"问月经"，根据《中医妇科学》教材及四诊操作规范，调整顺序，明确概念，以便与后续教材更好地衔接。对辨证部分各证型的概念进行了补充与完善，力求概念与辨证要点更加明晰，且保持了全书体例的统一；病位辨证中补充了经络辨证，丰富了病位的内涵。本次修订还对全书的字、词、句，以及标点、图表及医理、文理等进行反复推敲，仔细斟酌，对不妥之处进行了修改，并对原文选录进行细致校对和完善。

全书进行了编委分篇修改，主编、副主编集体审稿，最后再由主编总审各阶段工作。经过多次、反复审议修改，本版教材内容更加规范、精练和准确，更具时代性与适应性。虽经努力认真修审，但书中难免还有疏漏之处，恳请各中医药院校师生在使用过程中不断提出宝贵意见，以便进一步修订完善。

《中医诊断学》编委会
2018年1月

目录

绪论 ········· 1
一、中医诊断学的主要内容 / 1
二、中医诊断的基本原理 / 2
三、中医诊断的基本原则 / 3
四、中医诊断学发展简史 / 4
五、中医诊断学的学习方法 / 5

第一章 望诊 ········· 7
第一节 全身望诊 / 8
一、望神 / 8
二、望色 / 10
三、望形 / 13
四、望态 / 15

第二节 局部望诊 / 16
一、望头面 / 16
二、望五官 / 18
三、望颈项 / 21
四、望躯体 / 22
五、望四肢 / 24
六、望二阴 / 24
七、望皮肤 / 25

第三节 望排出物 / 27
一、望痰、涕、涎 / 27
二、望呕吐物 / 28
三、望二便 / 28

第四节 望小儿示指络脉 / 29

第五节 舌诊 / 30
　　一、舌诊概说 / 30
　　二、望舌质 / 32
　　三、望舌苔 / 36
　　四、舌象综合分析与舌诊临床意义 / 38

第二章　闻诊 …… 41

第一节　听声音 / 41
　　一、正常声音 / 42
　　二、病变声音 / 42
第二节　嗅气味 / 45
　　一、病体气味 / 45
　　二、病室气味 / 46

第三章　问诊 …… 47

第一节　问诊的意义、方法及注意事项 / 47
　　一、问诊的意义 / 47
　　二、问诊的方法 / 48
　　三、问诊的注意事项 / 48
第二节　问诊的内容 / 49
　　一、一般情况 / 49
　　二、主诉 / 49
　　三、现病史 / 49
　　四、既往史 / 50
　　五、个人生活史 / 50
　　六、家族史 / 51
第三节　问现在症 / 51
　　一、问寒热 / 52
　　二、问汗 / 54
　　三、问疼痛 / 55
　　四、问头身胸腹 / 57
　　五、问情志 / 58
　　六、问睡眠 / 59
　　七、问饮食口味 / 60
　　八、问二便 / 62

　　　　九、问妇女 / 63
　　　　十、问男子 / 65
　　　　十一、问小儿 / 66

第四章　切诊 ... 67

第一节　脉诊 / 67
　　　一、脉诊概说 / 67
　　　二、正常脉象 / 71
　　　三、常见脉象及其临床意义 / 72
　　　四、脉象鉴别、相兼脉和真脏脉 / 78
　　　五、诊妇人脉与小儿脉 / 81
　　　六、脉诊的临床意义及脉症从舍 / 82

第二节　按诊 / 83
　　　一、按诊的方法与临床意义 / 83
　　　二、按诊的内容 / 84

第五章　八纲辨证 ... 88

第一节　八纲基本证 / 89
　　　一、表证与里证 / 89
　　　二、寒证与热证 / 90
　　　三、虚证与实证 / 92
　　　四、阴证与阳证 / 94

第二节　八纲证之间的关系 / 94
　　　一、证的相兼 / 95
　　　二、证的错杂 / 95
　　　三、证的转化 / 97

第六章　病性辨证 ... 99

第一节　六淫辨证 / 99
　　　一、风淫证 / 100
　　　二、寒淫证 / 100
　　　三、暑淫证 / 101
　　　四、湿淫证 / 101

　　　　　五、燥淫证 / 102
　　　　　六、热淫证 / 102
　　第二节　阴阳虚损辨证 / 103
　　　　　一、阳虚证 / 103
　　　　　二、阴虚证 / 103
　　　　　三、亡阳证 / 104
　　　　　四、亡阴证 / 104
　　第三节　气血辨证 / 104
　　　　　一、气虚类证 / 105
　　　　　二、血虚类证 / 106
　　　　　三、气滞类证 / 106
　　　　　四、血瘀证 / 107
　　　　　五、血热证 / 108
　　　　　六、血寒证 / 108
　　　　　七、气血同病类证 / 108
　　第四节　津液辨证 / 109
　　　　　一、痰证 / 109
　　　　　二、饮证 / 109
　　　　　三、水停证 / 110
　　　　　四、津液亏虚证 / 110

第七章　病位辨证 …… 111

　　第一节　脏腑辨证 / 111
　　　　　一、心与小肠病证 / 112
　　　　　二、肺与大肠病证 / 116
　　　　　三、脾与胃病证 / 121
　　　　　四、肝与胆病证 / 126
　　　　　五、肾与膀胱病证 / 130
　　　　　六、脏腑兼证 / 133
　　第二节　六经辨证 / 138
　　　　　一、六经病证 / 138
　　　　　二、六经病证的传变 / 142
　　第三节　卫气营血辨证 / 143
　　　　　一、卫气营血病证 / 143
　　　　　二、卫气营血病证的传变 / 145
　　第四节　三焦辨证 / 146
　　　　　一、三焦病证 / 146

二、三焦病证的传变 / 147
第五节　经络辨证 / 148
　　一、十二经脉病证 / 148
　　二、奇经八脉病证 / 149

第八章　诊断综合运用 ……… 150

第一节　诊断思路与方法 / 150
　　一、病情资料的综合处理 / 150
　　二、诊断思维的一般方法 / 151
　　三、辨证诊断思路 / 153
　　四、辨病诊断思路 / 156
第二节　病历书写与要求 / 158
　　一、病历的含义与意义 / 158
　　二、中医病历书写要求 / 159
　　三、中医病历书写格式 / 162

原文选录 ……… 168

绪 论

导学

本章主要从中医诊断学的概念和学科属性、主要内容、基本原理与基本原则、中医诊断学理论体系的形成和发展四个方面,介绍了中医诊断学所具有的独特医学理论体系和诊断方法的形成与发展过程,以及诊察病情、辨别病证的基本技能和相关理论知识。

本章学习重点：中医诊断学的主要内容、基本原理与基本原则。

本章学习要求：

(1) 熟悉诊断、诊法、辨证的含义,中医诊断学的主要内容,中医诊断的基本原理和基本原则。

(2) 了解中医诊断学的发展简史与学习中医诊断学的方法。

中医诊断学是根据中医学理论,研究诊察病情、判断病证的基础理论、基本知识和基本技能的一门学科。它是中医学专业的基础课,是基础理论与临床各科之间的桥梁。

一、中医诊断学的主要内容

中医诊断学主要包括诊法、诊病、辨证和病历四部分内容。

(一) 诊法

诊法是对患者进行诊察,收集病情资料的基本方法,包括望、闻、问、切四种诊法,简称"四诊"。

望诊是医生运用视觉观察患者的全身和局部的神、色、形、态及排出物的形、色、质、量等情况,以了解病情的一种诊察方法;闻诊是医生运用听觉和嗅觉辨别患者的声音和气味变化,以获得病情资料的方法;问诊是医生通过询问患者或陪诊者,了解疾病的发生发展过程、现在症状及其他与疾病有关的情况,以掌握病情资料的一种方法;切诊是切按脉搏及病体的有关部位,以获取病情资料的一种方法。

通过四诊所收集到的病情资料,主要包括症状、体征和病史。症状是指患者主观感到的痛苦或不适,如头痛、耳鸣、胸闷、腹胀等;体征是指客观能检测出来的异常征象,如面色白、喉中哮鸣、舌苔黄、脉浮数等。而症状和体征又可统称症状,或简称"症",古代还将其称为病状、病形、病候等。

症状是疾病所反映的现象,是判断病证的主要依据,因而在中医诊断中具有重要的意义。

(二) 诊病

诊病亦称辨病,是在中医学理论指导下,综合分析四诊资料,对疾病的种类作出判断,得出病名诊断的思维过程。

对于临床上的各种具体疾病,通过分析判断而作出的诊断,即为病名。因而病名是各种具体疾病的代名词,如疟疾、痢疾、痛经、麻疹等。病名是对该疾病全过程的特点与规律所作的概括与抽象。

对疾病作出病名诊断,是临床各科应讨论的主要内容。在学习中医诊断学时,还不可能对疾病的病种进行辨别,故难以做出病名诊断。因此,中医诊断学只是对疾病如何进行诊断的基本方法,以及疾病的命名、分类等作初步介绍。

(三) 辨证

证是中医学的一个特有概念,是对疾病过程中所处一定(当前)阶段的病位、病因、病性以及病势等所作的病理性概括,是对致病因素与机体反应状态的综合归纳,是对疾病当前本质所作的结论。

证实际包括证名、证候、证型等概念。将疾病当前阶段的病位、病性等本质,概括成一个诊断名称,这就是证名。如痰热壅肺证、脾肾阳虚证、膀胱湿热证、瘀阻脑络证等。证候是指每个证所表现的、具有内在联系的症状及体征,即证的外候。临床较为常见、典型、名称规范的证,可称为"证型"。

辨证是在中医学理论的指导下,对临床资料进行分析、综合,从而对疾病当前的病位与病性等本质作出判断,并概括为完整证名的诊断思维过程。

中医在长期临床实践中,创造了许多辨证方法,如八纲辨证、病性辨证(六淫辨证、阴阳虚损辨证、气血津液辨证)、病位辨证(脏腑辨证、六经辨证、卫气营血辨证、三焦辨证、经络辨证)等辨证方法,这些辨证方法从不同的方面总结、认识病证的规律,它们各有侧重,各有特点,又相互联系和补充。在诸多方法中,八纲辨证是分析各类疾病共性的方法,是其他辨证方法的总纲;病性辨证是辨别病证本质属性的辨证方法;病位辨证是在辨病性的同时辨别疾病所在病变部位的方法。

(四) 病历

病历又称病案,古称诊籍,是关于临床有关诊疗等情况的书面记录。病历是临床医疗、科研、教学、管理及司法的重要资料。病历书写是临床工作者必须掌握的基本技能。

二、中医诊断的基本原理

中医学认为,人体是一个有机的整体,局部的病变可以产生全身性的病理反应,全身的病理变化又可反映于局部。因此,疾病变化的病理本质虽然藏之于"内",但必有一定的症状、体征反映于"外",局部的表现常可反映出整体的状况,整体的病变可以从多方面表现出来。通过审察其反映于外的各种疾病现象,在医学理论的指导下进行分析、综合、对比、思考,便可求得对疾病本质的认识。这种知己知彼、从外测内观察事物表现得太过或不及,通过微小的改变看出反常的所在,从而认识事物的本质,便是中医学诊断病证的基本原理。

(一) 司外揣内

外,指疾病表现于外的症状、体征;内,指脏腑等内在的病理本质。通过观察外表的病理现象,可以推测内在的病理变化,认识内在的病理本质,从而可解释显现于外的征象。因此《灵枢·本脏》说:"视其外应,以知其内脏,则知所病矣。"说明脏腑与体表是内外相应的,这一认识与近代控制论的"黑箱"理论有着惊人的相似之处。

（二）见微知著

"见微知著"，语出《医学心悟·医中百误歌》。微，指微小的、局部的变化；著，指明显的、整体的情况。见微知著，是指机体的某些局部，常包含着整体的生理、病理信息，通过微小的变化，可以测知整体的情况。如耳为宗脉之所聚，耳郭的不同部位能反映全身各部的变化；舌为心之苗，又为脾胃的外候，舌与其他脏腑也有密切联系，故舌的变化可以反映脏腑气血的盛衰及邪气的性质；五脏六腑之精气皆上注于目，故目可反映人体的神气，并可察全身及脏腑的病变等。

临床实践证明，某些局部的改变，确实有诊断全身疾病的意义。中医学含有当代"生物全息"的思想，认为人体的某些局部可以看作是全身的"缩影"。

（三）以常衡变

常，指健康的、生理的状态；变，指异常的、病理的状态。通过从正常中发现异常，从对比中找出差别，进而认识疾病的本质。

《素问·玉机真脏论》说："五色脉变，揆度奇恒。"恒，指正常、常规；奇，指异常、变动；揆度，观察比较、推测揣度。要认识客观事物，必须通过观察比较，知常达变。中医望色、闻声、切脉等以诊断病变，均含有这方面的道理。

三、中医诊断的基本原则

疾病的病情变化极其错综复杂，医生要在千变万化、纷纭复杂的表现中，抓住疾病的本质，对病、证作出正确判断，除了应熟悉中医学的理论与知识外，还要遵循中医诊断的基本原则。

（一）整体审察

中医学认为，人体的脏腑器官组织，由于经络的联系、气血的运行，所以能保持生理上整体性的协调一致，人是一个以五脏为中心、形神合一的有机整体。人体每一病证的产生，无不体现整体的失调。同时，人的整体性还体现在人与自然、社会的相互统一，这就是"天人合一"观。中医学历来重视自然、社会因素在疾病发生、发展、治疗中的重要作用，认为气候、地域、环境、情志等因素，与病证的发生有密切的关系，因此诊断疾病时应考虑到整个人体及外界环境对病证的影响。一方面通过诊法收集患者的临床资料时，要从整体上进行详细的询问、检查，全面了解整体情况，同时还要了解病史、体质、家庭、环境、时令、气候等对疾病有无影响。另一方面要求对病情资料进行全面分析、综合判断，既注意到当前的、局部的、明显的病理改变，同时也要顾及时、地、人、病的特殊性，还要从疾病的前因后果、演变发展趋势上整体审察。

（二）诊法合参

诊法合参是指四诊并重，诸法参用，综合收集病情资料。望、闻、问、切四诊是从不同的角度检查病情和收集临床资料，各有其独特的方法与意义，不能互相取代，故中医学强调诊法合参。实际上，在临床运用时是四诊合参而难以截然分开，往往望时有闻、有问，按时也有望、有问等，比如对排出物的诊察，往往是既要望其色，又要闻其气，还要问其感觉。又如在腹诊时，既要望其腹之色泽形状，又要叩听其声音，还要按其冷热、软硬，并问其喜按、拒按等。临床诊病时，有时是望色在先，有时是闻声在先，有时是问病在先，并不都是按问、望、闻、切或望、闻、问、切的固定顺序进行。

（三）病证结合

在中医学中，"病"与"证"是密切相关的不同概念。病注重从贯穿疾病始终的根本矛盾上认识病情,证主要是从机体反应状况上认识病情。辨病和辨证,对于中医诊断来说,都是重要的。辨病有利于从疾病全过程、特征上认识疾病的本质,重视疾病的基本矛盾;辨证则重在从疾病当前的表现中判断病变的部位与性质,抓住当前的主要矛盾。由于"病"与"证"对疾病本质反映的侧重面有所不同,所以中医学强调要"辨病"与"辨证"相结合,从而有利于对疾病本质的全面认识。

临床进行思维分析时,有时是先辨病然后再辨证,有时是先辨证然后再辨病。如果通过辨病而确定了病种,便可根据该病的一般演变规律而提示常见的证型,因而是在辨病基础上进行辨证。当疾病的本质反映尚不够充分时,先辨证不仅有利于当前的治疗,并且通过对证的变化的观察,有利于对疾病本质的揭示,从而确定病名。

四、中医诊断学发展简史

中医诊断疾病的理论与方法,早在《周礼·天官》便有"以五气、五声、五色,眡其死生"的记载。公元前5世纪著名医家扁鹊,即可通过"切脉、望色、听声、写形"而"言病之所在"。

中医学经典著作《黄帝内经》(《内经》)在理论和方法上为中医诊断学奠定了基础,以阴阳五行等学说为指导,详细阐述了望神察色、闻声、问病、切脉四诊理论;强调了中医整体观贯穿于诊病与辨证相结合的诊断思路。《难经》则认为望、闻、问、切四诊是神圣工巧的技能,并特别重视脉诊,提出独取寸口诊脉法,对后世的影响甚大。

西汉名医淳于意(仓公)创立"诊籍",开始记录患者的姓名、居址、病状以及方药等,以作为诊疗的原始资料。东汉张仲景总结了汉以前诊疗经验,将病、脉、症、治结合,建立了辨证论治的理论,被公认为是辨证论治的创始人,通过以六经为纲辨伤寒,以脏腑为纲辨杂病,将理、法、方、药有机地结合在一起。《伤寒杂病论》在疾病的分类上基本做到了概念清楚、层次分明,至今仍被沿用。东汉末年名医华佗的诊病学术思想,记载于《中藏经》中,其论证、论脉、论脏腑寒热虚实生死顺逆之法,甚为精当。

西晋王叔和所著《脉经》是我国现存最早的脉学专著,该书确定了寸、关、尺三部的诊脉部位,明确了二十四脉的名称,提出了相类脉并加以鉴别等,使脉学理论系统化和专门化。隋代巢元方等编撰的《诸病源候论》,可谓我国第一部论述病源与病候诊断的专著。全书以内科疾病为主,分门别类列出各种疾病证候1 720论,对后世医学影响颇深。

宋金元时期,在诊断方面的突出论著,有如宋代陈无择的《三因极一病证方论》,该书是病因、辨证、理法比较完备的著作。元代有敖氏者,著《点点金》及《金镜录》,论伤寒舌诊,分12幅图,乃论舌的第一部专著,后经杜清碧增补为36幅图,即今所见的《敖氏伤寒金镜录》。滑寿的《诊家枢要》专载诊法。危亦林的《世医得效方》论述了危重病证的"十怪脉"。刘昉著《幼幼新书》论述望指纹在儿科诊断中的重要意义。

金元四大家在诊疗上各有特点:刘河间著《宣明论方》,发展了火热证候的辨析与治疗,其诊病重视辨识病机;李东垣著《内外伤辨惑论》,详论内伤与外感的辨证规律,并倡导"脾胃论",诊疗疾病时尤其重视四诊合参;朱丹溪诊病,主张"欲知其内者,当以观乎外,诊于外者,斯以知其内。盖有诸内者形诸外,苟不以相参,而断其病邪之顺逆,不可得也";张从正诊病,重视症状的鉴别诊断,如对斑疹伤寒和其他发疹性疾病的鉴别颇为准确。

张三锡的《医学六要》将阴阳、表里、寒热、虚实看作是治病的八种大法。张景岳著《景岳全书》,内容十分丰富,论述甚为精辟,尤其是"脉神章""十问歌""二纲六变"等,对后世影响甚大。清代程钟龄著《医学心悟》,书中有"寒热虚实表里阴阳辨"专篇,认为"病有总要,'寒热、虚实、阴阳、表里'

八字而已,病情既不外此,则辨证之法,亦不出此",奠定了八纲辨证的基础。

明代李时珍所撰《濒湖脉学》,取诸家脉学之精华,详述二十七脉的脉体、主病和同类脉的鉴别,为后世所推崇。明末李中梓的《诊家正眼》,清代李延昰的《脉诀汇辨》、周学霆的《三指禅》、周学海的《重订诊家直诀》等,都是专论脉诊的著作,使脉学不断得到充实和完善。

清代舌诊著作中多附有舌图。如张登所辑《伤寒舌鉴》,载有120幅图;梁玉瑜辑成《舌鉴辨正》,载图149幅。对于四诊的综合性研究,影响较大者如清代吴谦等撰的《医宗金鉴》,其中的"四诊心法要诀"部分以四言歌诀简要介绍四诊的理论与方法,便于习诵。汪宏的《望诊遵经》收集历代有关望诊的资料,从全身各部位的形、容、色、泽和汗、血、便、溺等各种变化中,进行辨证并预测其顺逆安危,是一本全面论述望诊的专著。

明清时期对温疫、温热类疾病的认识有突破性的发展。明代吴又可的《温疫论》,对温病学说的发展起到了极大的推动作用。清代叶桂的《温热论》、薛雪的《湿热条辨》、余师愚的《疫疹一得》、吴瑭的《温病条辨》、王孟英的《温热经纬》等,记载了丰富的温热病诊疗经验,完善了温病学的理论体系,突出了望舌、验齿等在温病诊断中的作用,并创立了卫气营血辨证、三焦辨证。另外,在这一时期开始萌发用西医学知识来解释舌象的苗头,如在曹炳章的《彩图辨舌指南》中多有论述。

明清时期还有一个特点,出现了不少对于传染病诊疗的专著,如明代卢之颐的《痎疟论疏》专论疟疾常症与变症的证治;清代张绍修的《时疫白喉提要》、谢玉琼的《麻科活人全书》、王孟英的《霍乱论》、罗芝园的《鼠疫约编》,对于白喉、麻疹、霍乱、鼠疫的诊断与辨证,均有较详论述。

近百年来,编撰出版的中医诊断学专著,如有曹炳章的《彩图辨舌指南》、陈泽霖等的《舌诊研究》、赵金铎的《中医证候鉴别诊断学》、朱文锋的《中医诊断与鉴别诊断学》《常见症状中医鉴别诊疗学》《现代中医临床诊断学》等,尤其是多版中医诊断学教材的编撰,使中医诊断学的内容更为系统、完整、准确。

随着医学的发展和研究的深入,人们对诊察疾病的方法提出了新的要求。如对症状和体征不明显的患者,可以借助实验诊断或仪器检测的方法,从宏观到微观,从直接到间接,从定性到定量,使一部分不易为医生感官觉察的病情得以及时发现,为早期诊断及治疗提供依据。为使中医诊断达到规范、统一的目的,近些年来开展了病证规范化研究,统一了病、证诊断术语,制定了各科病、证诊断标准,建立了病、证诊疗体系。为使望、闻、切诊等的资料客观,研制和引用了一些用于中医诊断的仪器,如脉象仪、舌诊仪、色差计等,使部分诊断手段得以客观化。在运用声学、光学、电学、磁学等知识和生物医学工程、电子计算机技术等方面,进行了多学科综合研究,获得了一些新成果。

五、中医诊断学的学习方法

中医诊断学是中医基础理论、基本知识和基本技能对疾病进行诊断的具体运用,既有理论知识,又有实际操作,还要进行综合思考。因此,学习时必须培养正确的学习方法。

(一) 熟练掌握中医学的基本理论

由于中医学的诊病方法和辨证思维无不贯穿着中医学的基本理论,因此,要学习掌握好中医诊断的基本技能,必须要有坚实的中医理论基础。所以,在学习中医诊断学时,一方面要深入理解、掌握本门课程的基本理论、基本知识,另一方面要复习、运用前面所学的中医学基础理论,根据中医学理论的系统性和科学性,用中医基础理论作指导,便能加深对诊断学的学习和理解。

(二)理论必须结合临床实践

中医辨证的理论性、实践性很强。前人说"熟读王叔和,不如临证多",便说明了理论必须同实践相结合的道理,强调了临床实践在学习中医诊断中的重要意义。所以,学习中一定要主动、积极地参加临床实践,争取多接触患者,反复练习,并且要正规操作,严格要求,勤练基本功,才能逐步达到熟能生巧的目的,切忌浅尝辄止。通过临床实践,不仅要加深对书本理论知识的理解、掌握,而且必须要加强锻炼望闻问切诸种诊法、辨证分析和病案书写的基本技能。要求不仅掌握中医诊断疾病的一般规律,更要娴熟于心,不囿成法,随机应变。

(三)注意科学思维能力的培养

临床诊断,从收集病情资料,到作出病、证判断,是一个完整的认识过程,是从感性认识到理性认识的飞跃,是医学理论知识和科学思维的综合运用。一个正确的临床诊断,不仅反映了一个医生的学术水平,同时也反映了他的科学思维能力。因此,要提高临床诊断水平,仅有渊博的医学知识还不够,还要学习自然辩证法、医学辩证法、逻辑学等有关思维科学,更要注意思维方法、思维形式的锻炼和修养,克服不重实际、主观主义、经验主义、片面局限、机械孤立等错误观念的影响。

最后,要特别强调的是重视医德的培养。唐代名医孙思邈在《备急千金要方》之首"大医精诚"篇中指出:"凡大医治病,必当无欲无求,先发大慈恻隐之心,誓愿普救含灵之苦。"为医者必须发扬救死扶伤的人道主义精神,"精"于专业,"诚"于品德,学习之初就要养成严谨的学风和高尚的医德医风。

(吴承玉)

第一章 望 诊

导学

本章主要介绍望神、望色、望形、望态、望头面、望五官、望颈项、望躯体、望四肢、望二阴、望皮肤、望排出物、望小儿示指络脉、望舌的原理、常见的异常表现及其临床意义。

本章学习重点：望神、望色、望头面、望五官、望皮肤、望舌的原理、方法、常见的异常表现及其临床意义。

本章学习要求：

（1）掌握望神、望色、望头面、望五官、望皮肤、望舌、望痰、望涕、望二便常见的异常表现及其临床意义。

（2）熟悉望诊的原理、方法及临床意义，望舌与望小儿示指络脉的方法及临床意义，望涎、呕吐物的异常表现及其临床意义。

（3）了解望形、望态、望颈项、望躯体、望四肢、望二阴的临床意义。

望诊，是医生运用视觉观察患者全身、局部及排出物等方面的表现，以了解机体生理功能和病理变化的诊察方法。

人是一个有机整体，五官九窍、四肢百骸通过经络与五脏六腑密切联系，并有赖于气血津液充养，因此，脏腑功能状况与气血盈亏均可反映于外，为望诊所见，故《灵枢·本脏》说："视其外应，以知其内脏，则知所病矣。"

望诊直观、方便、快捷，被列为四诊之首，并有"望而知之谓之神"之说。人的精神状态、面部色泽、形体强弱、舌象变化等重要信息，必须通过望诊来获取，是其他诊法无法替代的。故医生应充分重视望诊，并在临床实践，乃至日常生活中注意培养和训练敏锐的观察能力，使望诊技巧日臻成熟。但望诊也有其局限性，故不应以望诊代替其他诊法，要对疾病有全面的认识，还必须四诊合参。

望诊的主要内容包括全身望诊（望神、色、形、态）、局部望诊（望头面、五官、颈项、躯体、四肢、二阴、皮肤）、望排出物（望痰、涕、涎、呕吐物、二便）、望小儿示指络脉及舌诊（望舌质、舌苔）五个部分。

望诊时，必须注意以下几个方面。一是望诊应尽量在充足、自然、柔和的自然光线或日光灯下进行，要避开有色光线的干扰。二是诊室温度适宜，不要影响望诊所获资料的真实性。三是充分暴露受检部位，以便完整、清楚、细致地进行观察。四是为了更好地识别病理体征，必须熟悉各部位组织的正常表现及其与内在脏腑经络的联系，运用整体观念进行分析，动态观察，从病情发展角度判断病理体征所提示的临床意义。

第一节　全身望诊

全身望诊，又称整体望诊，是医生在诊病时首先扼要地观察患者的神、色、形、态等整体表现，以期对病情的寒热虚实和轻重缓急等获得一个总体的印象。

一、望神

望神，是通过观察人体生命活动的整体表现，以判断脏腑精气之盛衰、病情之轻重及预后的方法。

神有广义和狭义之分：广义的神，是指人体生命活动的整体表现，它可以从精神、意识、思维、目光、呼吸、声音、语言、形体、动态，以及舌象和脉象等多方面反映出来；狭义的神，专指人的精神、意识和思维活动。

（一）望神的原理和意义

神的产生与人体精气和脏腑功能的关系十分密切。脏腑精气是神的物质基础，神是精气的外在表现。脏腑精气充足，人体才能表现为有神，若脏腑精气亏虚，则表现为少神或无神。所以，观察神的旺衰，可以了解脏腑精气的盛衰，判断病情的轻重，推测疾病的预后。故《素问·移精变气论》云："得神者昌，失神者亡。"

（二）望神的主要内容

神是人体生命活动的整体表现，体现在眼神、气色、神情、体态等诸多方面。

1. **眼神**　指眼睛的神态。由于五脏六腑之精气皆上注于目，目系通于脑，为肝之窍、心之使、神之舍，故眼神最能反映脏腑精气的盛衰，而成为望神的重点内容。

2. **气色**　指人的周身皮肤（以面部为主）的色泽。色随气华，神以气养，气色可以反映脏腑气血的盛衰及其功能的强弱。

3. **神情**　指人的精神意识和面部表情，是心神和脏腑精气盛衰的外在表现。

4. **体态**　指人的形体、动态。形体丰盛还是羸瘦，姿态自如还是反常，动作灵活还是迟钝，都是机体功能强弱的重要标志。

望神时除主要观察上述几个方面外，还要结合神在其他方面的表现，如言语、声音、呼吸、舌象、脉象等，运用四诊综合判断，才能对神有全面的认识。

（三）神的分类及判断

神的状态可根据神的旺衰划分为得神、少神、失神、假神四种，此外还有以神志失常为主要表现的一类病证。

1. **神的旺衰**

（1）得神：又称"有神"。临床表现为两目灵活，明亮有神，面色荣润，含蓄不露，神志清晰，表情自然，肌肉不削，反应灵敏。提示脏腑精气充足，为健康的表现，或虽病而精气未衰，病轻易治，预后良好。

(2) 少神：又称"神气不足"。临床表现为两目晦滞，目光乏神，面色少华，暗淡不荣，精神不振，思维迟钝，少气懒言，肌肉松软，动作迟缓而反应尚正确。提示脏腑精气不足，多见于虚证或疾病恢复期。

(3) 失神：又称"无神"，是精亏神衰或邪盛神乱的表现，可见于久病虚证或重病实证。

1) 精亏神衰而失神：临床表现为两目晦暗，瞳神呆滞，面色无华，晦暗暴露，精神委靡，意识模糊，骨枯肉脱，形体羸瘦，反应迟钝，手撒尿遗。提示精气大伤，功能衰减，多见于久病虚证，预后多不良。

2) 邪盛神乱而失神：临床表现为神昏谵语，循衣摸床，撮空理线；或卒倒神昏，两手握固，牙关紧急。提示邪气亢盛，热扰神明；或肝风挟痰蒙蔽清窍，闭阻经络。皆属功能严重障碍，精气失调，多见于急性重病实证，预后不良。

(4) 假神：指久病、重病患者，精气本已极度衰竭，而突然出现某些暂时"好转"的虚假表现。如原本目光晦暗，突然目似有光，但浮光外露；原本面色晦暗，突然两颧泛红如妆，但游移不定；原本神昏或精神极度委靡，突然神识似清，想见亲人，言语不休，但烦躁不安；原本身体沉重难移，忽思起床活动，但不能自转；原本毫无食欲，久不能食，突然索食，且食量骤增。假神多因脏腑精气极度衰竭，正气将脱，阴不敛阳，阴阳即将离决，虚阳外越所致，古人比作"回光返照"或"残灯复明"，常是危重患者临终前的征兆。（表1-1）

表1-1 得神、少神、失神、假神鉴别

鉴别点	得 神	少 神	失 神	假 神
眼 神	两目灵活，明亮有神	两目晦滞，目光乏神	两目晦暗，瞳神呆滞	虽目似有光，但浮光外露
气 色	面色荣润，含蓄不露	面色少华，暗淡不荣	面色无华，晦暗暴露	虽泛红如妆，但游移不定
神 情	神志清晰，表情自然	精神不振，思维迟钝	精神委靡，意识模糊	虽神识似清，但烦躁不安
体 态	肌肉不削，反应灵敏	肌肉松软，动作迟缓	形体羸瘦，反应迟钝	虽思欲活动，但不能自转

临床上要注意假神与病情好转的区别：一般假神多见于垂危患者，其"好转"出现比较突然，且为局部和暂时的变化，与整体病情的恶化不相符；真正的久病、重病病情好转，其好转是逐渐的，并与整体状况好转相一致，如饮食渐增、面色渐润、身体功能渐复等。

2. 神志错乱 指神志意识错乱失常，主要表现为焦虑恐惧、淡漠痴呆、狂躁妄动、卒然昏仆等，多见于脏躁、癫、狂、痫等患者。

焦虑恐惧：表现为焦虑不安，心悸不宁，或恐惧胆怯，不敢独处一室等。多由心胆气虚，心神失养所致，可见于卑惵、脏躁等。

淡漠痴呆：表现为神识痴呆，表情淡漠，喃喃自语，哭笑无常。多因忧思气结，痰浊蒙蔽心神，或先天禀赋不足所致，常见于癫病或痴呆等。

狂躁妄动：表现为狂躁不安，呼笑怒骂，打人毁物，不避亲疏，或登高而歌，弃衣而走，妄行不休，力逾常人。多因暴怒化火，炼津为痰，痰火扰神所致，常见于狂病等。

卒然昏仆：表现为卒然昏倒，不省人事，口吐涎沫，口出异声，两目上视，四肢抽搐，醒后如常。多与先天禀赋因素有关，因肝风挟痰，蒙蔽清窍所致，常见于痫病。

神志错乱与邪盛神乱而失神的临床意义不同。邪盛所致神昏谵语、循衣摸床等，一般出现于全身性疾病的严重阶段,病重已至失神;神志错乱的一类病证,多反复发作,缓解时神志正常,病情不一定危重。

(四) 望神的注意事项

1. **重视第一感觉** 因神的表现在患者无意之时流露最真,因此医生须重视诊察患者时的第一感觉,做到静心凝神,一会即觉。

2. **神形合参,综合判断** 要注意神形合参,尤其当形神表现不一致时,更应综合判断,如久病形羸色败,虽神志清醒亦属失神。

3. **重视特殊症状和体征** 有些症状和体征对神的判断具有重要意义,如神昏谵语等,应予重视。

二、望色

望色,又称"色诊",是指通过观察患者皮肤色泽变化来诊察病情的方法。色即皮肤的颜色,包括青、赤、黄、白、黑五种颜色变化;泽即皮肤的光泽,指荣润或是枯槁的光泽变化。临床一般以望面部色泽变化为主。

望色诊病历史悠久,早在《黄帝内经》中就有详细记载。如《素问·阴阳应象大论》云:"善诊者,察色按脉,先别阴阳。"《素问·五脏生成论》中则描述了五脏常色、病色、死色的具体表现。此后历代医家的著作中关于色诊的记载更为丰富,为望色积累了丰富的临床经验。

(一) 望色诊病的原理和意义

1. **望面部色泽诊病的原理** 面部血络丰富,皮肤薄嫩,体内气血盛衰变化容易通过面部色泽变化显露出来;面部暴露充分,便于医生观察,故面部为望色的主要部位。

2. **望面部色泽诊病的意义**

(1) 判断气血盛衰:面部皮肤的色泽是脏腑气血的外荣,可以反映气血的盛衰和运行情况。就色与泽而言,颜色属阴、属血,主要反映血液的盈亏和运行状况,血旺则色红,血虚则色淡,血瘀则色青紫;光泽属阳、属气,主要反映精气的盛衰,气盛则荣润有泽,气虚则晦暗无华。临床上,察泽与望色必须结合起来,才能做出正确的判断。

(2) 辨别病邪性质:机体感受不同病邪,会引起体内不同的病理变化,反映在面部就会出现不同的颜色改变。如面部色红多为热邪,色白多为寒邪,色青紫多为气滞血瘀。

(3) 确定病变部位:面部颜色之浮沉可以区分病变部位之表里,色浮主病位在表,色沉主病位在里。《黄帝内经》载有五色配五脏,根据面部五色的变化,可以区分脏腑病位所在,青为肝病,赤为心病,白为肺病,黄为脾病,黑为肾病。

《灵枢·五色》中将面部的不同部位加以命名,具体的分候方法如图1-1。此外,《素问·刺热》认为颜面不同区域分属不同脏腑,额部候心,鼻部候脾,左颊候肝,右颊候肺,颏部候肾,因此,从面部不同部位色泽的变化,也可推断相应脏腑的病变。临床应用时,应以观察患者面部整体色泽变化为主,以分部色诊为辅。

(4) 预测疾病转归:对判断病情轻重、预测疾病转归来说,泽比色更有意义。《望诊遵经》云:"光明润泽者,气也;青赤黄白黑者,色

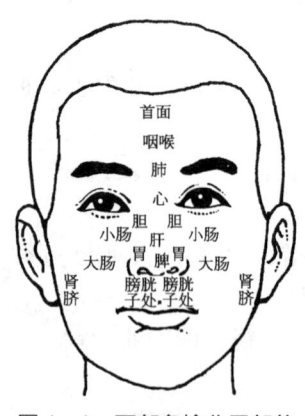

图1-1 面部色诊分属部位

也。有气不患无色,有色不可无气也。"凡面色明亮润泽、含蓄不露者为顺,主病情轻浅,预后良好;凡面色晦暗枯槁、鲜明暴露者为逆,主病情深重,预后较差。

(二) 常色与病色

1. **常色** 常色是指人在生理状态时的面部色泽。常色的特点是明润、含蓄。如黄种人的正常面色是红黄隐隐,明亮润泽,是人体精充神旺,气血津液充足,脏腑功能正常,精气内含而不外泄的表现。常色有主色和客色之分。

(1) 主色:指人生来就有,终身基本不变的面色,属个体素质,往往与种族和遗传有关,又称正色。古人根据五行理论将人的体质分为木、火、土、金、水五种类型,其肤色有偏青、偏红、偏黄、偏白、偏黑的不同,皆属主色范畴。

(2) 客色:指受季节、气候、地理环境、饮食、情绪、运动等因素影响,面部发生的正常色泽变化。四季与面色:春季面色稍青,夏季面色稍赤,长夏面色稍黄,秋季面色稍白,冬季面色稍黑。昼夜与面色:白昼面色略显红润,黑夜面色微淡而干。野外作业者面色偏黑;室内作业者面色偏白。酒后易面红目赤;饱食易面容润泽光亮,饥饿时面色少泽微暗。不论面现何色,因其仍然具有明润含蓄的特点,故属常色。客色一般为一过性改变,排除相关因素后,即恢复原来面色。

2. **病色** 病色是指人在疾病状态时的面部异常色泽,可反映不同性质、不同脏腑的病变。观察病色的关键,在于分辨善色与恶色。

(1) 善色:指患者面色虽有异常,但仍光明润泽。说明病变轻浅,脏腑精气未衰,胃气尚能上荣于面,多见于新病、轻病,其病易治,预后较好,故称善色。如黄疸患者面色黄而鲜明如橘皮色等。

(2) 恶色:指患者面色枯槁晦暗、暴露。说明病变深重,脏腑精气已衰,胃气不能上荣于面,多见于久病、重病,其病难治,预后较差,故称恶色。如鼓胀患者面现晦暗枯槁之黄黑色,肾病患者面现枯槁无华暴露之黑色等。(表1-2)

表1-2 五色的常色及病色善恶比较

五色	常色	善色	恶色
青	如缟裹绀	如翠羽	如草兹
赤	如缟裹朱	如鸡冠	如衃血
黄	如缟裹瓜蒌实	如蟹腹	如枳实
白	如缟裹红	如豕膏	如枯骨
黑	如缟裹紫	如乌羽	如炲

临床上,如果患者的面色由善转恶,说明病情加重;由恶转善,说明病情好转。

望色还需注意生克顺逆,若病与色相应为正病正色;若病与色不相应,反见他色,为病色交错。病色交错中还有吉凶顺逆之分,病色相生为顺,病色相克为逆。顺证中,色生病为吉中之顺,病生色为吉中之小逆;逆证中,色克病为凶中之逆,病克色为凶中之顺。病色交错的吉凶顺逆只是望色的规律之一,临床应用时,不可过于机械,应四诊合参,灵活运用,综合评判,才能得到正确的诊断。

(三) 五色主病

病色可分为赤、白、黄、青、黑五种,分别见于不同脏腑和不同性质的疾病。《灵枢·五色》认为:以五色分属于五脏,其对应关系是"青为肝,赤为心,白为肺,黄为脾,黑为肾";以五色反映疾病的不同性质,则"青黑为痛,黄赤为热,白为寒"。这种根据患者面部五色变化以诊察疾病的方法,即五色主病,或称"五色诊"。

1. 赤色 主热证,亦可见于戴阳证。邪热亢盛,或虚火上炎,或虚阳上浮等导致面部脉络扩张而面见红色。

满面通红者,多见于实热。多因外感邪热,或脏腑阳热亢盛,血行加速,面部脉络扩张,气血上涌所致。

两颧潮红者,多见于阴虚。多因阴虚阳亢,虚火上炎所致。

久病重病面色苍白,却时而泛红如妆,游移不定者,多见于戴阳证。多因阳气虚衰,阴寒内盛,阴盛格阳,虚阳上浮所致,属病重。

2. 白色 主虚证(包括血虚、气虚、阳虚)、寒证。气虚血少,阳虚,或寒盛等,导致气血不能上荣于面部而面见白色。

面色淡白,唇舌色淡者,多属血虚。多因血不上荣所致。

面色㿠白者,多属阳虚。多因阳虚无力行血行水所致。

面色苍白者,多属亡阳、气血暴脱或阴寒内盛。多因阳气暴脱,脱血夺气,面部脉络血少,血行迟滞兼血郁所致;若阴寒内盛,血行凝滞,亦可见面色苍白。

3. 黄色 主脾虚、湿证。脾虚机体失养,或湿邪内蕴等导致脾失运化而面见黄色。

面色萎黄者,多属脾胃气虚,气血不足。多因脾失健运,气血化生无源,机体失养所致。

面黄虚浮者,多属脾虚湿蕴。多因脾运不健,机体失养,水湿内停,泛溢肌肤所致。

面目一身俱黄者,为黄疸。其中面目黄而鲜明如橘皮色者,属阳黄,多因湿热内蕴,胆汁外溢所致;面目黄而晦暗如烟熏色者,属阴黄,多因寒湿内阻,胆汁外溢所致。

4. 青色 主寒证、气滞、血瘀、疼痛、惊风。寒凝气滞,或瘀血内阻,或疼痛剧烈,或筋脉拘急等导致面部脉络血行不畅而面见青色。

面色淡青或青黑者,多属寒盛、痛剧。多因阴寒内盛,经脉挛急收引,不通而痛,以致面部脉络拘急,气血凝滞。

面色与口唇青紫者,多因心气、心阳虚衰,血行瘀阻;或肺气闭塞,呼吸不利所致。

突见面色青灰,口唇青紫,肢凉脉微者,多为心阳暴脱、心血瘀阻之象,可见于真心痛。

面色青黄者,可见于肝郁脾虚、肝脉瘀阻。

小儿高热见眉间、鼻柱、唇周发青者,多属惊风或欲作惊风,因邪热壅滞,筋脉拘急,血行瘀阻所致。

5. 黑色 主肾虚、寒证、水饮、血瘀。肾阳虚衰,寒水内盛,血失温养,或肾阴精亏虚,机体失养而面见黑色。

面黑而暗淡者,多属肾阳虚。因阳虚火衰,水寒不化,浊阴上泛所致。

面黑干焦者,多属肾阴精亏虚。因肾精久耗,阴虚火旺,虚火灼阴,机体失养所致。

眼眶周围发黑者,多属肾虚水饮或寒湿带下。

面色黧黑,肌肤甲错者,多由血瘀日久所致。

(四)望色十法

望色十法,是根据面部皮肤色泽的浮、沉、清、浊、微、甚、散、抟、泽、夭十类变化,以分析病变性质、部位及其转归的方法。

1. 浮和沉　浮,是面色浮显于皮肤之外,多主表证;沉,是面色沉隐于皮肤之内,多主里证。面色由浮转沉,是邪气由表入里;由沉转浮,是病邪自里达表。

2. 清和浊　清,是面色清明,多主阳证;浊,是面色浊暗,多主阴证。面色由清转浊,是病从阳转阴;由浊转清,是病由阴转阳。

3. 微和甚　微,是面色浅淡,多主虚证;甚,是面色深浓,多主实证。面色由微转甚,是病因虚而致实;由甚转微,是病由实而转虚。

4. 散和抟　散,是面色疏散,多主新病,或病邪将解;抟,是面色壅滞,多主久病,或病邪渐聚。面色由抟转散,是病虽久而邪将解;由散转抟,是病虽近而邪渐聚。

5. 泽和夭　泽,是面色润泽,主精气未衰,病轻易治;夭,是面色枯槁,主精气已衰,病重难医。面色由泽转夭,是病趋重危;由夭转泽,是病情好转。

望色十法,以浮沉、清浊、微甚、散抟、泽夭五对纲领,对病情的表里、阴阳、虚实、新久、轻重、善恶等,作了细致的分析。说明患者不论面见何色,凡是呈沉、浊、甚、抟、夭表现的,多属里证、久病、重病;反之,呈浮、清、微、散、泽表现的,多属表证、新病、轻病。

(五) 望色的注意事项

1. 知常达变,综合判断　望色时须把患者的面色与其周围人群的常色相比较,局部色泽变化与其自身对应部位的正常肤色进行比较。因病情复杂、面色与病性不符时,则须观察患者体表其他部位组织的色泽,并结合其他诊法进行综合判断,以免造成误诊。

2. 整体为主,荣枯为要　临床望色,应将五色主病、望色十法、五色善恶、面部分候脏腑等各种望色方法相参运用。并应以患者的整体面色为主,以荣润含蓄或晦暗枯槁作为判断病情轻重和估计预后的主要依据。

望色诊病时还要注意光线、昼夜、情绪、饮食等因素的影响。

三、望形

望形,又称望形体,是观察患者形体的强弱胖瘦、体质形态和各种畸形等,以诊察病情的方法。

(一) 望形体的原理和意义

人体以五脏为中心,以皮毛、肌肉、血脉、筋腱、骨骼五体合于五脏,五体有赖于五脏精气充养,五脏精气的盛衰和功能的强弱可通过五体反映于外,人体外形的强弱胖瘦与内脏气血阴阳的盛衰是统一的。故观察患者之形体,可以测知其脏腑的虚实、气血的盛衰、邪正的消长,以及病势的顺逆和邪气之所在。而不同的体质形态,其阴阳盛衰不同,对疾病的易感性和患病后的转归也不同,所以观察患者的体质类型有助于对疾病的诊断。

(二) 望形体的内容

1. 形体强弱　观察形体强弱时,要将形体的外在表现与机体的功能状态、神的衰旺等结合起来,进行综合判断。

(1) 体强:指身体强壮。表现为骨骼粗大,胸廓宽厚,肌肉充实,皮肤润泽,筋强力壮,精力充沛,食欲旺盛等。说明体质强壮,内脏坚实,气血旺盛,抗病力强,有病易治,预后较好。

(2) 体弱:指身体衰弱。表现为骨骼细小,胸廓狭窄,肌肉瘦削,皮肤枯槁,筋弱无力,精神不振,食少懒言等。说明体质虚衰,内脏脆弱,气血不足,抗病力弱,有病难治,预后较差。

观察形体组织的强弱状态,有助于了解脏腑的虚实和气血的盛衰。

2. 形体胖瘦 正常人胖瘦适中,各部组织匀称。过于肥胖或过于消瘦都可能是病理状态。观察形体胖瘦时,应注意与精神状态、食欲食量等结合起来综合判断。形体的胖瘦,可以采用国际通用的身体质量指数(BMI)来判断。身体质量指数(BMI)=体重(千克)÷身高(米)的平方。一般成人体重指数低于18.5为过轻,高于24为超重,高于28为肥胖。此外,男性腰围大于等于85厘米、女性腰围大于等于80厘米为腰部肥胖。

(1) 肥胖:其形体特点是头圆形,颈短粗,肩宽平,胸厚短圆,大腹便便。体胖能食,肌肉坚实,神旺有力者,多属形气有余,是精气充足,身体健康的表现。体胖食少,肉松皮缓,神疲乏力者,多属形盛气虚,是阳气不足,多痰多湿的表现,易患痰饮、中风等病。

(2) 消瘦:其形体特点是头长形,颈细长,肩狭窄,胸狭平坦,大腹瘦瘪。体瘦食多,属中焦有火。体瘦食少,属中气虚弱。体瘦颧红,伴潮热盗汗,口咽干燥者,多属阴虚火旺的表现,易患肺痨等病。久病重病,卧床不起,骨瘦如柴,为脏腑精气衰竭,气液干枯,属病危。

此外,在观察形体胖瘦时应注意其内在精气的强弱,并把形与气综合起来加以判断。如形体虽胖,但少气乏力者,为精气不足,抗病力弱;形体虽瘦,但神旺有力者,为精气充沛,抗病力强。由此可见,形与气两者相比较,气的强弱尤具重要意义。

3. 体质形态 体质是人的个体在先天禀赋与后天环境等因素影响下,在生长发育过程中逐渐形成的形体结构与功能方面的个体差异性。每个人都有自己的体质类型及其特点,体质类型对人的生理、病理产生着持久而稳定的影响。体质在一定程度上反映了机体阴阳气血盛衰的禀赋特点和对疾病的易感性。故观察辨别患者的体质类型,有助于诊断疾病和判断预后。

早在《黄帝内经》中就有关于体质形态的划分、体质与疾病关系的论述,比较有代表性的是"五形人"分类法和"阴阳人"分类法。"阴阳人"分类法将体质分为阴脏人、阳脏人、阴阳和平之人三种类型。

(1) 阴脏人:形体偏于矮胖,头圆颈粗,肩宽胸厚,身体姿势多后仰,平时喜热恶凉。其体质特点是阳较弱而阴偏盛,患病易从阴化寒,多寒湿痰浊内停。

(2) 阳脏人:形体偏于瘦长,头长颈细,肩窄胸平,身体姿势多前屈,平时喜凉恶热。其体质特点是阴较亏而阳偏旺,对暑热阳邪易感,患病易从阳化热,导致伤阴伤津。

(3) 阴阳和平之人:又称平脏人,是健康人的正常体质类型,平时无寒热喜恶之偏。其体质特点是阴阳平衡,气血调匀。

2009年国家行业标准《中医体质分类与判定》正式发布,将体质分为平和质、气虚质、阳虚质、阴虚质、痰湿质、湿热质、血瘀质、气郁质、特禀质九种类型。

(1) 平和质:可见体形匀称健壮,面色明润,目光有神,头发稠密有光泽,唇色红润,精力充沛,不易疲劳,耐受寒热。

(2) 气虚质:可见肌肉松软,面色淡白或萎黄,精神不振,易出汗,易感风、寒之邪。

(3) 阳虚质:可见平素畏冷,手足不温,喜热饮食,耐热不耐寒,神疲,易感风、寒、湿邪。

(4) 阴虚质:可见体形偏瘦,口燥咽干,手足心热,大便干燥,皮肤干燥,耐冬不耐夏。

(5) 痰湿质:可见体形肥胖,腹部肥满松软,面部皮肤油脂较多,肢体困重,易疲倦,大便不成形或黏滞不爽。

(6) 湿热质:可见面垢油光,易生痤疮,大便黏滞不畅,小便短黄,男性易阴囊潮湿瘙痒,女性易带下色黄,外阴瘙痒。

(7) 血瘀质：可见面色晦暗，或色素沉着有瘀斑，口唇暗淡或紫，舌质暗有瘀点、瘀斑，舌下络脉紫暗、增粗，肌肤干涩、脱屑。

(8) 气郁质：可见神情抑郁，情感脆弱，郁闷寡欢，善思多虑，情绪低落，易于激动，对精神刺激适应能力较差。

(9) 特禀质：以生理缺陷、过敏反应等为主要特征，适应能力较差。

此外，望形体的内容还包括对各种形体畸形的观察，其具体表现和临床意义详见本章第二节"局部望诊"。

四、望态

望态，又称望姿态，是观察患者的动静姿态、体位变化和异常动作等，以诊察病情的方法。

（一）望姿态的原理和意义

患者的动静姿态、体位动作与机体的阴阳盛衰和病性的寒热虚实关系密切。阳主动，阴主静，凡功能亢进、躁动不安者多属阳证、热证、实证，功能衰减、喜静懒动者多为阴证、寒证、虚证。不同的疾病常常可迫使患者采取不同的体位和动态，以减轻疾病痛苦。此外，肢体活动受心神支配，与经脉、筋骨、肌肉的状况密切相关，患者肢体的异常动作表现也与一定的疾病有关。因此，观察患者的动静姿态和体位、动作可以判断疾病的属性，有助于诊断。

（二）望姿态的内容

1. **动静姿态**　正常人能随意运动而动作协调。若发生病变，常可使肢体动静失调。《望诊遵经》提出诊态八法，即动者、强者、仰者、伸者，属表、属阳、属热、属实；静者、弱者、俯者、屈者，属里、属阴、属寒、属虚，可作为望动静姿态的要点。

2. **体位变化**　正常人体态自然。若发生病变，常可使肢体处于强迫、被动、护持等特殊姿态。

(1) 坐形：坐而仰首，胸胀气粗，多属肺实气逆；坐而喜俯，少气懒言，多为体弱气虚；但坐不得卧，卧则气逆，多为咳喘肺胀，或水饮停于胸腹；但卧不能坐，坐则神疲晕眩，多为脱血夺气，或肝阳化风。坐时常以手抱头，头倾不能昂，凝神熟视，为精神衰败。

(2) 卧式：卧时面常向外，身轻自能转侧，多属阳证、热证、实证；卧时面常向里，身重不能转侧，多属阴证、寒证、虚证，若见于久病重病，多是气血衰败已极，预后不良。仰卧伸足，掀去衣被，多属实热证；蜷卧缩足，喜加衣被者，多属虚寒证。坐卧不安是烦躁之征，或腹满胀痛之故。

(3) 立姿：站立不稳，其态似醉，常并见眩晕者，多属肝风内动；不耐久站，站立时常欲依靠他物支撑，多属气血虚衰。

(4) 行态：如以手护腰，弯腰曲背，行动艰难，多为腰腿病；行走时身体震动不定，多为肝风内动，或筋骨受损。

(5) 痛姿：指疼痛时患者的姿态。蹙额捧头，俯不欲仰者，多为头痛；叉手扪心，闭目不语者，多见于心虚怔忡或心痛；两手护乳前，唯恐触碰者，多见于乳痛；以手护腹，俯身前倾者，多为腹痛。此即所谓"护处必痛"。

3. **异常动作**　不同的疾病可产生不同的病态，观察患者肢体的异常动作有助于相应疾病的诊断。因风主动，善行而数变，风气通于肝，所以形体的异常动作，多与风和肝有关。

唇、睑、指、趾不时颤动，在外感热病中，多为动风先兆；在内伤杂病中，多见气血不足，筋脉失养。

手足蠕动：手足缓慢掣动。多为阴血不足，肝风内动之象。
四肢拘挛：四肢拘急挛曲，不能伸直。多由阴血不足，筋脉失养，或寒邪侵袭，筋脉收引所致。
四肢抽搐：四肢痉挛，迅速而不自主地收引、牵动，屈伸不已。若突发抽搐，强劲有力，多属热极生风或肝阳化风；若抽搐不已，微弱无力，多属阴血不足，虚风内动；若小儿吐泻后，四肢抽搐，多为脾阳虚脱之证，称为"慢脾风"。
角弓反张：项背肌肉强直，头后仰，躯干前挺，体呈弓状。常与四肢抽搐并见，病因病机一致。若角弓反张，四肢抽搐，牙关紧闭，属于痉病。
循衣摸床，撮空理线：患者神志不清，两手不自主地经常抚摸衣被和床沿，或在空中挥舞，如同理线，多为邪盛神乱之失神的表现。
卒然昏倒，半身不遂，口眼㖞斜，属肝阳上亢，化风挟痰，卒中脏腑所致，为中风之中脏腑；若神志清楚，仅半身不遂或口舌㖞斜，为中风之中经络，或中风后遗症。卒倒而口开手撒，二便失禁，多见中风脱证；卒倒而牙关紧闭，两手握固，大小便闭，多见中风闭证。
卒然昏倒，伴见四肢厥冷，而呼吸自续，多见于厥病。
盛夏卒倒，面赤汗出，甚而昏迷痉厥者，多见于中暑，是暑热或暑湿秽浊之邪，闭阻气机，心神所致。
手足软弱无力，行动不灵而无痛，多见于痿病，多由阳明湿热或脾胃气虚，或肝肾不足所致。
四肢关节疼痛，屈伸不利，多见于痹病，多由风、寒、湿三邪侵犯关节，气血痹阻不通所致。
儿童手足伸屈扭转，挤眉眨眼，努嘴伸舌，状似舞蹈，不能自制，多由气血不足，风湿内侵所致。
望姿态时，若患者的某些病理姿态在自然体位时觉察不出，则可根据检查的需要，嘱患者做某些必要的动作和体位改变，使病理姿态充分显露，以明确诊断。

（马维骐）

第二节 局部望诊

　　局部望诊是在全身望诊的基础上，根据病情和诊断的需要，对患者某些局部的表现进行重点观察，以测知相应脏腑病变的诊察方法。人体是一个有机整体，整体的病变可反映于各个局部，局部的病变也可影响全身，故局部望诊对临床疾病的诊断具有重要意义。
　　局部望诊要求熟悉各部位的生理特征及其与脏腑经络的内在联系，把病理征象与正常表现进行比较，并联系其他脏腑经络的关系，结合其他诊法，从整体角度进行综合分析，以明确局部病理征象所提示的临床意义。
　　局部望诊的内容包括望头面、五官、颈项、躯体、四肢、二阴、皮肤等。

一、望头面

（一）望头部

　　头为精明之府，中藏脑髓，为元神所居之处；脑为髓海，为肾所主；肾精化血，发为血之余，肾之华。头又为诸阳之会，脏腑之清阳精气皆循经脉上荣于头，故望头部的情况，可以诊察肾、脑和脏腑精气的盛衰。望头部重点观察头颅、囟门、头部的动态以及头发等状况。

1. **头颅** 头颅大小,以头围(头部通过眉间和枕骨粗隆的横向周长)来衡量(图1-2)。一般新生儿头围平均34厘米,前半年增加8~10厘米,后半年增加2~4厘米,2岁时达48厘米;第二年仅增加2厘米,5岁时约50厘米,15岁时接近成人头围,达54~58厘米。明显超出此范围者为头颅过大,反之为头颅过小,均属病态,多见于正值颅骨发育期的婴幼儿。

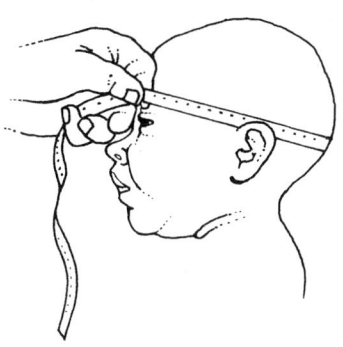

图1-2 小儿头围测量法

(1)巨颅:小儿头颅膨大呈圆形,面部较小,双目下视,伴智力低下。多属先天不足,肾精亏损,水液停聚于脑所致。

(2)小颅:小儿头颅狭小,顶部尖突,颅缝早合,伴智力低下。多因先天肾精不足,颅骨发育不良所致。

(3)方颅:小儿前额左右突出,头顶平坦,颅呈方形。多为肾精不足或脾胃虚弱,颅骨发育不良,可见于佝偻病、先天性梅毒等。

2. **囟门** 囟门是婴幼儿颅骨接合不紧所形成的骨间隙,有前囟、后囟之分。后囟呈三角形,在出生后2~4个月内闭合;前囟呈菱形,在出生后12~18个月内闭合,是临床观察小儿生长发育状况的主要部位之一。

(1)囟填:即囟门高突。多因温病火邪上攻,或脑髓病变,或颅内水液停聚所致,属实证。小儿哭闹时囟门暂时突起不属病态。

(2)囟陷:即囟门凹陷。多因吐泻伤津、气血不足和先天精气亏虚,脑髓失充所致,属虚证。6个月以内的婴儿囟门微陷属正常。

(3)解颅:即囟门迟闭。多为先天肾气不足,或后天脾胃虚弱,发育不良所致。多见于小儿佝偻病。常兼有五软(头软、项软、手足软、肌肉软、口软)、五迟(立迟、行迟、发迟、齿迟、语迟)等症状表现。

3. **动态** 正常人头部活动自如。头摇不能自主,俗称"摇头风",不论成人或小儿,多为肝风内动之兆。

4. **头发** 发为血之余,肾之华。发黑浓密润泽,是正常人肾气盛,精血足的表现。故望头发的色泽、发质和疏密,可以了解肾气的盛衰和精血的盈亏。

(1)发色:发黄干枯,稀疏易落,多属精血不足,可见于慢性虚损患者或大病之后。青年白发,伴腰酸、耳鸣等症者,多属肾虚;伴失眠、健忘等症者,多为劳神伤血所致;亦有无任何不适者,俗称"少白头",为先天禀赋所致,不属病态。

(2)发质:发稀不长,或发疏易断,多为肾虚或精血不足,或阴虚血燥所致。小儿头发稀疏黄软,生长迟缓,甚至久不生发,或枕后发稀者,多因先天不足,后天失养,脾肾亏虚所致。小儿发结如穗,枯黄无泽,面黄肌瘦,多为疳积。

(3)脱发:突然片状脱发,显露圆形或椭圆形光亮头皮,称为斑秃,多为血虚受风,或长期精神紧张、焦虑惊恐等情志失调,损伤精血所致。青壮年头皮瘙痒,头发多屑多脂易落,甚至露出光亮头皮,称为脂秃,多为血热化燥或湿热内蕴所致。头发稀疏易脱,伴腰膝酸软、头晕耳鸣者,多为肾虚。

(二)望面部

面部为脏腑精气所荣,又为心之外华。望面部可以诊察脏腑精气的盛衰和相关的病变,面部五色主病已述于前,此处重点介绍面容异常及其临床意义。

1. **面肿** 面部浮肿,皮色不变,多为水肿病,属全身水肿的一部分,多因肺、脾、肾三脏功能失调所致。头面皮肤焮红肿胀,色如涂丹,灼热疼痛,为"抱头火丹",多由风热火毒上攻所致。若头肿大如斗,面目肿甚,是"大头瘟",由天行时疫,毒火上攻所致。

2. **腮肿** 一侧或两侧腮部以耳垂为中心肿起,边缘不清,局部灼热疼痛,常为痄腮,多为外感温毒之邪所致,多见于儿童,属传染病。若颧下颌上耳前发红肿起,多为一侧,伴有寒热、疼痛,张口受限者,称为发颐,多为阳明热毒上攻所致。

3. **面削颧耸** 又称面脱,指面部肌肉消瘦,两颧高耸,眼窝、面颊凹陷,伴全身骨瘦如柴。为脏腑精血消耗殆尽,多见于慢性病晚期的病危阶段。

4. **口眼(或舌)歪斜** 口眼歪斜指患侧口角向健侧歪斜,患侧目不能闭,口不能合,不能皱眉鼓腮,为面瘫,多由风邪中络所致;若口舌歪斜兼半身不遂者,则为中风病,多由肝风挟痰,阻闭经络所致。

5. **特殊面容** 较常见者如惊恐貌,多见于小儿惊风、狂犬病和瘿瘤等病。苦笑貌多见于新生儿脐风、破伤风等病。狮面伴鼻骨塌陷,眉毛、头发脱落者,见于麻风病。

二、望五官

面部目、耳、鼻、口、舌五官,分别与五脏相关联。目为肝之窍,耳为肾之窍,鼻为肺之窍,口为脾之窍,舌为心之窍。故望五官的异常变化,可以了解相应脏腑的病变。望舌有专篇论述,故本节主要介绍目、耳、鼻、口唇、齿龈和咽喉等内容。

(一)望目

目为肝之窍,心之使,五脏六腑之精气皆上注于目。《灵枢·大惑论》将目的不同部位分属于不同脏腑,后世据此发展为中医特有的"五轮学说",即瞳仁属肾,称为水轮;黑睛属肝,称为风轮;目眦及血络属心,称为血轮;白睛属肺,称为气轮;眼睑属脾,称为肉轮(图1-3)。因此,望目可以诊察脏腑的病变,对于一般病证的诊断亦具有见微知著的重要作用。目神已在"望神"篇中介绍,故此处望目重点在望目色、目形及目态的异常变化。

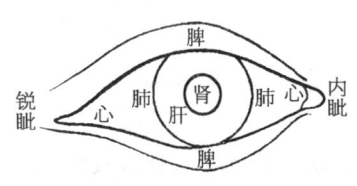

图1-3 目部五脏分属

1. **目色** 正常人眼睑内与目眦色淡红,眼睑外之色同面色。目色的异常改变主要有以下几种情况。

(1) 目赤肿痛:多属实热证。如白睛色红,为肺火或外感风热;两眦赤痛,为心火上炎;睑缘赤烂,为脾有湿热;全目赤肿,为肝经风热上攻。

(2) 白睛发黄:为黄疸病的主要标志。多由湿热或寒湿内蕴,肝胆疏泄失常,胆汁外溢所致。

(3) 目眦淡白:多属血虚或气血两虚。多由目络失养,不能充盈所致。

(4) 眼睑皮肤色黑:多属肾虚。为肾精亏耗,或肾虚水泛、寒湿下注之象。

2. **目形**

(1) 目胞浮肿:常见于水肿。如低枕睡眠后胞睑微肿,活动后消失者,不属病态。

(2) 眼眶凹陷:多见于伤津脱液或气血虚衰的患者。若久病、重病眼眶深陷,伴骨瘦如柴,则为脏腑精气竭绝,属病危。

(3) 眼球突出:可见于肺胀或瘿瘤。兼气喘胸满,反复发作,迁延难愈者,多属肺胀,为肺脾肾三脏虚损,肺气壅滞,气道不畅所致。若眼球突出兼颈前微肿,急躁易怒者,多属瘿瘤,因肝郁化火、痰气壅结所致。

(4) 眼睑红肿：睑缘肿起结节如麦粒,红肿较轻者,称为针眼;胞睑漫肿,红肿较重者,称为眼丹。皆为风热邪毒或脾胃蕴热上攻于目所致。

3. **目态** 正常人眼球活动自如、灵活,瞳孔呈圆形,直径为3～4毫米,对光反应灵敏。目态的异常改变主要有以下几种情况。

(1) 瞳孔缩小：直径小于2毫米,多属中毒所致,如川乌、草乌、毒蕈、有机磷类农药及吗啡等中毒,亦见于风中脏腑等危重疾病。

(2) 瞳孔散大：直径大于5毫米,对光反应迟钝或消失,常见于颅脑损伤(如头部外伤)、风中脏腑等,提示病情危重。若两侧瞳孔完全散大,对光反应消失,则是临床死亡的指征之一。另外,瞳孔散大,也可见于青风内障或药物中毒等。

(3) 目睛凝视：两眼固定,不能转动。目睛正圆,固定前视,称为瞪目直视;固定上视,白睛翻起,称为戴眼反折;固定侧视,转动不灵,称为横目斜视。三者常伴神昏、抽搐等症,属病情危重,多为肝风内动,牵引目系之惊风、痉厥或精脱神衰之危候。但目睛斜视也可以见于外伤目系或者先天所致。

(4) 闭目障碍：眼睑闭合障碍。双目闭合障碍,多为瘿瘤病;单侧闭合障碍,多为风中面络;小儿睡时露睛,多由脾气虚弱,气血不足,胞睑失养所致,多见于吐泻伤津和慢脾风。若昏睡露睛,多为中风、颅脑病变等危候。

(5) 眼睑下垂：眼睑无力张开而上睑下垂,又称睑废。双睑下垂者,多为先天不足、脾肾亏虚所致;单睑下垂者,多因脾气虚弱或外伤所致。

(二) 望鼻

鼻居面部中央,为肺之窍,是呼吸的通道,主司嗅觉,又为脾之所应。鼻梁属肝,鼻翼属胃,鼻之周围有各脏腑的相应部位,《灵枢·五色》即言"五色独决于明堂"。故望鼻不仅可以诊察肺及脾胃的病变,还可以判断脏腑的虚实、胃气的盛衰、病情的轻重及预后。望鼻应注意鼻的色泽、形态及鼻道的异常变化。

1. **色泽** 鼻色红黄隐隐,明润光泽,是正常人胃气充足之征象。鼻色淡白,多属气血两虚或血虚;鼻头色赤,多属肺脾蕴热;鼻头色青,多属阴寒腹痛;鼻色微黑,多属肾虚寒水内停。鼻端微黄明润,见于新病,为虽病但胃气未伤,属病轻;鼻头晦暗枯槁,是脾胃虚衰,胃气失荣之重证。

2. **形态** 鼻头红肿生疖,多属胃热或血热;鼻端生红色丘疹,称为酒渣鼻,多因肺胃湿热,侵入血络所致。鼻柱溃陷,多见于梅毒、麻风病。鼻翼煽动,多见于哮病、喘证等,是肺失宣降,呼吸不利的表现,新病多属肺热壅盛,久病多属肺肾虚衰之危证。

3. **鼻道** 鼻道通气良好,提示脾胃精气充足,肺气宣通。鼻流清涕,多属外感风寒或阳气虚弱;鼻流浊涕,多属外感风热或肺胃蕴热;久流腥臭脓涕而不愈者,称为鼻渊,多为外邪侵袭或胆经湿热上逆于鼻所致。鼻腔出血,称为鼻衄,多因肺胃蕴热,或阴虚肺燥,灼伤鼻络所致。鼻道内生赘物,气息难通,称为鼻痔,多为湿热邪毒,蕴结鼻窍所致。

(三) 望耳

耳为肾窍,心寄窍于耳,手足少阳经布于耳。《灵枢·邪气脏腑病形》有曰："十二经脉,三百六十五络……其别气走于耳而为听。"故耳为"宗脉所聚"。耳郭上有脏腑和身形各部的反应点,所以

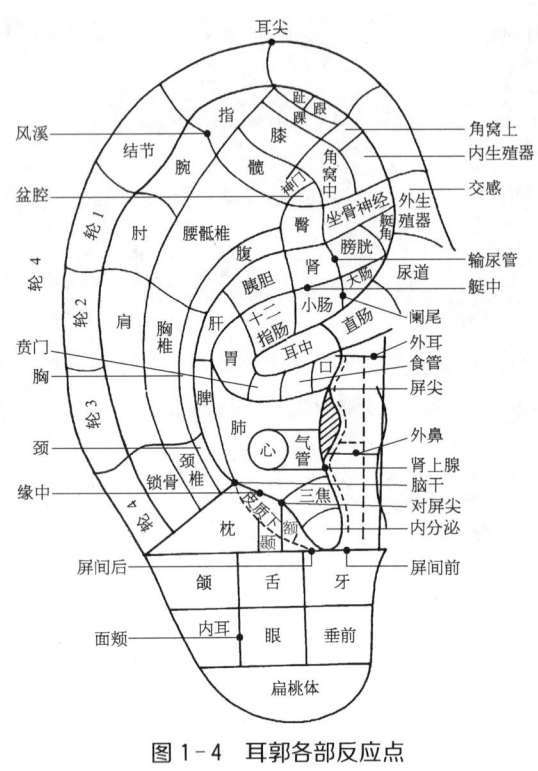

图 1-4 耳郭各部反应点

望耳对于诊察肾、肝胆及全身的病变具有一定意义(图1-4)。望耳主要观察耳的色泽、形态及耳道的异常变化。

1. **色泽** 耳郭色泽红润,是正常人气血充足的表现。耳轮淡白,多属气血亏虚;耳轮红肿,多为肝胆湿热或热毒上攻;耳轮青黑,多见于阴寒内盛或有剧痛者;耳轮干枯焦黑,多属肾精亏耗,精不上荣,为病重,可见于温病后期肾阴耗伤及下消等;小儿耳背有红络,伴耳根发凉,多为麻疹先兆。

2. **形态** 耳郭厚大,是正常人肾气充足的表现。若耳郭瘦薄,是先天亏虚,肾气不足;耳郭肿大,多为邪气充盛;耳郭干枯萎缩,多为肾精耗竭;耳轮甲错,多为久病瘀血入络之象。

3. **耳道** 耳道流脓,为脓耳。早期、中期,脓黄稠者,多为肝胆湿热循经上熏所致;若病程较长,日久不愈者,亦可由实转虚,而为肾阴亏虚,虚火上炎。若外伤后耳道流血水,多为颅底骨折,属病危。耳道内局部红肿疼痛,为耳疖,多因邪热搏结耳窍所致。耳道内生赘物,称为耳痔,多因湿热痰火上逆,气血瘀滞耳道而成。

(四) 望口与唇

脾开窍于口,其华在唇,手足阳明经环绕口唇,故望口唇的异常变化,主要诊察脾与胃的病变。望口唇主要观察色泽、形态与动态的异常变化。

1. **色泽** 唇色红润,是正常人胃气充足、气血调匀的表现。唇色淡白,为血虚或气血两虚;唇色深红,多阳热内盛;唇色青紫,为血瘀,多见于心气虚、心阳虚或肺气郁闭,血行瘀滞的患者。唇色青黑,多属寒盛、痛极,血脉凝滞,血络郁阻所致。唇色呈樱桃红,多见于煤气中毒。

2. **形态** 口唇干燥,为津液已伤,多见于燥热伤津或阴虚证。口唇糜烂,多为脾胃积热上蒸。口角流涎,小儿多属脾气虚弱;成人多为风中络脉或中风后遗症。口腔糜烂疼痛,称为口疮,多由心脾积热上蒸或阴虚火旺所致。小儿口腔、舌上满布白斑如雪片,称为鹅口疮,多因湿热秽浊之气上蒸于口所致。唇裂如兔唇者,多为先天发育畸形所致。久病人中沟短缩,口唇翻卷不能覆齿,为脾气将绝之危象。

3. **动态** 正常人口唇可随意开合,动作协调。常见异常动态有六种,即《望诊遵经》所言"口形六态"。一是口张,即口开不闭,为肺气或脾气将绝;二是口噤,即牙关紧闭,多为筋脉拘急,可见于中风、痫病、惊风等;三是口撮,即口唇紧聚,为邪正交争,见于新生儿脐风或破伤风;四是口僻,即口角歪斜,为风痰阻络,见于面瘫或中风患者;五是口振,即战栗鼓颔,多为阳虚寒盛或邪正剧争,可见于外感寒邪、温病战汗或疟疾发作之时;六是口动,即口角掣动,不能自制,多为胃气虚弱或动风之象。

(五) 望齿与龈

齿为骨之余,骨为肾所主;龈乃胃之络,手足阳明经络齿龈,故望齿与龈可诊察肾、胃的病变及津液的盈亏,特别对温病的辨证,更有重要意义。望齿龈应注意其色泽、润燥、动态等情况。

1. **牙齿** 牙齿洁白润泽而坚固,是正常人肾气旺盛、津液充足的表现。牙齿干燥,为胃阴已伤;牙齿光燥如石,为阳明热甚,津液大伤,多见于温热病极期;牙齿燥如枯骨,为肾阴枯竭,精不上荣,多见于温热病的晚期,属病重。牙齿枯黄脱落,见于久病者多为骨绝,属病重。牙齿稀疏松动,齿根外露,多见于肾虚。咬牙啮齿,多为热极生风;睡中啮齿,多因胃热、虫积或消化不良所致,亦可见于正常人。

2. **齿龈** 齿龈淡红而润泽,是正常人胃气充足、气血调和的表现。齿龈淡白,多属血虚或气血两虚;齿龈红肿疼痛,多为胃火亢盛;龈萎色淡,多属胃阴不足,或肾气亏虚。齿龈出血,称为齿衄,兼齿龈红肿疼痛者,多为胃火灼伤龈络;若不红不痛而微肿者,多属脾气虚而血失统摄,或肾阴虚,虚火上炎所致。齿龈溃烂,流腐臭血水,甚至唇腐齿落,称为牙疳,多为邪毒留滞,积毒上攻所致。

(六) 望咽喉

咽喉为肺胃之门户,是呼吸、进食的要冲。咽为饮食之道,为胃所系;喉为气息之门,归肺所属。足少阴肾经循喉咙,挟舌本,与咽喉关系密切。故望咽喉可以诊察肺、胃、肾的病变。

咽喉的正常表现为淡红润泽,不痛不肿,呼吸通畅,发音正常,吞咽无阻。望咽喉应注意其形色和脓腐等变化。

1. **形色** 咽部红肿,灼痛明显者,属实热证,多由肺胃热毒壅盛所致;咽部嫩红,肿痛不显,反复发作者,属虚热证,多由肾阴亏虚,虚火上炎所致;咽喉漫肿,色淡红者,多为痰湿凝聚所致。咽部一侧或两侧喉核红肿疼痛,甚者溃烂有黄白色脓点,称为乳蛾,多属肺胃热盛,火毒熏蒸所致;若咽部见伪膜色灰白,坚韧不易剥去,重剥出血,旋即复生者,称为白喉,多为外感火热疫邪所致,属烈性传染病。

2. **脓腐** 咽喉红肿高突,周围红晕紧束,发热不退者,多已成脓;若肿势散漫,边界不清,疼痛不甚者,为未成脓。咽喉溃腐,分散表浅,周围色红,为肺胃之热尚轻;腐烂成片或凹陷,周围红肿,出脓黄稠,为肺胃热毒壅盛;若周围淡红或苍白,脓液清稀,排出不尽,久不愈合,多为气血不足,肾阳亏损,邪毒内陷所致。

三、望颈项

颈项是头和躯干连接部分,前部称颈,后部称项。气管、食管、脊髓和血脉行于内,为清气、饮食、气血、津液循行之要道;手足阳明经、太阳经、少阳经以及任督两脉均行于此,是经气运行之通路,故望颈项可以诊察全身脏腑气血的病变。望颈项应注意观察其外形及动态等异常变化。

1. **外形** 正常人颈项直立,两侧对称,气管居中,男性喉结较突出,女性喉结不明显。其异常改变主要有:

(1) 瘿病:颈前结喉处有肿块突起,或大或小,或单侧或双侧,可随吞咽上下移动,为瘿病。多因肝郁气滞痰凝所致,或与地方水土有关。

(2) 瘰疬:颈侧、颌下有肿块如豆,推之可移,累累如串珠状,为瘰疬。多由肺肾阴虚,虚火内灼,炼液为痰,结成痰核;或外感风火时毒,气血壅滞,结于颈项所致。

(3) 颈瘘:颈部痈肿、瘰疬溃破后,久不收口,形成管道,为颈瘘,又名鼠瘘。多因痰火久结,气血凝滞,溃破成脓所致。

2. **动态** 正常人颈项左右转侧、上下俯仰灵活自如,左右旋转各达30°,前俯后仰各达35°,左右侧屈各达45°;安静时颈侧动脉搏动不易见到。其异常改变主要有:

(1) 项强:指项部筋肉拘急或强痛,活动受限。若头项强痛不舒,兼恶寒发热等症,多是外感风寒,经气不利。若项部强直,不能前俯,兼壮热头痛,甚者神昏抽搐,多为火热内盛,燔灼肝经,见于温病极期阶段或破伤风等病。若睡醒后项部拘急疼痛不舒,称为落枕,是睡姿不当,经络气滞所致。

(2) 项软:指颈项软弱,抬头无力。常见于小儿,为"五软"之一。多属肾精亏损或脾胃虚弱,以致发育不良,多见于佝偻病患儿。若久病、重病颈项软弱,头部下垂,目眶深陷,则为脏腑精气衰竭之象,属病危。

(3) 颈脉异常:安静状态时人迎脉搏动明显可见,为肝阳上亢或血虚重证。半卧位或坐位时颈脉明显充盈怒张,平卧时更甚,多为心肾阳虚,水气凌心,可见于水肿或鼓胀等病。

四、望躯体

望躯体的内容包括望胸胁、腹部和腰背等。

(一) 望胸胁

横膈以上,锁骨以下的躯干正面称为胸;胸侧自腋下至第十二肋骨的区域谓之胁,胸腔由胸骨、肋骨和脊柱等构成,内藏心肺,属上焦,为宗气所聚。胸廓前有乳房,属胃经,乳头属肝经,两胁是肝胆经循行之处。望胸胁主要可以诊察肺、心、胃、肝、胆等脏腑病变和宗气的盛衰,以及乳房疾患。望诊时应注意观察胸廓外形和呼吸运动有无异常等。

1. **外形** 正常人胸廓两侧对称,呈扁圆柱形,左右径大于前后径(比例约1.5∶1),小儿和老人则左右径略大于前后径或几乎相等。两侧锁骨上下窝对称。

(1) 扁平胸:胸廓前后径不及左右径的一半,呈扁平状。颈部细长,锁骨突出,两肩向前,锁骨上下窝凹陷。常见于肺肾阴虚或气阴两虚之人。

(2) 桶状胸:胸廓前后径增加,与左右径约相等,甚至超过左右径,肋间增宽且饱满,胸廓呈圆桶状。可见于肺胀病,多因久病咳喘,耗伤肺肾,以致肺虚气逆,渐积而成。

(3) 佝偻胸:有鸡胸、漏斗胸、肋如串珠等不同表现,常见于佝偻病患儿。胸骨下部明显前突,肋骨侧壁凹陷,形似鸡的胸骨隆突者,称为鸡胸;胸骨下部剑突显著内陷,形似漏斗状者,称为漏斗胸。胸骨两侧的肋骨与肋软骨连接处明显隆起,状如串珠者,称为肋如串珠。此三者多因先天不足或后天失养,肾气不充,骨骼发育异常所致。

(4) 胸不对称:一侧胸廓塌陷,肋间变窄,多见于肺痿、肺部手术后等;一侧胸廓膨隆,肋间变宽,多见于悬饮病、气胸等患者。

(5) 乳房肿溃:妇女哺乳期乳房红肿热痛,乳汁不畅,甚则破溃流脓,身发寒热者,为乳痈。多因肝气不疏,胃热壅滞,或外感邪毒所致。

2. **呼吸** 正常人呼吸均匀,节律整齐,每分钟16～18次,胸廓起伏左右对称。妇女以胸式呼吸为主,男子和儿童以腹式呼吸为主。

(1) 形式异常:若胸式呼吸增强,腹式呼吸减弱,多为腹部有病,可见于鼓胀、积聚等,亦可见于妊娠期妇女;胸式呼吸减弱,腹式呼吸增强,为胸部有病,可见于肺痿、悬饮、胸部外伤等。两侧胸部呼吸不对称,即胸部一侧呼吸运动较另一侧明显减弱,多为此侧胸部有疾,可见于悬饮、肺痿、肺肿瘤等。

(2) 时间异常:吸气困难,时间延长,伴吸气时胸骨上窝、锁骨上窝及肋间凹陷,多见于急喉风、白喉重证等;呼气困难,时间延长,伴口张目突、端坐呼吸,可见于哮病、肺胀等患者。

(3) 节律异常:呼吸急促,胸廓起伏显著,多为邪热、痰浊犯肺,肺失宣降所致;呼吸微弱,胸廓起伏不显,多为肺气亏虚所致;呼吸不齐,表现为呼吸由浅渐深,再由深渐浅,以至暂停,往返重复,或呼吸与暂停交替出现,皆为肺气衰竭之象,属病重。

(二) 望腹部

腹部指剑突以下至耻骨以上的部位,内藏脾、胃、肝、胆、大肠、小肠、肾、膀胱、胞宫等,亦为诸经循行之处。故望腹部可以诊察腹内脏腑的病变和气血的盛衰。

正常人腹部平坦对称,直立时腹部可稍隆起,约与胸平齐,仰卧时则稍凹陷。望腹部应注意观察其形态的变化。

1. **腹部膨隆** 仰卧时前腹壁明显高于胸耻连线。若单腹鼓胀,四肢消瘦,甚者腹壁青筋暴露,肚脐突出者,属鼓胀病,多为肝郁脾虚,气滞血瘀,水湿内停所致。若腹部胀满,周身浮肿者,属水肿病,多为肺脾肾三脏功能失调,水邪停聚,泛滥肌肤所致。若腹局部膨隆,则多见于积聚等病,多为气滞血瘀所致,临证需结合按诊进行诊断。

2. **腹部凹陷** 指仰卧时前腹壁明显低于胸耻连线,亦称舟状腹。若见于新病,多为剧烈吐泻,津液大伤;若见于久病,伴肉削骨著者,则为脏腑精血耗竭,属病危之象。

(三) 望腰背

腰为身体运动枢纽,为肾之府;背以脊柱为主干,为胸中之府。督脉贯脊行于正中,足太阳膀胱经分行挟于腰背两侧,经上有五脏六腑的俞穴,带脉横行环绕腰腹,总束阴阳诸经,皆与腰背密切相关。故望腰背部可以诊察相关脏腑、经络的病变。

正常人腰背部两侧对称,俯仰转侧自如,直立时脊柱居中,颈、腰段稍向前弯曲,胸、骶段稍向后弯曲,但无左右侧弯。望腰背部应重点观察脊柱及腰背部有无形态异常及活动受限。

1. **外形**

(1) 脊柱后弯:脊骨过度后弯,致使前胸塌陷,背部凸起,称为驼背或龟背。多因肾气亏虚,发育不良,见于脊柱疾病,或曲背久坐,矫正失时所致,也可见于老年人。若久病之人背脊后突,两肩下垂,称为背曲肩随,为心肺精气衰败之象。

(2) 脊柱侧弯:脊柱偏离正中线,向左或右弯屈。侧弯多因先天不足,肾精亏损,发育不良所致,亦可见于长期坐姿不良的患儿。伴有疼痛或步态异常的患者,多见于一侧胸部有病,或腰部扭伤所致。

(3) 脊疳:患者极度消瘦,以致脊骨突出似锯,为脏腑精气亏损之象,见于疳积后期,或慢性重病患者。

2. **动态**

(1) 角弓反张:病中脊背前挺,反折如弓。兼见颈项强直,四肢抽搐者,多因肝风内动,筋脉拘急所致,常见于脐风、破伤风等患者。

(2) 腰部拘急:腰部疼痛,活动受限,转侧不利。多因寒湿内侵,腰部脉络拘急,或跌仆闪挫,局部气滞血瘀所致。

五、望四肢

四肢包括上肢的肩、肘、腕、掌、指和下肢的股、膝、胫、踝、跗、趾等部位。因肺主四肢皮毛,心主四肢血脉,肝主四肢之筋,脾主四肢肌肉,肾主四肢之骨,故五脏均与四肢有关,其中脾"主四肢",与其关系尤为密切。手足三阳经、三阴经循行于四肢,故望四肢可以诊察脏腑和相应经脉的病变。望四肢主要观察四肢的外形和动态变化。

(一)外形

1. **四肢浮肿** 一般是全身浮肿的一部分,也有仅足跗肿胀者,按之有凹痕久不平复,见于水肿病,为肺脾肾功能失调,水湿停留所致。

2. **关节肿大** 关节肿大伴疼痛,屈伸不利,行动困难,为痹证,由风寒湿邪闭阻经脉所致。若关节红肿热痛,屈伸不利,多为热痹,多由风寒湿邪,郁久化热所致;若膝部肿大,股胫消瘦,形如鹤膝,称为"鹤膝风",多因寒湿久留,气血亏虚所致。

3. **下肢畸形** 直立时两踝并拢两膝分离,且向外弓出,称为膝内翻,又称"O"形腿或罗圈腿;两膝并拢而两踝分离,两小腿斜向外方,称为膝外翻,又称"X"形腿。踝关节呈固定型内收位,称足内翻;呈固定型外展位,称足外翻。皆属先天亏虚或后天失养,脾肾亏虚,发育不良所致。

4. **青筋暴露** 小腿脉络曲张,形似蚯蚓,立位时突起明显,坐卧时可减轻。多因寒湿内侵,瘀血阻络所致。

5. **手指变形** 手指关节呈梭状畸形,活动受限,称为梭状指,多由风湿久蕴,筋脉拘挛所致。手指末端膨大如杵,如鼓槌状,称为杵状指,多由久病咳喘,心肺虚损,痰瘀互结所致。

(二)动态

动态变化常见的有肢体痿废、四肢抽搐、手足颤动等,可参阅本章第一节"全身望诊"中"望态"相关内容。

六、望二阴

二阴包括前阴和后阴。前阴指外生殖器和尿道外口(尿窍),为肾所司,宗脉所聚,太阴、阳明所会。尿窍通于膀胱,精窍通于肾,阴户通于胞宫并与冲任二脉密切相关,肝经绕阴器,故前阴病变与肾、膀胱、肝诸脏腑关系密切。后阴指肛门,又称"魄门"。肾司二阴,脾主运化,升提内脏,大肠主传导,故后阴病变与脾、肠、肾关系密切。

(一)望前阴

男性前阴应观察阴茎、阴囊和睾丸是否正常,有无硬结、肿胀、溃疡和其他异常的形色改变;对女性前阴的诊察要有明确的适应证,由妇科医生负责检查,并需在女护士陪同下进行。前阴常见的异常改变有:

1. **外阴肿胀** 男性阴囊或女性阴户肿胀,无瘙痒疼痛,称阴肿,多为全身水肿的局部表现,见于严重的水肿病。阴囊肿胀,因小肠坠入而引起,称为"疝气病",多由肝郁、寒湿、湿热、气虚或久立远行等所致。

2. **阴部湿痒** 男子阴囊、阴茎,或女子阴部瘙痒,甚者红肿湿烂,渗液灼痛,多为肝经湿热下注所致。

3. **子宫脱垂** 妇女阴户中有物突出如梨状,又称阴挺、阴茄。多由中气下陷所致,常见于脾虚体弱或产后劳伤之人。

4. **睾丸异常** 小儿睾丸过小或触不到,多属先天发育异常,亦可见于痄腮后遗症。

(二) 望后阴

诊察后阴时,嘱患者侧卧位,双腿尽量前屈靠近腹部,使肛门充分暴露。检查者用双手将臀部分开,方可进行观察。注意肛门部位有无肛痈、肛裂、痔疮、肛瘘及脱肛等病变。

1. **肛痈** 肛门周围局部皮肤红肿高起,灼热疼痛明显,甚至溃破流脓。多由湿热下注或外感热毒而发。

2. **肛裂** 肛门皮肤与肛管黏膜有狭长裂伤,排便时疼痛出血。多因热结肠燥或阴津不足,大便燥结坚硬,努力排便而撑裂。

3. **痔疮** 肛门内外生有紫红色柔软肿块,突起如峙者,称为痔,俗名痔疮。生于肛门齿线以内者为内痔,生于肛门齿线以外者为外痔,内外皆有者为混合痔。多由肠中湿热蕴结或血热肠燥,或久坐、负重、便秘等,使肛门部血络瘀滞,搏结不散所致。

4. **肛瘘** 肛痈或痔疮溃破后久不敛口,逐渐形成瘘管。瘘管长短不一,或通入直肠,或开口于肛周,局部痒痛,脓水淋漓,缠绵难愈,多由肠内湿热风燥内蕴,肉腐化脓所致。

5. **脱肛** 直肠或直肠黏膜组织脱出肛外,轻者大便时脱出,便后缩回,重者脱出后不能自回,需用手慢慢推还,多由脾虚中气下陷所致。

七、望皮肤

皮肤为一身之表,内合于肺,卫气循行其间,有保护机体的作用。脏腑气血通过经络荣养皮肤,凡感受外邪或内脏有病,皆可引起皮肤发生异常改变而反映于外。因此,观察皮肤色泽、形态的异常变化对于诊察肺和其他脏腑的疾病有重要意义。

正常人皮肤润泽、柔韧光滑而无肿胀。望皮肤应注意其色泽、形质的异常变化,以及斑疹、水疱、疮疡等病症。

(一) 色泽形质

1. **色泽**

(1) 皮肤发赤:皮肤发红,色如涂丹者,称为丹毒。发于头面者,称为抱头火丹;发于腰部者,称为缠腰火丹;发于小腿者,称为流火;发于全身,游走不定者,称为赤游丹。一般发于上部多由风热化火所致,发于下部多因湿热化火而成,亦有因外伤染毒而引起者。

(2) 皮肤发黄:面目与皮肤、爪甲俱黄者,为黄疸。需注意鉴别阴黄与阳黄(详见本章第一节"全身望诊"中"望色"相关内容)。

(3) 皮肤发黑:皮肤色黑而晦暗,多由肾阳虚衰,温运无力,血行不畅而引起;若色黑而干枯不荣,则属劳伤肾精,肌肤失养所致。

(4) 皮肤白斑:皮肤局部明显变白,斑片大小不等,与正常皮肤界限清楚,无异常感觉者,病程缓慢,称为白癜风。多因风湿侵袭、气血不荣所致。

2. **形质**

(1) 皮肤干燥:皮肤干涩不荣,皱缩无弹性,甚则有皲裂、脱屑。多为津液已伤,或营血久亏,肌肤失养所致。

(2) 肌肤甲错：皮肤干枯粗糙，状若鱼鳞，称为肌肤甲错。多由血虚津枯，瘀血久停，肌肤失养所致。

(3) 肌肤肿胀：周身肌肤肿胀，按之凹陷不起，为水肿病。头面先肿，由上而下，上半身肿甚者，属阳水，多由风邪外袭，水湿浸渍，肺失宣降，脾失健运所致；足跗下肢先肿，继及全身，腰以下肿甚者，属阴水，多由脾肾阳虚，水湿泛滥所致。

(二) 斑疹

斑和疹均为全身性疾病表现于皮肤的症状，两者虽可互见并称，但在形成机制、形态特征及临床意义等方面实质有别，应加以区别。

1. 斑　凡色深红或青紫，点大成片，平铺于皮肤下，抚之不碍手，压之不褪色者，称为斑。色深红或紫红，形似锦纹，兼身热、面赤、脉数等实热表现者为阳斑，多由热邪亢盛，内迫营血而发；色淡青或淡紫，隐隐稀少，兼面白、神疲、脉虚等气虚表现者为阴斑，多由脾气亏虚，血失统摄，或阳虚寒凝气血所致。

2. 疹　凡色红，点小如粟米，高出皮肤，抚之碍手，压之褪色者，称为疹。常见的疹有麻疹、风疹、瘾疹等。麻疹色桃红，形如麻粒，高于皮肤，从头面发际开始，延及胸腹四肢，逐渐稠密，后依出序渐消，是儿童常见的传染病，为外感麻毒时邪，内迫营血，从皮肤血络而出所致；风疹色淡红，细小稀疏，稍稍隆起，瘙痒不甚，是临床上常见的一种皮肤疾患，为风热时邪与气血相搏，发于皮肤所致；瘾疹色淡红或淡白，小如粟粒，大似豆瓣，高于皮肤，皮肤瘙痒，搔之融合成片，出没迅速，多因外感风邪或过敏而发于皮肤。

(三) 水疱

皮肤上出现的成簇或散在性小水疱，有白㾦、水痘、热气疮、湿疹等不同类型。

1. 白㾦　皮肤出现的白色小疱疹，晶莹如粟，高出皮肤，擦破流水，多发于颈胸部，四肢偶见，面部不发。因外感湿热郁于肌表，汗出不彻而发，多见于暑湿、湿温病等。

2. 水痘　小儿皮肤出现的粉红色斑丘疹，很快可变成椭圆形小水疱，晶莹明亮，浆液稀薄，皮薄易破，分批出现，大小不等。多因外感湿热时邪所致，属儿科常见传染病。

3. 热气疮　口角、唇边、鼻旁出现的成簇粟米大小水疱，灼热痒痛。多因外感风热或肺胃蕴热上熏所致。

4. 湿疹　周身或局部皮肤先现红斑、瘙痒，迅速形成丘疹、水疱，破后渗液，形成红赤湿润之糜烂面。多因湿热蕴结，复感风邪，郁于肌肤而发。

(四) 疮疡

疮疡指发于皮肉筋骨之间的一类外科疾患。常见类型有痈、疽、疔、疖等，应注意观察其形色特点，并结合其他兼症，以辨其阴阳寒热虚实。

1. 痈　患部红肿高大，根盘紧束，灼热疼痛。其特点是未脓易消，已脓易溃，脓液稠黏，疮口易敛。属阳证，多为湿热火毒蕴结，气血瘀滞而发。

2. 疽　患部漫肿无头，皮色不变或晦暗，局部麻木，不热少痛。其特点是未脓难消，已脓难溃，脓汁稀薄，疮口难敛。属阴证，多为气血亏虚，阴寒凝滞而发。

3. 疔　患处顶白形小如粟，根硬而深，麻木痒痛，多发于颜面手足。其特点是邪毒深重，易于扩散。多因外感风热或内生火毒而发。

4. 疖　患部形小而圆，发于皮表，红肿热痛不甚，出脓即愈。其特点是病位浅表，症状轻微。多因外感火热或湿热内蕴而发。

（刘燕平）

第三节　望排出物

排出物是排泄物（人体排出的代谢废物）、分泌物（人体官窍所分泌的液体）及排出的病理产物的总称。望排出物就是观察患者排出物，如痰、涕、涎、呕吐物、大便、小便的形、色、质、量等变化，以诊察疾病的方法。

总体而言，排出物色浅淡（白）、质清稀者，多属虚证、寒证；色深浓（黄）、质稠浊者，多属实证、热证。

一、望痰、涕、涎

（一）望痰

痰是由肺和气道排出的病理产物，浊稠者为痰，清稀者为饮。前人有"脾为生痰之源，肺为贮痰之器"之说，故望痰对于诊察肺脾两脏的功能状态及病邪的性质有一定的意义。

痰白清稀量多者，为寒痰。多因寒邪客肺，津凝成痰，或脾虚失运，湿聚为痰。

痰黄黏稠有块者，为热痰。多因热邪内盛，灼津成痰。

痰少黏而难咯者，为燥痰。多因燥邪犯肺，灼津成痰，或肺阴虚，虚火灼津成痰所致。

痰白滑量多易咯者，为湿痰。多因脾失健运，水湿内停，聚而成痰。

痰中带血，或咯血者，为血痰或咯血。多因火热灼伤肺络所致。

咯吐脓血痰，气味腥臭者，多见于肺痈，是热毒蕴肺，腐败酿脓所致。

（二）望涕

涕是鼻腔分泌的黏液，疾病过程中出现流涕，多因六淫侵袭，肺失宣肃所致。

新病流涕多属外感表证，其中鼻塞流清涕者，属风寒表证；鼻塞流浊涕者，属风热表证。

久流浊涕，质稠、量多、气腥臭者，多为鼻渊，是湿热阻滞所致。

反复阵发性流清涕，量多如注，伴鼻痒、喷嚏频作者，多属鼻鼽，是肺卫不固，风寒侵袭所致。

（三）望涎

涎为脾之液，由口腔分泌，具有濡润口腔、协助进食和促进消化的作用。望涎可以诊察脾与胃的病变。

口流清涎量多者，多属脾胃虚寒，气不摄津。

口中时吐黏涎者，多属脾胃湿热，湿浊上泛。

口角流涎不止，可见于中风后遗症，或风中络脉之人，多因面肌收摄无力所致。

小儿口角流涎，涎渍颐下，称为滞颐，多由脾虚不能摄津所致，可见于胃热、虫积或消化不良。

睡中流涎,多为脾虚不摄,或胃热、食积所致。

二、望呕吐物

呕吐为胃气上逆所致,外感、内伤皆可引起。观察呕吐物的形、色、质、量的变化,有助于了解胃气上逆的病因和病性。

呕吐物清稀,为寒呕。多因胃阳不足,腐熟无力,或寒邪犯胃,损伤胃阳,水饮内停,胃失和降所致。

呕吐物秽浊发臭,多为热呕。多因胃有积热所致。

呕吐不消化的酸腐食物,见于伤食。多因暴饮暴食,食滞胃脘,胃气上逆所致。

呕吐黄绿色苦水,多属肝胆湿热,胃失和降。

呕吐清水痰涎,为痰饮。多因饮停胃腑,胃气失降所致。

吐血鲜红或紫暗有块,夹有食物残渣者,多属胃有积热,或肝火犯胃,或胃脘瘀血,因热伤胃络,络破血溢所致。

三、望二便

大便的形成与脾、胃、肠的功能状况密切相关,同时还受肝的疏泄、肾阳温运及肺气宣降等的影响。观察大便的形、色、质、量、次数等变化,可以诊察脾、胃、肠及肝、肾、肺的功能状况及病性的寒热虚实。

小便的形成与体内的津液代谢直接相关,受肾和膀胱的气化、肺的通调、脾的运化、三焦决渎的直接影响。故观察小便,可以了解体内的津液代谢以及相关脏腑的功能状态。

望二便均应注意其色、质、量、次数的变化。

(一)望大便

大便清稀如水样,属寒湿泄泻。多为外感寒湿,或饮食生冷,以致脾失健运。

大便黄褐如糜,属湿热泄泻。多为外感暑湿,或饮食不洁,伤及胃肠,大肠传导失常所致。

大便稀溏,完谷不化,或如鸭溏,多属脾虚或兼肾阳虚泄泻。常因脾胃气虚或阳虚,运化失职,或肾阳虚衰,火不暖土所致。

大便如黏冻,夹有脓血,多见于痢疾。乃湿热蕴结大肠所致,若血多脓少者偏于热,脓多血少者偏于湿。此外,肠癌也可见大便脓血。

大便色灰白如陶土,多见于黄疸。因肝胆疏泄失常,胆汁不能正常排泄所致。

大便干燥硬结,甚者燥结如羊屎,多属肠燥津亏。多因热盛伤津,或胃火偏盛,大肠液亏,传化不利所致。

大便出血,简称"便血"。若血色鲜红,多属直肠或肛门附近的出血,称为"近血",见于风热灼伤肠络所致的肠风下血,或肛裂、痔疮出血等;若血色紫暗或色黑如柏油,多属胃、食道等离肛门较远部位的出血,称为"远血",因瘀阻胃络或脾不统血所致。

(二)望小便

小便清长,多见于虚寒证。多因阳虚气化无力,气不化津,排尿失摄所致。可见于久病阳虚,或年高体弱、肾气不固的患者。

小便短黄,多见于实热证。因热盛伤津所致,也可见于因剧烈汗、吐、泻导致津伤者。

尿中带血,多因热伤血络,或脾肾不固,或湿热蕴结膀胱所致。多见于血淋、肾癌、膀胱癌等。

尿有砂石,多因湿热内蕴,日久煎熬津液杂质成为砂石所致。常见于石淋。

小便浑浊如米泔、牛乳状,多因肾气亏虚,固摄无力,脂液下流所致;或下焦湿热,气化不行,清浊不分并趋于下所致。可见于尿浊、膏淋等。

（王雪梅）

第四节 望小儿示指络脉

望小儿示指络脉,是指观察3岁以下小儿浮露于示指掌侧前缘浅表络脉形色变化,以诊察病情的方法。本法从《灵枢·经脉》诊鱼际络脉法发展而来,始见于唐代王超的《水镜图说》,后世医家宋代钱乙的《小儿药证直诀》、清代陈复正的《幼幼集成》等更有详细阐述。

因小儿示指络脉与成人寸口脉同属手太阴肺经,在一定程度上可以反映寸口脉的变化,故望小儿示指络脉与诊成人寸口脉的原理及意义基本相同。3岁以下的小儿寸口脉部位短小,加之诊脉时不易配合,常易哭闹,影响切脉的真实性。而小儿皮肤薄嫩,示指络脉易于暴露,便于观察,故常以望小儿示指络脉辅助小儿脉诊。

诊察时,让家属抱小儿向光,医生先用左手拇指和示指固定小儿示指末端,再用右手拇指指腹部,从小儿示指指尖侧前缘向指根部推擦数次,用力适中,使示指络脉显露,然后观察其变化。

正常小儿示指络脉浅红隐隐,或略带紫色,见于示指掌指前缘横纹附近,其形态多为斜形、单支,粗细适中。另外,小儿的年龄、形体及气候对示指络脉有一定的影响。一般年幼儿、体瘦儿示指络脉显露而较长,年长儿、体胖儿示指络脉不显而略短;天热脉络扩张,示指络脉增粗变长;天冷脉络收缩,示指络脉变细缩短。

病理小儿示指络脉,应注意其浮沉、色泽、长短、形状等方面的变化,其辨别要领及意义可高度概括为"浮沉分表里,色泽辨病性,淡滞定虚实,三关测轻重"。

1. **浮沉分表里** 示指络脉浮而显露,为病位较浅,可见于外感表证,因外邪袭表,正气抗邪,鼓舞气血趋向于表。示指络脉沉隐不显,为病位较深,可见于内伤里证,因邪气内伏,阻滞气血,难以外达。

2. **色泽辨病性** 示指络脉鲜红,多属外感风寒表证;示指络脉紫红,多属里热证;示指络脉色青,主疼痛、惊风;示指络脉紫黑,为血络郁闭,病属重危;示指络脉色淡白,多属脾虚、气血不足、疳积等病证。一般来说,示指络脉色深暗者多属实证,是邪气亢盛;示指络脉色浅淡者多属虚证,是正气虚衰。

3. **淡滞定虚实** 示指络脉浅淡而纤细,分支不显者,多属虚证、寒证,因气血不足,脉络不充所致。示指络脉浓滞而增粗,分支显见者,多属实证、热证,因邪正相争,气血壅滞所致。

4. **三关测轻重** 将小儿示指络脉按指节分为三关:示指第一节(掌指横纹至第二节横纹之间)为风关,第二节(第二节横纹至第三节横纹之间)为气关,第三节(第三节横纹至指端)为命关。(图1-5)

示指络脉的长短反映病情的轻重。病情越重,示指络脉越长。示指络

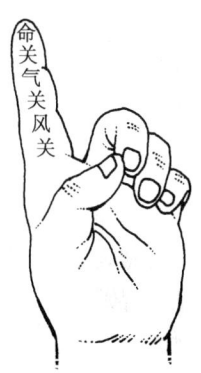

图1-5 小儿示指络脉三关

仅显于风关,是邪气入络,邪浅病轻;示指络脉达于气关,是邪气入经,邪深病重;示指络脉达于命关,为邪入脏腑,病情严重;示指络脉透过三关直达指端者,称为透关射甲,病多凶险,预后不良。

(王雪梅)

第五节 舌 诊

舌诊,又称诊舌或望舌,是医生运用视觉观察舌质和舌苔的变化,以了解机体生理功能和病理变化的诊察方法。舌诊是望诊的重要组成部分,也是中医诊断病证的重要依据之一。

舌诊具有悠久的历史,早在《黄帝内经》中就有关于望舌诊病的记载。汉代张仲景《伤寒杂病论》将舌诊作为辨证论治的主要依据之一。元代《敖氏伤寒金镜录》载舌象图36幅,结合临床,审证求因,验舌立法,处方遣药,乃论舌的第一部专著。明清时期温病学派兴起,总结察舌方法,对温病的辨证论治有重要的指导作用。近代随着医学科学的发展,舌诊的客观化研究,如显微观察、生理病理、生化检查以及动物实验等方法,对舌象形成的原理有了更加深入的发现,对舌诊的临床应用也有了更加广泛的拓展。

一、舌诊概说

(一) 舌的形态、结构、功能

舌以骨骼肌为基础,表面覆以黏膜而构成,位于口腔底部,附着于下颌骨、舌骨,呈扁平而长形。其主要功能是搅拌食物、协助吞咽、辅助发音和感受味觉等。舌的上面称为舌面,伸舌时一般只能看到舌面人字界沟之前的舌体部分;下面称为舌底,当舌上卷时可见。舌体的前端称为舌尖;中部称为舌中;后部称为舌根;两侧称为舌边。舌面的正中有一条不甚明显的纵行皱褶,称为舌正中沟。舌底正中线上有一条连于口腔底的黏膜皱襞,称为舌系带。系带终点两侧各有一个小圆形突起,称为舌下阜,有腺管开口,中医学称其左侧为金津,右侧为玉液,是胃津、肾液上潮的孔道。舌系带两侧各有一条纵行的大络脉,称为舌下络脉。

舌面上覆盖黏膜,黏膜有许多突起,称为舌乳头。根据形状不同,舌乳头分为丝状乳头、蕈状乳头、轮廓乳头和叶状乳头四种。其中丝状乳头、蕈状乳头与舌象的形成密切相关:丝状乳头形如圆锥状软刺,数目最多,广泛分布于舌面,它的脱落细胞,混以食物残渣、细菌、黏液等,形成舌苔;蕈状乳头呈蕈状,上部圆钝如球,根部细小,数目较少,血管丰富,故肉眼观察呈红色小点,其形态及色泽改变,是舌质变化的主要因素。

(二) 舌诊原理

1. **舌与脏腑经络的关系** 舌为心之苗,又为脾之外候。"心主血脉",而舌的脉络丰富,心血上荣于舌,故人体气血运行情况,可反映在舌体上;舌的运动受心神的支配,因而舌体运动是否灵活自如,语言是否清晰,反映了"心藏神"的功能;"心和则舌能知五味",舌的味觉与心神的功能亦有关。舌苔由胃气蒸化谷气上承于舌面而成,与脾胃运化功能相应;舌体又赖气血充养,脾胃为气血生化之源,所以舌象与脾胃功能直接相关。此外,肝藏血主筋,肾藏精化血,肺系上达咽喉,均与舌产生联系,因而脏腑一旦发生病变,舌象会出现相应的变化。所以观察舌象的变化,可以测知内在脏腑的病变。

舌与经络关系密切。手少阴心经之别系舌本,足太阴脾经连舌本、散舌下,足厥阴肝经络舌本,足少阴肾经循喉咙,挟舌本,肺系上达咽喉,与舌根相连。

脏腑的病变反映于舌面,具有一定的分布规律。一般舌质候五脏病变为主,舌苔候六腑病变为主。心肺居上,故舌尖候上焦心肺;脾胃居中,则舌中候中焦脾胃;肝胆之脉布胁肋,故舌之两边候肝胆;肾居下焦,则舌根候肾(图1-6)。另外,《伤寒指掌·察舌辨证法》还有"舌尖属上脘,舌中属中脘,舌根属下脘"之说。据临床观察,如心火上炎多出现舌尖红赤或破裂;肝胆气滞血瘀常见舌的两侧出现紫色斑点或舌边青紫;脾胃运化失常,痰湿停积中焦,多见舌中苔厚腻等,提示脏腑病变在舌象变化上有一定的分布规律。但疾病的表现错综复杂,故不可拘泥,还须结合其他症状进行综合分析。

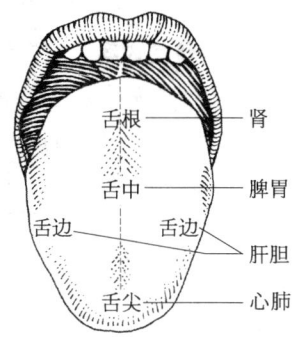

图1-6 舌面脏腑部位分属

2. **舌与气血津液的关系** 舌体血脉丰富,舌下金津、玉液是胃津、肾液上潮的孔穴,故舌体的颜色、形态与气血的盛衰和运行状态有关,舌体和舌苔的润燥与津液的盈亏和输布状态有关。

(三)诊舌的方法和注意事项

诊舌以望诊为主,必要时还须结合闻诊、问诊和扪、摸、揩、刮等方法进行全面诊察。

1. **体位和伸舌姿势** 望舌时,医生位置可略高于患者,以便俯视舌部。患者可以采用坐位或仰卧位,面向自然光线,头略扬起,自然地将舌伸出口外,舌体放松,舌面平展,舌尖略向下,尽量张口使舌体充分暴露。如伸舌过分用力,舌体紧张卷曲,会影响舌体血液运行而引起舌色改变。

2. **方法** 望舌一般先看舌尖,再看舌中、舌边,最后看舌根部。由于舌体颜色易变,伸舌较久易使舌质色泽失真,而舌苔覆盖于舌体上,一般不会随观察的久暂而变化,故诊舌时应先望舌体,再望舌苔,根据舌体、舌苔的诊察要点,分项察看。在望舌过程中,既要迅速敏捷,又要全面准确,尽量减少患者伸舌的时间。若一次望舌判断不准,可让患者休息3～5分钟后,再重复望舌。根据临床需要,还可让患者舌抵上腭,察看舌下络脉。

必要时还应配合刮舌和揩舌等诊察方法。刮舌可用消毒压舌板的边缘,以适中的力量,在舌面上由舌根向舌尖刮3～5次;揩舌可用消毒纱布包裹示指上,蘸少许清水在舌面上揩抹数次。这两种方法可用于鉴别舌苔有根与无根,以及是否属于染苔。此外,还可询问舌上味觉,舌体是否有疼痛、麻木、灼辣等异常感觉,舌体运动是否灵活自如等,以协助诊断。

3. **注意事项** 诊舌以白天充足而柔和的自然光线为佳。如在夜间或暗处,采用日光灯光源较好,避免有色光源对舌色、苔色的影响。光照的强弱与色调,常常会影响判断。如光线不足,可使舌色显得暗滞;用白炽灯泡或手电筒照明,容易把白苔误作黄苔。

饮食及药物可使舌象发生变化。如进食后往往舌苔由厚变薄;多喝水可使舌苔由燥变润;进食辛热食物后,舌色偏红;多吃甜腻食品,舌苔变厚;服用大量镇静剂后,舌苔厚腻;长期服用某些抗生素,可产生黑腻苔或霉腐苔。

饮服某些食物或药物,会使舌苔染色,称为染苔。如饮牛乳、豆浆等可使舌苔变白、变厚;吃蛋黄、橘子、核黄素等可将舌苔染黄;吃橄榄、酸梅,或长期吸烟等可使舌苔染成灰色、黑色。一般染苔可在短时间内自然退去,或经揩舌除去,多与病情不相符。如有疑问,可询问患者的饮食、服药情况,或用揩舌的方法予以鉴别。

此外,牙齿残缺、镶牙、睡觉时张口呼吸等因素也可导致舌象异常。这些异常情况一般不能作为病理征象,临床上应仔细鉴别,以免误诊。

(四)舌诊的内容和正常舌象

1. **内容** 舌诊主要观察舌质和舌苔两方面的变化。舌质,即舌体,是舌之本体肌肉、脉络组织,舌质变化包括舌神、舌色、舌形、舌态及舌下络脉等方面的变化,反映了脏腑的虚实、气血的盛衰。舌苔,是舌体上附着的一层苔状物,舌苔变化包括苔质和苔色两方面的改变,反映了病邪的性质和浅深、邪正的消长。舌质和舌苔的综合变化,统称舌象。

2. **正常舌象** 正常舌象的主要特征为舌质荣润,舌色淡红,大小适中,柔软灵活;舌苔薄白均匀,苔质干湿适中,不黏不腻,揩之不去,可简略地概括为"淡红舌,薄白苔"。舌象正常说明人体气血津液充盈,脏腑功能正常。

3. **生理变异** 舌象可以受年龄、性别、体质禀赋、气候环境等内外因素的影响而产生相应的生理性变异。

(1)年龄、性别因素:儿童阴阳稚弱,脾胃功能尚薄,生长发育迅速,处于代谢旺盛而营养相对不足的状态,舌多淡嫩,舌苔偏少易剥落;老年人精气渐衰,气血偏虚,脏腑功能减退,气血运行迟缓,舌色多暗红。女性在经期,舌蕈状乳头充血而舌质偏红,或舌尖边部点刺增大,月经过后恢复正常。

(2)体质禀赋因素:形体肥胖之人,舌多见胖大且色偏淡;形体消瘦之人,舌体略瘦而舌色偏红。裂纹舌、齿痕舌、地图舌等,均可见于先天性者,一般情况下无临床意义。

(3)气候环境因素:夏季暑湿偏盛,舌苔多厚,或色淡黄;秋季燥气当令,苔多偏薄偏干。我国南方地区偏湿偏热,北方地区偏寒冷干燥,均会使舌象发生一定的生理变异。

由于舌象能灵敏地反映机体内部的病变,可以先于自觉症状而出现。因此,若发现舌象异常时,要认真分析,一般有符合舌象变异的因素存在,而无任何不适症状者,多属于生理变异,否则应考虑是疾病的前期表现,必要时进行随访观察。

二、望舌质

舌质,即舌之本体,由舌之肌肉、血脉、经络组成,与体内脏腑、气血、津液关系密切。望舌质应从神、色、形、态及舌下络脉诸方面审察。

(一)舌神

舌神是全身神气表现的一部分,主要体现在舌色和舌体运动方面,其中尤以舌是否"红活"作为辨别要点。

【舌象特征】 舌色淡红明润,舌体活动自如者,称为荣舌;舌色晦暗干枯,舌体活动呆滞者,称为枯舌。

【临床意义】 舌质的荣枯,是衡量机体精气盛衰的标志之一,也是判断病情轻重和预后吉凶的依据。荣舌为舌有神气,疾病状态见荣舌往往病情轻浅,预后良好;枯舌为舌无神气,说明气血阴阳已衰,生机已微,预后较差。

(二) 舌色

舌色,即舌体的颜色。一般分为淡红、淡白、红绛和青紫四类。

1. 淡红舌

【舌象特征】 舌色淡红润泽。

【临床意义】 是气血调和,无病之象,常见于健康人。

淡红舌主要反映心血充足,胃气旺盛的生理状态。舌色与肤色的形成原理相似,红为血之色,明润光泽为胃气之华。由于心血充足,心气、心阳旺盛,鼓动血液上荣于舌而色赤;而胃气亦上熏于舌,故舌质淡红。

如外感表证初起,病情轻浅,未伤气血,也可见到淡红舌。内伤杂病中,若舌色淡红明润,提示阴阳平和,气血充盈,病情尚轻,或为疾病好转之征兆。

2. 淡白舌

【舌象特征】 舌色较正常浅淡。舌色白,几无血色者,称为枯白舌。

【临床意义】 主气血两虚、阳虚。枯白舌主脱血夺气。

多由气血亏虚,血不上荣;或阳气衰微,无力载血上荣所致。

舌色淡白而舌体瘦小,多属气血两虚。舌淡白胖嫩,或有齿痕,多属阳气虚衰。脱血夺气,病情危重,舌无血气充养,则枯白无华。

3. 红绛舌

【舌象特征】 舌色较淡红舌为深,甚至呈鲜红色者为红舌;深红色者为绛舌。一般绛舌多由红舌进一步发展而成,因此,常并称为红绛舌。

【临床意义】 主热证。

多由阳热亢盛,气血上壅于舌;或热入营血,耗伤营阴,血液壅滞,充斥于舌;亦可因阴虚内热,虚火上炎于舌所致。

舌色稍红,或仅舌边尖略红,多见于外感风热表证初起;舌尖红,多为心火上炎;舌两边红,多为肝经有热。

舌色鲜红,舌苔黄燥者,属气分实热;舌色深绛,苔薄而干,多属热入营血。

舌嫩红或绛,少苔或无苔,多主阴虚内热。

红绛舌颜色越深,表明邪热越重。舌色由淡红转为红绛,提示热势渐增,病情加重;反之,舌色由绛红转为淡红,则是热退病轻之象。

4. 青紫舌

【舌象特征】 全舌呈均匀青色或紫色,或红绛之中泛现青紫色者,是全青紫舌;如仅局部见青紫色斑块、斑点或条带,是局部青紫舌。

【临床意义】 主气血不畅。

青紫舌多由淡白舌或红绛舌发展而成,故其主病即是在淡白舌或红绛舌的病理基础上出现气血运行不畅的改变。

舌由红绛进而紫红或绛紫,干枯少津,多由热毒炽盛,深入营血,营阴受灼,血壅不畅所致;舌由淡白进而淡紫或青紫湿润,多因阴寒内盛,血脉瘀滞所致。

暴力外伤致气滞血瘀也可见舌青紫或暗紫。全舌青紫,为血瘀较重;舌局部见紫斑、紫点,为局部血瘀或血瘀较轻。紫斑、紫点见于舌尖,多主心血瘀阻;见于舌边,多为肝郁血瘀。

(三) 舌形

舌形,指舌体的形质。病理舌形有老嫩、胖瘦、裂纹、芒刺和齿痕等变化。

1. 老舌和嫩舌

【舌象特征】 舌体坚敛苍老,纹理粗糙或皱缩,舌色晦暗者,为老舌;舌体浮胖娇嫩,纹理细腻者,为嫩舌。由于嫩舌多兼浮胖,故常并称胖嫩舌。舌质老嫩是舌色和形质的综合表现。

【临床意义】 老舌主实证,嫩舌主虚证。

老舌多因邪气亢盛而正气未衰,邪正剧争,气血壅滞所致。嫩舌多因气血阴阳亏虚,舌体不充所致。

舌淡白而嫩,多属气血亏虚;舌淡白而胖嫩,多因脾肾阳虚,水湿不化,上泛舌络所致;舌红而嫩,多属阴液不足,舌体失养。

2. 胖舌和瘦舌

【舌象特征】 舌体比正常人大而厚,伸舌满口,舌肌弛缓者,为胖大舌;舌体肿大,盈口满嘴,甚者不能闭口,舌肌胀急者,为肿胀舌;舌体较正常舌瘦小而薄者,为瘦薄舌。

【临床意义】 胖大舌主水湿、痰饮;肿胀舌主热盛、酒毒;瘦薄舌主阴血亏虚。

胖大舌多因阳虚水湿停聚,或痰饮上泛,阻滞舌络所致;肿胀舌多因热毒内炽,气血上壅,或素喜饮酒,酒毒上攻所致;瘦薄舌多因阴血耗损,舌失滋养所致。

舌淡而胖大,多属脾肾阳虚,水湿内停;舌红而胖大,多为脾胃湿热或痰热内蕴;舌深红而肿胀,多为心脾热盛;舌绛紫而肿胀,是酒毒攻心之象。

舌色浅淡而瘦薄者,属心脾气血两虚;舌色红绛而瘦薄者,多因热盛伤阴或阴虚火旺所致。

3. 裂纹舌

【舌象特征】 舌面有明显裂沟,且裂沟中无舌苔覆盖。

【临床意义】 主阴血亏虚。

多由精血不足,或阴液耗损,舌体失养所致。

舌色浅淡而裂,多属血虚;舌色红绛而裂,多由邪热伤津或阴虚火旺所致。

若生来舌面上就有较浅的裂沟、裂纹,裂纹中有苔覆盖,且无不适感觉者,为先天性舌裂,应与病理性裂纹舌加以鉴别。

4. 芒刺舌

【舌象特征】 舌面上有乳头高突如刺,摸之棘手。

【临床意义】 主热盛。

多因脏腑热极或血分热盛,充于舌络所致。

舌尖有芒刺,多为心火亢盛;舌边有芒刺,多属肝胆热盛;舌中有芒刺,主胃肠热极。一般芒刺越多,邪热愈甚。

芒刺舌常与红、绛舌并见。舌红而生芒刺多见于气分热盛;舌红绛而生芒刺多主血热内盛,或阴虚火旺;舌绛紫而生芒刺多属热入营血,气血壅滞。

5. 齿痕舌

【舌象特征】 舌体边缘有牙齿压迫的痕迹。胖大舌常伴有舌边齿痕,但亦有舌体不胖大而出现齿痕者。

【临床意义】 主脾虚、水湿内停。

多因脾阳亏虚,水湿内停,湿阻于舌,舌体胖大受牙齿挤压而成。

舌体胖大,舌色淡白伴有齿痕,多为阳气虚弱,水湿内停;舌体不胖而有齿痕,舌质嫩者,多属脾虚或气血两虚。

此外,舌的形质还有重舌、舌痈、舌疔、舌疖、舌菌等异常,多属于舌的局部组织病变。

(四) 舌态

舌态,即舌体的动态。病理舌态有痿软、强硬、震颤、歪斜、吐弄、短缩等变化。

1. 痿软舌

【舌象特征】 舌体软弱,伸缩无力。

【临床意义】 主阴虚、气血两虚。

多因气血俱虚,或阴液亏耗,舌肌筋脉失养而废弛。

舌色红绛而暴痿者,多因邪热亢盛,阴液耗损所致;舌色红绛而渐痿者,多为肝肾阴亏,筋脉失养所致;舌色淡白而渐痿者,系久病亏损,气血虚极所致。

2. 强硬舌

【舌象特征】 舌体失却柔和,屈伸不利,或不能转动者。

【临床意义】 主热入心包、高热伤津、风痰阻络。

多因外感邪热亢盛,热入心包,扰及神明,舌无主宰;或高热伤津,筋脉失养;亦可因肝风挟痰,风痰上阻舌络而致。

舌红绛强硬,兼神志不清,多属热入心包;舌色红绛,干而强硬,多主高热伤津;舌强语言謇涩,伴肢体麻木、眩晕者,多为风痰阻络,中风之征兆。

3. 震颤舌

【舌象特征】 舌体不自主的颤动,动摇不宁,轻者仅伸舌时颤动,重者不伸舌亦抖颤难宁。

【临床意义】 主肝风内动。

多因阴血亏虚、肝筋失养,或邪热亢盛,燔灼肝筋,使舌脉挛急而致舌体颤动。

新病舌绛而颤动,多属热极生风;舌红少津而颤动,见于肝阳化风、阴虚动风;久病舌淡白而颤动者,为血虚动风;酒毒内蕴,亦可见舌体颤动。

4. 歪斜舌

【舌象特征】 伸舌时舌体偏向一侧,或左或右。

【临床意义】 多为中风或中风先兆。

多因肝风内动,挟痰或挟瘀,痰瘀阻滞于一侧经络,舌肌弛缓,伸缩乏力,故伸舌时向一侧偏斜。

5. 吐弄舌

【舌象特征】 舌伸口外,不即回缩者为吐舌;舌反复吐而即回,或舌舐口唇四周,掉动不宁者为弄舌。

【临床意义】 多属心脾有热。

心开窍于舌,脾开窍于口,心脾有热,故舌常伸于口外;热伤津液,舌之筋脉失养,引动内风,以致筋脉动摇,不能自已。

吐舌不宁,多属疫毒攻心,或正气已绝;弄舌不已,常为动风先兆,或见于小儿智能发育不良。

6. 短缩舌

【舌象特征】 舌体卷短紧缩,不能伸长,严重者舌难抵齿。短缩舌常与痿软舌并见。

【临床意义】 主寒凝、痰阻、血虚、津伤。

多因寒邪侵袭,舌脉挛缩;或因痰湿内阻,阻滞舌根;或因气血俱虚,舌失充养,筋脉痿弱短缩;亦可因热盛津伤,筋脉挛急所致。

舌青紫湿润而短缩,多属寒凝筋脉;舌胖大而短缩,多为痰湿内阻;舌淡白痿软而短缩,多属气血虚衰;舌干红而短缩,系热盛津伤。短缩舌多为病情危重的征象。

此外,先天性舌系带过短,亦可表现为舌短缩,但无辨证意义。

(五) 舌下络脉

正常舌下络脉颜色暗红,长度不超过舌尖至舌下阜连线的 3/5,无怒张、紧束、弯曲、增生,大多为单支,极少有双支出现。其变化反映气血的盈亏与运行情况。

观察时让患者张口,将舌体向上腭方向翘起,舌尖轻抵上腭,勿用力太过,使舌体自然放松,舌下络脉充分显露。首先观察舌系带两侧大络脉的长短、粗细、色泽、形态,有无怒张、弯曲等异常改变,然后观察周围细小络脉的颜色、形态有无异常。

如舌下络脉短而细,周围小络脉不明显,舌色偏淡,多属气血不足,脉络不充;若舌下络脉粗胀,或呈青紫、绛紫、紫黑色,或曲张如大小不等紫色珠子状,或舌下细小络脉呈暗红色或紫色网络,均为血瘀的征象,可因气滞、寒凝、热郁、痰湿、气虚、阳虚等导致,须结合其他症状综合分析。

三、望舌苔

舌苔,是舌体上面的一层苔状物。正常舌苔由脾胃之生气上熏胃津而成,病理舌苔多由胃气挟邪气上泛而成。舌苔变化包括苔质和苔色两方面。

(一) 苔质

苔质,即舌苔的质地。苔质包括苔之厚薄、润燥、腐腻、剥落和有根、无根等变化。

1. 薄苔和厚苔

【舌象特征】 透过舌苔能隐隐见到舌体者,称薄苔,又称见底苔;不能透过舌苔见到舌体者,称厚苔,又称不见底苔。

【临床意义】 反映邪气的盛衰和浅深。

薄苔是正常舌苔的表现之一,或为疾病在表;厚苔,主疾病在里,病情较重。

薄苔是由胃气上熏,胃津上潮,聚于舌面而成;厚苔常因胃气上升,挟食浊、痰湿等病邪积滞于舌所致。

舌苔薄而均匀,或中根部微厚,常见于健康之人;若疾病初起在表,病情轻浅,未影响胃气,亦可见到薄苔。

舌苔厚,或中根部尤著者,提示外感邪气已入里,或胃肠内有宿食、痰浊停滞。

舌苔由薄增厚,提示邪气渐盛,或表邪入里,为病进;舌苔由厚变薄,提示正气胜邪,或邪气内消外达,为病退。舌苔的厚薄转化,一般以渐变为顺。如薄苔突然增厚,提示邪气极盛,迅速入里;若舌苔骤然消退,舌上无新生舌苔,为正不胜邪,或胃气暴绝。

2. 润苔、滑苔、燥苔和糙苔

【舌象特征】 舌苔润泽有津,干湿适度者,为润苔;舌苔湿润而滑,伸舌欲滴者,为滑苔;舌苔干燥少津者,为燥苔;舌苔干而粗糙,扪之涩手者,为糙苔。

【临床意义】 反映体内津液的盈亏和输布情况。

润苔,为胃津肾液上潮舌面所致。舌苔润泽,多属正常。病中见润苔,提示体内津液未伤,输布正常。

滑苔主痰饮、主湿。多因寒湿内侵,或阳虚不能运化水湿,湿聚舌面所致。

燥苔、糙苔皆主津液已伤,或津液输布障碍。多因热盛伤津,阴液亏耗;或痰饮、瘀血内阻,郁遏阳气,气不布津所致。舌红而苔燥,多属热甚伤津;舌淡而苔燥,多因痰饮内阻,阳气被遏,或阳气亏虚,不能蒸腾津液上承于舌所致;舌青紫而苔燥,多为瘀血内阻,津不上承。

如舌苔由润变燥,提示热重津伤,或津失输布;反之,舌苔由燥转润,主热退津复,或饮邪始化。

3. 腐苔和腻苔

【舌象特征】 苔质疏松,颗粒较大,舌边、舌中皆厚,刮之易去,如豆腐渣堆积舌面,为腐苔;苔质致密,颗粒细腻,舌边苔薄,舌中苔厚,刮之难去,如油腻覆盖舌面,为腻苔。

【临床意义】 主湿浊、痰饮、食积。

腐苔,多因体内阳热有余,蒸腾胃中腐浊之气上泛,积聚于舌所致。病中腐苔渐退,续生薄白新苔,为正气胜邪,病邪消散之象。

腻苔,常因体内湿浊内盛,阳气被抑,湿浊停聚舌面所致。舌苔薄腻,多为食积,或脾虚湿困;白腻而滑,多主痰浊、寒湿内阻;黄厚黏腻,多为痰热、湿热、暑湿之邪内蕴。

4. 剥落苔

【舌象特征】 舌本有苔,忽然全部或部分剥脱,为剥落苔。舌苔前半部剥脱者,称前剥苔;舌苔中部剥脱者,称中剥苔;舌苔根部剥脱者,称根剥苔;舌苔多处剥脱,舌面仅残存斑驳舌苔者,为花剥苔;舌苔剥脱形状不规则,形似地图,边缘凸起,界限清楚,部位时有转移者,为地图舌;舌苔全部剥脱,舌面光洁如镜者,为镜面舌。

【临床意义】 主胃气亏虚,胃阴损伤,或气血两虚。

因胃气匮乏,不得上熏于舌;或胃阴枯涸,不能上潮至舌所致。

舌红苔剥,主阴虚;舌淡苔剥,为气血两虚。

镜面舌舌色红绛,为胃阴枯竭,属阴虚重证;舌色枯白如镜,为营血大虚,或阳气衰微,均病重难治。

剥苔的范围大小,多与气阴或气血不足程度有关。剥脱部位,多与舌面脏腑分布相应,如舌苔前剥,多为肺阴不足;舌苔中剥,多为胃阴不足;舌苔根剥,多为肾阴枯竭。

望舌苔的有无、消长及剥脱变化,不仅能测知胃气、胃阴的存亡,亦可反映邪正的盛衰和疾病的预后。如舌苔从全到剥,是胃之气阴不足,正气渐衰的表现;如舌苔剥落之后,复生薄白之苔,乃邪去正安,胃气渐复之佳兆。无论舌苔的增长或消退,都以逐渐转变为顺;若舌苔骤长骤退,多为病情暴变征象。

此外,先天性剥苔是生来就有的剥苔,其部位常在舌面中央人字沟之前,呈菱形,多与先天禀赋有关。

5. 有根苔和无根苔

【舌象特征】 有根苔,又称真苔,无论苔之厚薄,皆紧贴舌面,刮之难去;无根苔,又称假苔,舌苔不与舌质相连,似浮涂于舌,刮之易去,刮后舌质光洁无苔。

【临床意义】 反映胃气的有无。

有根苔,是由脾胃生发之气熏蒸,上聚于舌所成,故其苔有根蒂,与舌体不可分离;无根苔,往往因久病之后,胃气匮乏,不能续生新苔,旧苔渐渐脱离舌体,浮于舌面,故苔无根蒂。

察舌苔有根与无根,对辨别病情轻重、预后有重要意义。有根苔,表示有胃气,病轻易治,预后良好;无根苔,提示胃气已衰,病重难治,预后不佳。

(二) 苔色

苔色,即舌苔颜色。一般分为白苔、黄苔和灰黑苔三类。

1. 白苔

【舌象特征】 舌苔色白,有薄、厚之分。透过白苔可看到舌体者,是薄白苔;舌苔白而厚,舌体被遮盖者,为厚白苔。

【临床意义】 一般为正常之苔,亦可见于寒证和表证。

由于胃气上熏,凝聚于舌而成;或阳虚内寒,遏阻阳气,寒凝于舌而见白苔。

苔薄白而润,可为正常舌苔,或表证初起,或里证病轻,或阳虚内寒。

苔薄白而干,舌质淡红者,为表邪未解,肺津已伤,多由外感风热或燥邪所致。

苔厚白滑或腻,多主痰湿、食积。

白苔亦主热证。如苔厚白如积粉,扪之不燥者,称为积粉苔,常见于瘟疫或内痈等病,系秽浊湿邪与热毒相结上熏而成;苔白而燥裂,粗糙如砂石,提示燥热伤津,阴液亏损。

2. 黄苔

【舌象特征】 黄苔有淡黄、深黄和焦黄之分。浅黄苔呈淡黄色,多由薄白苔转化而来;深黄苔色黄而深浓;焦黄苔是深黄色中夹有灰黑色苔。黄苔常与红绛舌同时出现。

【临床意义】 主热证、里证。

多因病邪入里化热,脏腑内热,胃气挟邪热上泛,熏灼于舌所致。

苔色愈黄,邪热愈重;淡黄为热轻,深黄为热重,焦黄为热结。

舌尖苔黄,热在上焦;舌中苔黄,热在中焦;舌根苔黄,热在下焦;舌边苔黄,肝胆有热。

舌苔由白转黄,或黄白相兼,为外感表邪化热入里,但尚未完全入里,处于表里相兼阶段。

苔薄黄而润,是邪初入里,热未伤津;苔薄黄而干,为邪热不甚,但津液已伤。苔黄而腻,为湿热或痰热内蕴,或为食积化腐;苔黄厚干燥,主高热伤津;苔焦黄干裂,多为邪热炽盛,津液枯涸之征。

3. 灰黑苔

【舌象特征】 苔色浅黑为灰苔,黑苔较灰苔色更深。灰苔与黑苔仅有轻重程度的差别,常并称为灰黑苔。灰黑苔多由白苔或黄苔转化而成,多在疾病持续一定时间,发展到相当程度后出现。

【临床意义】 主里寒、里热之重证。

多因肾阳虚衰,里寒之极,寒水上泛;或里热极盛,炽灼熏蒸所致。一般苔色越黑,病情越重。

苔质的润燥是辨别灰黑苔寒热属性的重要指征,苔灰黑湿润多津多见于寒湿病证,多由白苔转化而成;苔灰黑干燥无津液多见于火热病证,多由黄苔转变而成。

舌面湿润,边尖苔白腻而中根部苔灰黑,多主阳虚寒湿内盛,或痰饮内停。

舌苔黑而干燥见于舌尖者,多属心火极盛;见于舌中者,为肠热腑实,或胃将败坏之象;见于舌根部者,主下焦热盛。

四、舌象综合分析与舌诊临床意义

(一) 舌质与舌苔合参

疾病的变化是复杂的过程,舌质和舌苔的变化虽然同为内在病变在舌上的反映,但两者反映的病情侧重面有所不同。病证对舌质和舌苔的影响程度,有时并不完全一致,或以舌质变化为主,或以舌苔改变为著。一般认为,脏腑虚实、气血盛衰的变化,主要表现在舌质;而病邪的寒热深浅、邪正的消长,多反映于舌苔。因而在临床望舌时,要分别掌握舌质、舌苔的基本变化及其主病,同时注意舌质与舌苔的关系,进行互验合参。

一般来说,舌质与舌苔的变化是统一的,提示病机相同,主病为两者意义的综合。如舌质红,舌苔黄,主实热证;舌质红绛有裂纹,舌苔焦黄干燥,多为热极伤津;舌质淡胖,苔白滑,主虚寒证。

但是,在病变过程中,也常有舌质、舌苔变化不一致的情况出现,此时应对舌质、舌苔形成的原因及相互关系进行全面分析,以求得统一。如舌质红绛而舌苔白腻,舌质红绛,本属热证;而苔白腻,又常见于寒湿内郁,质、苔之间是矛盾的。其成因可能是:其一,外感热病中,营分有热,故舌质红绛,气分有湿,则苔白腻;其二,患者素有阴虚火旺之体,表现为舌质红绛,又因伤于痰浊食积,故见苔白腻;其三,患者先有寒湿内郁,故苔白腻不解,但湿浊久郁,化热入营,则舌质红绛,实为湿遏热郁之征。此时一般病机变化多端,病情比较复杂,临床诊疗中要注意结合全身症状、体征,加以综合分析,才能准确判断该舌象的意义,为辨证提供较为可靠的诊断依据。

此外,在疾病发展过程中,舌象亦随之相应变化,所以也要注意对舌象的动态分析。外感病中舌苔由薄变厚,表明邪气由表入里;舌苔由白转黄,为病邪化热的征象;舌色红绛,舌苔干燥为邪热充斥,气营两燔;舌苔剥落,舌质光红为热入营血,气阴俱伤,等等。在内伤杂病的发展过程中,舌象亦会产生一定的变化。如中风患者舌色淡红,舌苔薄白,表示病情较轻,预后良好,如舌色由淡红转红,继而变红绛、紫暗,舌苔黄腻或焦黑,或舌下络脉怒张,表明风痰化热,瘀血阻滞。反之,舌色由紫暗转为淡红,舌苔渐化,多提示病情趋向稳定好转。掌握舌象与疾病发展变化的关系,可以充分认识疾病不同阶段所发生的病理改变,为早期诊断、早期治疗提供重要依据。

(二) 舌诊的临床意义

舌诊简便易行,舌象的变化能比较客观准确地反映病情,可作为辨证的重要依据。舌诊的临床意义主要有如下五个方面。

1. **判断正气盛衰**　正气盛衰能明显地反映于舌,如气血充盛则舌体红润,气血不足则舌色淡白;津液充足则舌质、舌苔滋润,津液不足则舌干苔燥;胃气旺盛则舌苔有根,胃气衰败则舌苔无根或光剥无苔;气血运行正常则舌色红活鲜明,气滞血瘀则舌色青紫或舌下络脉怒张。脏腑功能失常亦常反映于舌,如脾失健运,湿邪困阻每见舌苔厚腻;肝风内动多有舌体震颤或歪斜等。

2. **分辨病位深浅**　病邪轻、浅多见舌苔变化,而病情深、重常见舌苔舌体同时变化。以外感温热病而言,其病位可划分为卫、气、营、血四个层次。邪在卫分,则舌苔薄白;邪入气分,常见舌色红,苔白厚而干或黄燥;邪入营分则见舌绛;邪入血分,多见舌色暗红或绛紫,舌枯少苔或无苔。说明不同的舌象提示病位深浅不同。

3. **区别病邪性质**　不同的病邪致病,舌象特征亦各异。如外感风寒,苔多薄白;寒湿为病,舌苔白滑;痰饮、湿浊、食滞或外感秽浊之气,均可见舌苔厚腻;燥热为病,则舌红苔燥;瘀血内阻,舌紫暗或有斑点等。故风、寒、热、燥、湿、痰、瘀、食等诸种病因,大多可从舌象上加以辨别。

4. **推断病势进退**　通过对舌象的动态观察,可测知病变的发展趋势。如舌质由淡红转为红绛,乃至绛紫,舌苔由白转黄至灰黑,皆提示病变由表入里,由轻到重,由单纯变复杂,病势进展。反之,则病势渐减,疾病向愈。

5. **估计病情预后**　舌象可提示病情的轻重和预后的吉凶。如舌荣有神,舌面有苔,舌态无异者,为正气尚充,胃气未败,病情较轻,预后多吉;若舌质枯晦,舌苔骤剥,舌态异常者,主正气亏损,胃气衰败,病情较重,预后多凶。

此外,前人还总结了审察危重舌象的经验,如猪腰舌、砂皮舌、干荔舌、囊缩卷舌等,是病情发展到危重阶段,患者体内脏腑气机紊乱、阴阳气血精津竭绝的表现,但随着医学的发展,某些危重舌象也是相对而言,临床仍应四诊合参,综合判断。

（徐　征）

第二章 闻 诊

> **导学**
>
> 本章主要介绍听语声、语言、呼吸、咳嗽、呕吐、呃逆、嗳气、太息、喷嚏、鼻鼾、呵欠、肠鸣等的涵义及其临床意义；嗅口气、汗气、痰涕之气、呕吐物之气、二便之气、经带之气等病体之气与病室异常气味的涵义及其临床意义。
>
> **本章学习重点**：听语言、呼吸、咳嗽等的涵义及其临床意义。
>
> **本章学习要求**：
>
> (1) 掌握听语言、呼吸、咳嗽等的涵义及其临床意义。
>
> (2) 熟悉听语声、呕吐、呃逆、嗳气、太息、喷嚏、鼻鼾、肠鸣、呵欠等的涵义及其临床意义；嗅口气、汗气、痰涕之气、呕吐物之气、二便之气、经带之气等病体之气的涵义与临床意义。
>
> (3) 了解病室异常气味的涵义及其临床意义。

闻诊是一种通过听声音和嗅气味来诊察疾病的方法。听声音包括诊察、了解患者的语声、语言、呼吸、咳嗽、呕吐、呃逆、嗳气、太息、喷嚏、鼻鼾、呵欠、肠鸣等各种声响；嗅气味包括嗅病体发出的异常气味与病室气味。

闻诊是诊察疾病的重要方法之一，历代医家极为重视。早在《黄帝内经》中就有闻诊的记载。如《素问·阴阳应象大论》提出了以五音、五声应五脏的理论；《素问·脉要精微论》更以声音、语言、呼吸等来判断疾病过程中正气盈亏和邪气盛衰。东汉张仲景在《伤寒杂病论》中也以患者的语言、呼吸、咳嗽、喘息、呕吐、呃逆、肠鸣、呻吟等作为闻诊的主要内容。后世医家又将病体气味及病室气味等列入闻诊范围，从而使闻诊从耳听扩展到鼻嗅。正如清代王秉衡所说："闻字虽从耳，但四诊之闻，不专主于听声也。"

第一节 听 声 音

听声音是指听辨言语、气息的高低、强弱、清浊、缓急等变化，以及脏腑功能失调所发出的咳嗽、呕吐、肠鸣等异常声响，以判断病证寒热、虚实等性质的诊察方法。

声音的发出，是肺、喉、会厌、舌、齿、唇、鼻等器官的协调运动，共同发挥作用的结果。肺主气，司呼吸，气动则有声，故肺为发声的动力；喉是发声机关，声由喉出，其余部分则对声音起协调作用。

此外，其他脏腑也与发声有关。如肾主纳气，为气之根，必由肾间动气上出于舌而后能发出声音；肝主疏泄，可调畅气机；脾又为气血生化之源；心主神志，言语发声受心神支配等。因此，听辨声音不仅可以诊察发音器官的病变，还可以根据声音的变化，进一步诊察体内各脏腑的变化。

一、正常声音

正常声音，是指人在生理状态下发出的声音，又称为"常声"。具有发声自然，声调和畅，刚柔相济，应答自如，言与意符等特点，此为气血充盈，发音器官和脏腑功能正常的表现。但由于年龄、性别及禀赋之不同，正常人的声音也有差异，一般男性多声低而浊，女性多声高而清，儿童则声音尖利清脆，老年人音多浑厚而低沉。此外，语声的变化亦与情志有关，如喜时发声多欢悦，怒时发忿厉而急，悲哀时发声悲惨而断续，快乐时发声多舒畅而和缓，敬则发声多正直而严肃，爱则发声多温柔等，这些因一时感情触动而发的声音，也属于正常范围，与疾病无关。

二、病变声音

病变声音，是指疾病反映于语声、语言、呼吸等方面的变化及疾病状态下出现的各种异常声响。

（一）语声

听语声，主要是指听辨患者在病变过程中说话的声音，以及有无少气懒言、呻吟、惊呼等异常声响。通过声音的变化来判断正气的盛衰、邪气的性质及病情的轻重。

对语声的辨别，要注意语声的有无，语调的高低、强弱、清浊、锐钝，以及有无异常声响。一般而言，语声高亢、有力、连续者，多属阳证、实证、热证，是邪气盛实，功能亢奋的表现；语声低微、无力、断续者，多属阴证、虚证、寒证，是正气不足，功能低下的表现。

1. **声重**　即语声重浊，指发出的声音沉闷而不清晰。多为外感风寒，或湿浊阻滞，以致肺气不宣，鼻窍不利所致。

2. **音哑与失音**　语声嘶哑者为音哑，语而无声者为失音（古称为"瘖"），两者病因病机基本相同。新病音哑或失音者，多属实证，多因外感风寒或风热袭肺，或痰浊壅滞，以致肺气不宣，清肃失职，即所谓"金实不鸣"。久病音哑或失音者，多属虚证，多因肺肾阴虚，虚火灼肺，以致津枯肺损，声音难出，即所谓"金破不鸣"。暴怒叫喊或持续高声喧讲，耗气伤阴，咽喉失润，亦可导致音哑或失音。若久病重病，突现声音嘶哑，多属脏气将绝之危候。妊娠后期出现音哑或失音者，称为妊娠失音（子瘖），多因胞胎阻碍肾之络脉，使肾精不能上荣于咽喉所致，分娩后多自愈。

3. **少气懒言**　指自觉气少不足以息，言语声低、无力的症状。主诸虚劳损，多因久病体弱或肺肾气虚所致。

4. **呻吟**　指病痛难忍所发出的哀号悲啼声，多因身有痛楚或胀满不舒所致。新病呻吟，声音高亢有力者，多为实证；久病呻吟，声音低微无力者，多为虚证。临床结合望姿态的变化，判断病痛部位。如抱头呻吟，多因头痛；呻吟而扪心护腹，多是胸痛或脘腹痛；呻吟护腰不能立起，多为腰腿痛；扪腮者多为齿痛。

5. **惊呼**　指患者突然发出的惊叫声，其声音尖锐，表情惊恐者，多为剧痛或惊恐所致。

（二）语言

听语言，主要是指听辨患者语言表达与应答能力有无异常、吐字的清晰流利程度等。语言的异常，主要是心神的病变。常见有以下几种情况。

1. **谵语** 神识不清,语无伦次,声高有力者,称为谵语。多属热扰心神所致实证。多见于温病热入心包证,或阳明腑实证等。

2. **郑声** 神识不清,语言重复,时断时续,声音低弱者,称为郑声。多属心气大伤,精神散乱之虚证。

3. **独语** 自言自语,喃喃不休,见人则止,首尾不续者,称为独语。多因心气不足,神失所养,或气郁痰阻,蒙蔽心神所致。常见于癫证、郁病。

4. **错语** 语言错乱,说后自知者,称为错语。虚证多由心气不足,神失所养所致;实证多因痰浊、瘀血、气郁等阻碍心神所致。

5. **狂言** 精神错乱,语无伦次,狂躁妄言者,称为狂言。多因情志不遂,气郁化火,痰火互结,扰乱神明所致。多属阳热实证,常见于狂病、伤寒蓄血证。

6. **语言謇涩** 神志清楚,思维正常,但语言不流利,或吐字不清者,称为语言謇涩,又称言謇。病中语言謇涩,每与舌强并见者,多因风痰阻络所致,多为中风先兆或中风后遗症。

(三) 呼吸

闻呼吸是诊察患者呼吸的快慢,是否均匀通畅,气息的强弱粗细,呼吸音的清浊等。若患者虽病而呼吸如常,是形病而气未病;呼吸异常,是形气俱病。呼吸气粗,频率加快者,多属实证;呼吸气微,频率减慢者,多属虚证。

1. **喘** 指呼吸困难,短促急迫,甚者张口抬肩,鼻翼煽动,不能平卧。其发病多与肺肾有关,临床有虚实之分。

发病急骤,声高息粗,呼出为快,形体壮实,脉实有力者,为实喘。多为外邪袭肺,热邪壅肺或痰饮停肺,肺失清肃,肺气上逆所致。发病缓慢,声低气怯,息短不续,动则喘甚,吸入为快,形体虚弱,脉虚无力者,为虚喘。多由肺肾虚损,气失摄纳所致。

2. **哮** 指呼吸急促,喉间有哮鸣音。多因内有宿痰伏饮,复感外邪所诱发,或因久居寒湿之地、过食酸咸生冷等诱发。

明代虞抟的《医学正传》说:"喘促喉中如水鸡声者谓之哮;气促而连续不能以息者谓之喘。"故喘以呼吸困难、气息急促为主,哮以喉间哮鸣音为特征。喘不兼哮,但哮必兼喘。临床上哮与喘同见于哮病,常反复发作,缠绵难愈。

3. **短气** 指呼吸气急短促,数而不能接续,似喘而不抬肩,喉中无痰鸣音。短气有虚实之分,虚证短气,兼见声低息微,头晕目眩,形体消瘦,神疲乏力等,多因肺气不足,形体虚弱所致;实证短气,兼见呼吸息粗,或胸胁、脘腹胀满等,多因痰饮、气滞、食积胃肠或瘀血内阻所致。

(四) 咳嗽

咳嗽是指喉部或气道受到刺激时声带振动发出的一种声响。多因外感或内伤直接犯肺,或有害气体刺激等致使肺失宣降,肺气上逆所致。咳嗽多见于肺系疾病,然而其他脏腑患病亦可影响到肺而出现咳嗽,故《素问·咳论》曰:"五脏六腑皆令人咳,非独肺也。"古人将其分为有声无痰谓之咳,有痰无声谓之嗽,有声有痰谓之咳嗽。

临床上除辨别咳声外,必须结合痰的色、质、量的变化,以及发病的时间、兼症等,以鉴别其寒热虚实性质。

咳嗽无力,咳声低微,多属虚证。因久病耗伤肺气,肺失清肃所致。

咳声重浊紧闷,多属实证。多因寒湿、痰饮停聚于肺,肺气不宣所致。

咳声重浊，痰白清稀，鼻塞不通，多是外感风寒。因风寒袭肺，肺失肃降所致。

咳声不扬，痰稠色黄，不易咳出，多属热证。因热邪犯肺，灼伤肺津所致。

咳嗽痰多，易于咯出，属痰湿证。因痰浊阻肺，肺失清肃所致。

干咳无痰，或痰少而黏，不易咯出，多属燥证。因燥邪犯肺或肺阴不足，肺失清肃所致。

咳嗽阵发，发则连声不断，咳止时带有鸡鸣样回声，称为顿咳。因其病程较长，缠绵难愈，又称"百日咳"。常见于小儿，多因风痰搏结，郁而化热，阻遏气道所致。

咳声如犬吠，兼见声音嘶哑，吸气困难，见于白喉，是肺肾阴虚，火毒攻喉所致。

（五）呕吐

呕吐是指饮食、痰涎等胃内容物上逆，经口而出的症状。前人将其分为干呕、吐、呕吐三种，有声无物为干呕，有物无声为吐，有声有物为呕吐，皆因胃失和降，胃气上逆所致。临床可根据呕吐声音的强弱、吐势的缓急、呕吐物性状、气味及兼症，判断其寒热虚实。

吐势徐缓，声音微弱，吐物呈清水痰涎者，多属虚寒证。多因脾胃阳虚，运化失职，胃失和降，胃气上逆所致。

吐势较猛，声音壮厉，吐物呈黏痰黄水，或酸或苦者，多属实热证。多因热邪伤及胃津，胃失濡润，胃气上逆所致。

呕吐呈喷射状者，多为热扰神明或脑髓有病。

呕吐酸腐食物者，多属伤食。多因暴饮暴食等损伤脾胃所致。

对于某些比较特殊的呕吐，须四诊合参，综合分析，方可做出准确的判断。饮食不洁引发吐泻，多为食物中毒；朝食暮吐，暮食朝吐，为胃反，多属脾胃阳虚；口干欲饮，饮后即吐者，称为水逆，多因痰饮停胃，胃气上逆所致。

（六）呃逆

呃逆是指胃气上逆，从咽喉部发出一种不由自主的冲击声，声短而频，呃呃作响的症状，俗称"打呃"，唐代以前称"哕"。

新病呃逆，其声有力，多属寒邪或热邪犯胃；久病、重病呃逆不止，声低气怯者，为胃气衰败之危候。

呃声频作，高亢而短，连续有力者，多属实证；呃声低沉，声弱无力，良久一声，多属虚证。

突发呃逆，呃声不高不低，持续时间短暂无其他病史及兼症者，属一时气逆，不治自愈。

（七）嗳气

嗳气是指胃中气体上出咽喉所发出的一种声长而缓的声音，俗称"打嗝"，古称"噫"，是胃气上逆的一种表现。

嗳气酸腐，兼脘腹胀满者，多因宿食内停所致。

嗳气频作，声音响亮，嗳气后胀满减轻，嗳气发作随情志变化而增减者，多属肝气犯胃。

嗳气低沉断续，无酸腐气味，兼食少纳呆者，属脾胃虚弱。多见于久病或老年人。

嗳气频作，兼脘腹冷痛，多属寒邪犯胃，或为胃阳虚。

饱食等原因之后，偶有嗳气，又无其他兼症者，不属病态。

（八）太息

太息，又称叹息，是指情志抑郁、胸闷不畅时不自觉地发出的长吁或短叹声。多因情志不遂，肝气郁结所致。

(九) 喷嚏

喷嚏是指肺气上冲于鼻而发出的声响。若新病喷嚏频作,兼有恶寒发热,鼻流清涕等症,多因外感风寒,鼻窍不利所致;若久病阳虚之人,忽发喷嚏,多为阳气回复,病趋好转之象;若偶发喷嚏,不属病态。

(十) 鼻鼾

鼻鼾是指熟睡或昏迷时鼻喉气道不利所发出的异常呼吸声。睡有鼾声者,多与睡姿有关,或因慢性鼻喉病变所致,以老年人及体胖者多见。若昏睡不醒,鼾声不断,多属危候。

(十一) 呵欠

呵欠是指张口深吸气而后呼出,微有响声的一种表现。因困倦欲睡而打呵欠者,不属病态。患者不拘时间,呵欠频频不止,称数欠,多因身体虚弱,阴盛阳衰所致。

(十二) 肠鸣

肠鸣是指腹中胃肠蠕动所产生的声响。在正常情况下,肠鸣音低而和缓,一般难以闻及;当腹中气机不利时,胃肠中水气相搏而发出声响,此时可以闻及。临床可根据其发生部位、频率、音调等加以辨别。

胃脘部鸣响,如囊裹浆,振动有声,行走或推抚胃脘部,其声下移者,为痰饮停聚于胃脘,中焦气机阻遏所致;脘腹鸣声辘辘,得温得食则减,饥寒加重者,为中气不足,肠胃虚寒所致;肠鸣高亢频急,脘腹痞满,大便泄泻者,多为感受风寒湿邪,胃肠气机紊乱所致;肠鸣稀少,多因肠道传导功能障碍所致;肠鸣消失,脘腹部胀满疼痛拒按者,属肠道气滞不通所致的重证。

(陈锐,修宗昌)

第二节 嗅 气 味

嗅气味,是指嗅辨患者身体气味与病室气味以诊察疾病的方法。病体气味泛指口气及分泌物、排泄物等的异常气味;病室气味为病体气味散发,充斥病室所致。一般气味酸腐臭秽者,多属实热;气味不重,或微有腥臭者,多属虚寒。因此,嗅气味可为辨别疾病的寒热虚实提供依据。

一、病体气味

病体散发的各种异常气味,除医生直接闻及外,还可通过询问患者或陪诊者而获知。

(一) 口气

口气是指从口中散发出的异常气味。正常人呼吸或讲话时,口中无异常气味散出。

口中散发出臭气者,称为口臭。多与口腔不洁、龋齿及消化不良等因素有关。

口气酸臭,兼见食少纳呆,脘腹胀满者,多属胃肠积滞。

口气臭秽,多属胃热。

口气腐臭,或兼咳吐脓血者,多为内有溃腐脓疡。

口气臭秽难闻,牙龈溃烂者,为牙疳。

(二) 汗气

汗气是指患者随汗出而散发的气味。

汗出腥膻者,多见于风湿、湿温、热病。因风湿热邪久蕴肌肤,或汗后衣物不洁所致。

汗出臭秽者,多见于瘟疫。因邪热火毒炽盛所致。

腋下臊臭者,多因湿热内蕴所致,亦可见于狐臭病。

(三) 痰、涕之气

正常状态下,人体可排出少量痰或涕,但无异常气味。

咳吐浊痰脓血,腥臭异常者,多见于肺痈。因热毒炽盛、灼伤肺络所致。

咳痰黄稠味腥者,多因热邪壅肺所致。

咳吐痰涎清稀,无异常气味者,多见于寒证。

鼻流浊涕味腥秽者,多见于鼻渊。

鼻流清涕无异味者,多见于外感风寒或鼻鼽。

(四) 呕吐物之气

呕吐物清稀无臭味者,多属寒证;气味臭秽者,多属热证。气味酸腐者,多为食积。呕吐脓血而腥臭者,多为内有痈疡。

(五) 二便之气

大便臭秽黏腻者,多为大肠湿热;大便泻下而腥者,多属脾胃虚寒;大便泻下臭如败卵,矢气酸臭者,多为伤食。小便混浊,臊臭异常者,多属膀胱湿热;尿液若散发出烂苹果样气味者,见于消渴病重症。

(六) 经带之气

妇女经血臭秽者,多见于热证。带下臭秽而黄稠者,多属湿热;带下腥臭而清稀者,多属寒湿。崩漏或带下奇臭,兼见颜色异常者,应进一步检查,以判别是否为癌病所致。

二、病室气味

病室气味多由患者身体及分泌物、排泄物的气味散发而成,多属病情严重。

病室臭气触人,轻则盈于床帐,重则充满一室,多见于温疫类疾病患者。病室有腐臭气味,多因患者有疮疡溃烂。病室有尸臭气味,多为脏腑败坏,病情危重。病室有血腥味,多因患者有失血病证。病室有尿臊味,多见于水肿病晚期患者。病室有烂苹果味,多见于消渴病重症患者。

(陈锐,修宗昌)

第三章 问　诊

导学

本章主要介绍问诊的意义、方法及注意事项,问诊的内容,一般情况、主诉、现病史、既往史、个人生活史、家族史的概念及询问的意义、方法与要求,问现在症的内容。

本章学习重点:问现在症中各常见症状的含义及临床意义。

本章学习要求:

(1)掌握主诉的概念,问寒热、问汗、问疼痛、问头身胸腹、问情志、问睡眠、问饮食口味、问二便、问妇女、问男子及问小儿中常见症状的含义与临床意义。

(2)熟悉问寒热、问汗、问疼痛、问头身胸腹、问情志、问睡眠、问饮食口味、问二便、问妇女、问男子及问小儿的方法与内容。

(3)了解一般情况、现病史、既往史、个人生活史、家族史的概念,问诊的意义、方法与要求。

问诊是医生通过对患者或陪诊者进行有目的地询问,以了解病情的一种诊察方法,在中医诊法中占有重要地位。

第一节　问诊的意义、方法及注意事项

一、问诊的意义

问诊是医生和患者直接进行语言交流的临床信息采集方法,其重要意义诚如《素问·征四失论》所言:"诊病不问其始,忧患饮食之失节,起居之过度,或伤于毒,不先言此,卒持寸口,何病能中。"其意义可概括为以下几个方面。

1. **问诊获取的病情资料比较全面**　在中医临床诊断过程中,疾病的发生、发展、变化过程及诊治经过、患者的自觉症状、既往病史、个人生活史、家族史等,只有通过问诊才能获得,其他三诊均无法取代。

2. **问诊有利于疾病的早期诊治**　临床上,某些疾病早期,患者往往仅表现有主观症状,客观体

征尚未出现,问诊便成为获取疾病诊断线索的重要途径,为疾病的早期诊断提供依据。

3. **问诊有助于精神心理性疾病的诊断与治疗** 医生通过问诊,直接了解患者的思想动态、情绪状况、家庭、工作和社会环境等,增加了医患之间的交流与沟通,有利于对精神心理因素所致疾病进行正确的诊断及心理疏导与健康教育。

此外,临床上有时由于条件限制,医生不能直接对患者的分泌物与排泄物的形、色、质、量改变,或有些患者发病当时的神、色、形、态及声音等表现进行观察,仍然需要通过询问来获取此类病情资料。

二、问诊的方法

问诊的方法看似简单,但因其内容繁多,患者个体差异大,要问得恰当,问出关键所在,就需要功夫和技巧,正如《难经·六十一难》所言"问而知之谓之工"。

1. **抓住重点,全面询问** 医生问诊时,既应当重点突出,又要注意全面。首先要认真、耐心倾听患者对病情的叙述,然后抓住主诉,围绕其主要痛苦和不适,再进行有目的地深入细致询问。切忌主次不分,泛泛而问。

2. **边问边辨,问辨结合** 问诊的过程,实际也是医生辨证思维的过程。因此,在问诊过程中,医生必须注重和善于对患者叙述的主要症状从病、证两个角度进行思考、分析,并根据中医辨证理论,结合望、闻、切三诊的信息,追踪新的线索,以便作进一步有目的、有重点的询问。同时,还要做到边问边辨,边辨边问,问辨结合,从而减少问诊的盲目性,有利于对疾病的正确诊断。

三、问诊的注意事项

1. **诊室环境安静,避免各种干扰** 医患交流,必须要有一个安静的诊室环境,避免干扰因素,这对于医生能否静心凝神、正确而全面地获取真实的病情资料有着重要的意义。同时,也有利于患者敞开心扉,充分叙述病情及各种感受,尤其对于有隐私的患者显得更为重要。

2. **态度和蔼认真,仔细耐心倾听** 问诊时,医生首先要有爱心,关心和理解患者,做到态度和蔼而严肃认真,耐心细致,全神贯注倾听患者的叙述,使患者感到亲切可近,愿意主动陈述病情。同时还要注意观察患者的面部表情、身体姿势等予以及时、适当的语言或非语言方式反馈,切忌敷衍了事、多语调笑或流露急躁情绪等。

3. **语言通俗易懂,反应平和恰当** 问诊时,语言要通俗易懂,忌用医学术语。询问过程中,对于患者的病情,切忌有悲观、惊讶的语言和表情反应,以免给患者增加思想负担,不利于疾病的治疗。

4. **适当启发提示,避免诱导暗示** 临诊时,遇到患者叙述病情不够清楚、全面时,可适当给予患者有目的地询问或启发式提问;遇到患者有难言之隐,不便说出,或对某些病情不便当众表述者,应消除患者的思想负担;遇到患者情绪消沉、不愿诉说时,应努力激发患者热爱生活、战胜疾病的信心,从而使患者能主动与医生配合,保证医生全面准确地获取病情资料。但是,医生不能凭自己的主观意愿去暗示或诱导患者,或强行询问患者的隐私,以免所获病情资料片面或失真。

5. **急诊危重患者,积极抢救为先** 对于急诊危重患者,应扼要询问患者或陪诊者,重点检查,以便争取时机,迅速积极抢救患者。待病情缓解后,再进行详细询问,切不可机械地苛求完整记录而延误抢救时机,给患者造成不良后果。

第二节　问诊的内容

问诊的内容主要包括一般情况、主诉、现病史、既往史、个人生活史、家族史等。

一、一般情况

一般情况主要包括姓名、性别、年龄、婚况、民族、职业、籍贯、工作单位、现住址、联系方式等。

询问一般情况，既便于与患者或家属进行联系，对患者的诊治负责，或对患者的病情发展进行追访调查；又使医生从中获取与疾病有关的资料，作为诊治疾病的参考。如妇女有月经、带下、妊娠、产育等方面的特殊情况；男子则有遗精、滑精、阳痿、早泄等特有病变。小儿易患水痘、麻疹等病；中老年易患中风、胸痹等病。长期从事水中作业者易患寒湿痹病；矽肺、汞中毒、铅中毒等病常与从事的职业接触有害物质相关。所处地域不同，对患病也有影响，如丘陵、高山地区，水土中易缺碘，瘿瘤病较为常见，疟疾在岭南等地发病率较高，血吸虫病多见于长江中下游一带，高原牧区易患肝包虫病等。此外，四时的更替和节气的变化，对疾病的发生也有影响，如麻疹、水痘等传染病多发生于春季，中暑、痢疾等多见于夏季，而秋季易患燥证，冬季多感冒、咳喘等。

二、主诉

主诉是指患者就诊时所陈述的最感痛苦的症状、体征及持续时间。如"腹痛、腹泻1日""咳喘反复发作5年，加重1周""下肢水肿反复发作2年，伴心悸1月"等。

主诉是患者就诊的主要原因，也是疾病的主要症状。通过主诉可初步估计疾病的范围、类别及病势的轻重缓急，因此，主诉具有重要的诊断价值，是进一步认识、分析疾病的主要线索和依据。

抓准主诉后，要围绕主诉，进行深入、细致的询问。如产生的可能原因或诱因，具体部位、性质、程度及持续时间，其他相关的症状等。对主诉的记录，应当简洁、精练，一般不超过25个字，而且，一般不使用诊断性术语，如"胃脘痛""感冒"等，应用具体症状、体征来进行描述。但若患者就诊时无自觉症状，甚或望、闻、切诊均未发现异常体征，仅是通过现代医学体检、化验或仪器检查发现异常时可以例外。

三、现病史

现病史是指从起病到此次就诊时疾病的发生、发展、变化过程及诊治经过。现病史的内容包括以下几个方面。

（一）起病情况

起病情况主要包括发病的时间、起病缓急、发病的病因和诱因、最初的症状及其特点，及曾做过何种处理等。

询问患者的起病情况，对于辨识疾病的原因、部位及性质等具有重要的意义。一般来说，起病急，病程短者多为外感病，属实证；患病已久，反复发作，经久不愈者多为内伤病，属虚证或虚实夹杂证。如因情志不畅而致胁肋胀痛者,多属肝气郁结;如因暴饮暴食而致脘腹胀满疼痛、肠鸣腹泻者多为食滞胃肠等。

(二) 病变过程

病变过程是指患者从起病到就诊时的病情发展变化情况。如发病后症状的性质、程度有何变化,何时加重或减轻,何时出现新的症状,病情变化有无规律等。一般按发病时间的先后顺序进行询问。通过询问病程经过,有助于了解疾病的病机演变情况及发展趋势。

(三) 诊治经过

诊治经过是指患者患病后至此次就诊前所接受过的诊断与治疗情况。对于初诊患者,应按时间顺序详细询问,如起病后当时曾在何处做过哪些检查、做过何种诊断,依据是什么;经过哪些治疗,治疗的效果及反应如何等。了解患者的既往诊治情况,对当前的诊断和治疗有重要的参考和借鉴作用。

(四) 现在症

现在症是指患者就诊时所感到的一切痛苦和不适,既是问诊的主要内容,也是辨病与辨证的基本依据。现在症虽然属于问现病史的范畴,但因其包含内容较多,故在本章专设一节予以介绍(第三章第三节"问现在症")。

四、既往史

既往史是指患者的平素健康状况和既往患病情况。

(一) 平素健康状况

患者平素的健康状况与当前疾病可能有一定联系,故可作为分析判断病情的参考依据。如素体健壮者,现患疾病多属实;素体虚弱者,现患疾病多属虚;素体阴虚者,易感温燥之邪而发为热证;素体阳虚者,易受寒湿之邪而罹患寒证、湿证等。

(二) 既往患病情况

既往患病情况,是指患者本次所患疾病之外过去所患过的其他疾病。患者过去曾患过的疾病,可能与现患疾病有密切关系,因而对诊断现患疾病有一定的参考价值。如哮病、痫病等疾病,虽经治疗后症状消失,但由于尚未根除,某些诱因可导致其旧病复发;儿童在痄腮流行季节,出现一些类似痄腮先驱表现,通过询问既往是否患过痄腮,即可作出鉴别诊断。

询问既往史时,还应该了解患者过去有无手术史,对某些药物或物品有无过敏史等。

五、个人生活史

个人生活史包括患者的生活经历、平素的饮食起居、精神情志及婚育状况等。

(一) 生活经历

生活经历包括出生地、居住地及经历地。询问生活经历时,要特别注意某些地方病、传染病的流行区域及患者的居住环境和条件,以便判断现患疾病是否与此相关。如居住区域水中含氟较高,易患氟骨病;久居丘陵缺碘地区,易患瘿瘤病;长期居住潮湿地带,易患风湿痹病等。

(二) 饮食起居

饮食起居包括平时的饮食嗜好与生活起居习惯等。饮食偏嗜与不良的生活起居习惯可导致疾病的发生。如嗜食肥甘者,多病痰湿;偏食辛辣者,易患热证;贪食生冷者,可致寒证;饮食无节、嗜酒过度者,易患胃病、肝病等;好逸恶劳懒动者,气血多滞,易生痰湿;劳累过度,房室不节者,易耗伤精气,常患诸虚劳损;起居无常,劳逸不调,思虑过度者,易患失眠、头昏、健忘诸疾。

另外,了解患者的饮食嗜好及生活起居习惯,对分析患者的身体素质及判断疾病的性质有一定意义。如素体阳气偏盛者多喜凉恶热;素体阴气偏盛者多喜热恶凉。

(三) 精神情志

中医历来重视情志因素的致病作用,认为不良的情志刺激,可导致气血阴阳的变化和脏腑功能的紊乱,引起疾病的发生,故有"百病皆生于气"之说。故询问、了解患者平素的性格特征、此次患病与情志的关系,有助于疾病的诊断与治疗。如患者平素性格内向,处事谨小慎微,多气恼忧思者,易患抑郁、焦虑等精神疾病;此次患病起于情志刺激者,患者易出现肝气郁结、肝郁化火等证候的表现,并提示医生在运用药物治疗的同时,应辅以心理疏导,以便使患者尽快康复。

(四) 婚育状况

对成年男女应询问其是否结婚、有无性生活史、有无生育、配偶健康状况以及有无传染病、遗传病等。对女性患者要记录其经、带、胎、产的情况,如初潮年龄、月经周期、行经日数、月经和带下的量、色、质情况,绝经年龄等。对已婚妇女还应询问妊娠次数、生产胎数,以及有无流产、早产和难产等。

六、家族史

家族史是指与患者有血缘关系的直系亲属(如父母、子女、兄弟姐妹等)及与本人生活有密切关系的亲属(如配偶等)的健康与患病情况,必要时应注意询问亲属的死亡原因。

询问家族史,有助于某些遗传性疾病和传染性疾病的诊断。

第三节 问现在症

问现在症是指对患者就诊时所感到的痛苦和不适,以及与其病情相关的全身情况进行详细询问。

现在症大多是患者的主观症状,如疼痛、恶心、眩晕等,只有通过详细询问才能了解清楚,因此,问现在症是问诊的主要内容,也是中医问诊的特色所在。现在症是患者当前内在病理变化本质的外在反映,是诊病、辨证的主要依据。对病情的诊断具有重要的意义,被历代医家所重视。

现在症所涉及的范围较为广泛,明代医家张景岳在总结前人经验的基础上,将问诊的内容归纳为"十问篇",后经清代医家陈修园略作修改编成了"十问歌",即:"一问寒热二问汗,三问头身四问便,五问饮食六胸腹,七聋八渴俱当辨,九问旧病十问因,再兼服药参机变,妇女尤必问经期,迟速闭崩皆可见,再添片语告儿科,天花麻疹俱占验。""十问歌"虽然便于初学者记诵,但在临床实际运用时,必须根据患者的具体情况,灵活而有主次地询问,且不可机械套用。

一、问寒热

问寒热是指询问患者有无怕冷或发热的感觉。

"寒"指患者自觉怕冷的感觉。临床根据怕冷表现的不同特点,分为恶寒、恶风、寒战、畏寒四种不同的情况。

恶寒是指患者感觉怕冷,加衣覆被或近火取暖不能缓解;恶风是指患者遇风觉冷,避之则缓,常较恶寒为轻;寒战是指患者恶寒严重,并伴有全身发抖者;畏寒是指患者感觉怕冷,加衣覆被或近火取暖可以缓解。

"热"即发热,包括患者的体温高于正常,或体温正常,但患者自觉全身或某一局部(如手足心等)有发热的感觉等。

寒热的产生主要取决于病邪的性质和机体阴阳的盛衰两方面。一般来说,寒为阴邪,其性清冷,感受寒邪,多见恶寒;热为阳邪,其性炎热,感受热邪多见发热。在机体阴阳失调时,阳盛则热,阴盛则寒;阴虚则热,阳虚则寒。因此,怕冷与发热是疾病的常见症状之一,是辨别病邪性质、机体阴阳盛衰及病属外感或内伤的重要依据。

问寒热应首先询问患者有无怕冷或发热的症状,如有寒热症状,则应进一步询问怕冷与发热是否有联系,寒热出现的时间、轻重、特点、持续时间及其有关兼症等。临床常见的寒热症状有恶寒发热、但寒不热、但热不寒、寒热往来四种类型。

(一) 恶寒发热

恶寒发热是指患者恶寒的同时伴有发热。常见于外感病的初期阶段,是诊断表证的一个重要依据。

外邪袭表,影响卫阳"温分肉"的功能,肌表失于温煦而恶寒;邪气外束,腠理闭塞,卫阳失于宣散,则郁而发热。在外感病中,恶寒往往是发热的前奏,邪袭肌表,无论是否发热,恶寒最为常见,故古人有"有一分恶寒,便有一分表证"之说。由于感受邪气的性质不同,寒热并见时两者表现的轻重也不同,临床常以此作为鉴别表证类型的主要依据。

1. **恶寒重发热轻**　多见于外感寒邪所致的表寒证。常伴有鼻塞流清涕,无汗,头身疼痛,脉浮紧等症。由于寒为阴邪,寒邪袭表,郁遏卫阳,故见恶寒重而发热轻。

2. **发热重恶寒轻**　多见于外感热邪所致表热证。常伴有汗出、咽喉肿痛、脉浮数等症。由于热为阳邪,易致阳盛,故见发热重而恶寒轻。

3. **发热轻而恶风**　多见于外感风邪所致的伤风表证(又称风邪袭表证)。常伴有汗出、脉浮缓等症。由于风邪为阳邪,其性开泄,风邪袭表,使腠理疏松,阳气郁遏而不甚,故见恶风而发热轻微。

外感表证的寒热轻重,除与病邪性质有关外,还与机体正气与病邪的盛衰密切相关。如邪正俱盛者,恶寒发热皆较重;邪轻正衰者,恶寒发热均较轻;邪盛正衰者,多恶寒重而发热轻等。

(二) 但寒不热

但寒不热是指患者只感觉怕冷而不觉发热的症状,见于里寒证。里寒证,多为感受寒邪,郁遏机体阳气,或由于体内阳气不足,阴寒内生所致。根据发病的缓急、病程的长短,可分为以下两个类型。

1. **新病恶寒**　指患者新病即感觉怕冷而无发热的症状。可见于表寒证初期尚未发热之时,或寒邪直中脏腑的里实寒证。若患者感寒后恶寒,伴有鼻塞流清涕,头身疼痛,脉浮紧者,为外感初期,寒邪外束,肌表失温所致;若患者突感恶寒肢冷,伴脘腹冷痛,喜温拒按,或咳喘痰鸣,脉沉迟有力者,属于实寒证。多因寒邪较盛,直接侵袭机体,阳气被遏,机体失温所致。

2. **久病畏寒** 指患者经常畏寒肢冷,得温则缓,常伴有脘腹冷痛隐隐,喜温喜按、少气懒言、舌淡嫩、脉沉迟无力者,属于里虚寒证。多因素体虚弱,或久病伤阳,使阳气虚衰,形体失于温煦所致。

(三) 但热不寒

但热不寒是指患者只感发热,而不觉怕冷的症状,多见里热证。根据发热的轻重、时间、特点不同,可分为壮热、潮热、微热三种类型。

1. **壮热** 身发高热(体温 39℃以上),持续不退,不恶寒,反恶热者,称为壮热。常兼有面赤、烦渴、大汗出、舌红苔黄、脉洪大等症。多因表邪入里,邪正相搏,阳热内盛,蒸达于外所致,属里实热证。常见于温病的气分证,或伤寒病的阳明经证等。

2. **潮热** 定时发热,或定时热甚,如潮汐之有定时者,称为潮热。根据发热的特征和病机不同,临床常见有以下三种情况。

(1) 阳明潮热:热势较高,日晡(即申时,下午 3～5 时)热甚,亦称为"日晡潮热"。伴见腹胀腹满、疼痛拒按、便秘、舌红苔黄厚干燥等症,见于伤寒病的阳明腑实证。由于阳明经气旺于申时,胃肠燥热内结,正邪斗争剧烈,故在此时热势加重。

(2) 阴虚潮热:午后、夜间低热,伴见形体消瘦、五心烦热、颧红、盗汗、舌红少苔等症,见于阴虚内热证,系阴虚不能制阳,虚热内生所致;严重者自觉有热自骨内向外蒸发之感,称为"骨蒸潮热",多属阴虚火旺所致。由于午后至夜间,卫阳之气渐行入里,使体内偏亢之阳气更盛,故而发热。

(3) 湿温潮热:身热不扬(肌肤初扪不觉热,扪之稍久,即感灼手者),午后尤甚,伴有身重、脘痞、苔腻等症,常见于湿温病。系湿热蕴结,湿遏热伏,热难透达所致。

3. **微热** 又称低热,指热势不高(多在 37～38℃之间),或仅自觉发热,体温不高者。一般来说,凡微热者,发热时间比较长,多属内伤所致,根据病机可分为以下四种情况。

(1) 气虚发热:长期微热,烦劳则甚,伴有神疲乏力、少气懒言、自汗、脉虚等症。由于脾虚气陷,清阳不升,郁而发热。

(2) 阴虚发热:长期微热,其病机与意义同"阴虚潮热"。

(3) 气郁发热:情志不舒,时有微热,伴有急躁易怒、胁肋胀痛、脉弦等症。多因情志不畅,肝气郁结化火所致。

(4) 血瘀发热:长期微热,伴有面色黧黑、口唇紫暗、肌肤干涩、舌色紫暗、脉涩等症。多因瘀血久留,郁久化热所致。

(四) 寒热往来

寒热往来是指恶寒和发热交替发作,为邪正相争于半表半里,互为进退的病理反应。临床常见以下两种类型。

1. **寒热往来,发无定时** 指患者寒热往来,交替而作,发作无时间规律者。常伴有口苦、咽干、目眩、胸胁满闷、神情默默、不欲饮食、脉弦等症,见于伤寒病的少阳证。因病邪侵入少阳,正邪相争所致。

2. **寒热往来,发有定时** 指寒战和高热交替发作,一日一作,或两三日一作,并伴有剧烈头痛、口渴多汗等症,见于疟疾病。因疟邪侵袭,伏藏于膜原并随营卫运行,入内与阴争则寒战,外出与阳争则发热,故寒战与高热交替出现,休作有时。

二、问汗

问汗是指询问患者有无汗出异常的情况。汗是由阳气蒸化津液从汗孔外出于体表而形成,《素问·阴阳别论》将此高度概括为"阳加于阴谓之汗"。在汗的形成过程中,阳气是汗出的动力,津液为化生汗的物质基础,汗孔是汗出的途径。正常汗出有调节体温,滋润皮肤,排除废物等作用。一般人在活动加强、进食辛辣、气候炎热、衣被过厚及情绪紧张等情况下出汗,属生理现象。

若全身或身体的某一局部,当汗出而无汗,不当汗出而汗多者,均属病理现象。异常汗出与所感受病邪的性质、机体阳气的盛衰、津液的盈亏及腠理的开合状态等多种因素有关,因此,询问患者汗的情况时,应着重询问有无汗出,汗出的时间、部位、多少及伴见症状等。

(一) 无汗

无汗是指患者当汗出而不出汗的表现。在疾病过程中,可表现为全身或某一局部无汗,主要表现为以下三种情况。

1. **表证无汗** 多见于外感风寒之邪所致的表实寒证。寒性收引,使腠理致密,玄府闭塞,因而无汗。常伴有恶寒重发热轻、头身痛、鼻塞、流清涕、脉浮紧等症。

2. **里证无汗** 可见于两种情况:若新病里证无汗,多为阴寒内盛,阻遏阳气,蒸化功能失常所致;久病里证无汗,多属阳气虚衰,蒸化无力,或津血亏虚,生化乏源所致。

3. **局部无汗** 多表现为半身无汗,即半侧身体(或左或右,或上或下)无汗出。常见于中风、痿病和截瘫的患者。多因风痰、瘀血、风湿之邪,阻闭经络,使气血运行不周所致。

(二) 有汗

有汗是指患者不当汗出而汗出,或汗出较多的表现。在疾病过程中,可表现为以下三种情况。

1. **表证有汗** 多见于外感所致风邪袭表证和风热表证。因风热邪气袭表,风性开泄,热性升散,腠理疏松而汗出。

2. **里证有汗** 里证汗出异常,临床常见有以下四种情况。

(1) 自汗:指醒时汗出较多,活动尤甚,常见于气虚、阳虚证。因气虚或阳虚,肌表失固,津液外泄所致。动则耗气,故活动后汗出尤甚。

(2) 盗汗:指入睡后汗出,醒则汗止者,多见阴虚证。阴虚生内热,入睡后卫阳入里,内热加重,肌表失固,热蒸津液而外泄,故睡眠时汗出;醒后卫阳复出于肌表,肌表固密,津液不得外泄,故醒后汗止。

(3) 大汗:指汗出量多者,可见于以下几种情况。① 蒸蒸大汗,并见壮热、烦躁者,属里实热证。为里热亢盛,蒸津外泄所致。② 久病或重病,大汗不止,汗出清冷,并见面色苍白、四肢厥冷、脉微欲绝等,属亡阳证。因阳气暴脱,津随气泄所致。③ 久病、重病,汗出热而黏,并见身热躁扰、烦渴,尿少,脉细数或疾等,属亡阴证。因阴液大伤,虚热蒸腾,迫使津液外泄而成。

(4) 战汗:指先见全身寒冷战栗,而后汗出者。提示邪正剧争,常为病情变化的转折点,多见于外感热病中。若汗出热退,脉静身凉,是邪去正复之佳兆;反之,汗出而身热不减,烦躁不安,脉来急疾,是邪盛正衰的危候。

3. **局部有汗** 指身体某一局部汗出异常,临床常见有以下四种情况。

(1) 头汗:指仅头部或头项部出汗较多者,或称"但头汗出"。其常见原因有:① 上焦热盛,邪热迫津外泄。② 中焦湿热,湿郁热蒸,逼津上越。③ 气脱不固,元气将脱,虚阳上越,津随阳泄。若进食辛辣、热汤,或饮酒时出现头汗较多者,不属病态。

(2) 心胸汗:指心胸部出汗或出汗较多者。心胸汗多,伴见心悸失眠、食少便溏、神疲倦怠等,属心脾两虚;心胸汗多,伴见心悸心烦、失眠多梦、腰膝酸软等,属心肾不交。

(3) 手足心汗:指手足心汗出过多者。其常见原因有:① 阴经郁热熏蒸。② 中焦湿热郁蒸。③ 脾虚失运,津液旁达四肢。④ 阳明燥热内结,热蒸汗出。

(4) 阴汗:指男女外阴部及其周围汗出过多者,多因下焦湿热郁蒸所致。

三、问疼痛

疼痛是临床最为常见的自觉症状之一,可见于机体的各个部位。疼痛有虚、实两类:实证疼痛,多因感受外邪,或气滞血瘀,或痰食虫积等,阻滞脏腑经络气机,使气血运行不畅所致,即所谓"不通则痛";其痛势较剧,持续时间长,痛而拒按。虚证疼痛,多因气血不足,或阴精亏损,使脏腑、组织、经络失养所致,即所谓"不荣则痛";其痛势较缓,时痛时止,痛而喜按。

临床上问疼痛时,应注意询问疼痛的性质、部位、程度、时间、喜恶和兼症等。

(一) 问疼痛的性质

引起疼痛的原因不同,其表现的性质、特点也不同,故询问疼痛的性质与特点,有助于辨析疼痛产生的原因。

1. 胀痛　指疼痛带有胀满的感觉,多为气滞所致。如胸胁脘腹等处胀痛,时发时止,多属肺、肝、胃肠气滞所致。但头目胀痛,多因肝阳上亢或肝火上炎所致。

2. 刺痛　指疼痛尖锐如针刺之感,多为瘀血阻滞所致。以头部及胸胁、脘腹等处较为常见。

3. 窜痛　指疼痛的部位游走不定,或走窜攻痛,多为气滞所致,或见于风痹。若胸胁脘腹疼痛而走窜不定者,称为窜痛,多因肝郁气滞所致;若肢体关节疼痛而游走不定者,称为游走痛,多见于风痹(又称行痹)。

4. 固定痛　指疼痛部位固定不移。胸胁、脘腹等处固定作痛,多属瘀血内阻所致;肢体关节疼痛固定不移,多因寒湿或湿热阻滞所致,多见于寒痹(又称痛痹)、湿痹(又称着痹)、热痹等。

5. 冷痛　指疼痛伴有冷感,痛而喜暖,是寒证疼痛的特点。常见于腰脊、脘腹及四肢关节等处。因寒邪侵入,阻滞脏腑、组织、经络所致者,属实寒证;因阳气不足,脏腑、组织、经络失于温煦所致者,属虚寒证。

6. 灼痛　指疼痛伴有灼热感,痛而喜凉,是热证疼痛的特点。因火邪窜络,阳热熏灼所致者,属实热证;阴虚火旺灼伤络脉所致者,属虚热证。

7. 重痛　指疼痛伴有沉重感,多因湿邪困阻气机所致。常见于头部、四肢及腰部。如肢体关节重痛,多见于湿痹。

8. 闷痛　指疼痛带有满闷、憋闷的感觉。多见于胸部,为痰浊内阻心肺所致。

9. 绞痛　指疼痛剧烈如刀绞,多因瘀血、结石、虫积等有形实邪阻闭气机,或寒邪凝滞气机所致。如心脉痹阻引起的真心痛,结石阻塞尿路引起的腰腹痛,寒邪犯胃所致胃脘痛等。

10. 掣痛　指疼痛伴有抽掣牵引之感,又称引痛、彻痛。多因筋脉失养或经脉阻滞不通所致。如胸痛彻背,背痛彻胸,见于瘀阻心脉的真心痛;小腿掣痛,可因寒凝经脉或肝血不足所致。

11. 酸痛　指疼痛伴有酸楚不适之感。常见于四肢、腰背的关节或肌肉部位。多因风湿侵袭,气血运行不畅,或肾虚、气血不足,机体失养所致。

12. **隐痛**　指痛势较缓,尚可忍耐,但绵绵不休。常见于头、脘腹、胁肋、腰背、少腹等部位,多因精血亏虚,或阳气不足,脏腑经络失养所致。

13. **空痛**　指疼痛带有空虚之感。常见于头部、腰腹部等,多因脑髓空虚、肾精不足,或气血亏虚,机体失养所致。

(二) 问疼痛的部位

机体的各个部位分别与脏腑经络相联系,通过询问患者疼痛的部位,可以测知病变所在的脏腑经络。

1. **头痛**　指整个头部或头的某一部分疼痛。外感、内伤、虚证、实证,均可导致头痛。如外感六淫袭扰头目,或痰瘀内阻所致头痛者,属实证;气血不足,肾精亏损,髓海失充所致头痛者,为虚证。

手、足三阳经均直接循行于头部,足厥阴肝经上行于头与督脉相交,其他阴经也间接与头部联系,故根据头痛的具体部位,可进一步确定病变在哪条经。如巅顶痛者,属厥阴经;后脑痛连项背者,属太阳经;两侧头痛者,属少阳经;前额连眉棱骨痛者,属阳明经等。

2. **胸痛**　指胸部正中或偏于一侧疼痛。胸居上焦,内藏心肺,所以胸痛多为心肺病变。问胸痛时,应首先注意分辨胸痛的确切部位。如胸前"虚里"部位(心前区心尖搏动之处)作痛,痛引肩背内臂者,病位在心;胸膺部位作痛,兼有咳喘者,病位在肺。

问胸痛时,应结合疼痛的性质与兼症,综合分析引起疼痛的原因。如左胸心前区憋闷刺痛者,为瘀阻心脉;胸痛喘促,痰黄而稠者,为热邪壅肺;胸痛而咳吐脓血腥臭痰者,多属肺痈;胸痛咯血,或痰中带血,伴潮热、盗汗者,属于肺痨。

3. **胁痛**　指胁肋部的一侧或两侧疼痛。两胁是肝胆经脉所过之处,肝胆又位居于右胁内,故胁痛除局部病变外,多与肝胆病变有关。

胁肋胀痛、情绪抑郁或急躁易怒,为肝郁气滞;胁肋胀痛,纳呆厌食,身目发黄,为肝胆湿热;胁肋灼痛,头晕面赤,口苦咽干,为肝胆火盛;胁肋刺痛,或胁下触及肿块,固定而拒按者,属肝血瘀阻;胁肋饱满胀痛,咳唾痛剧者,是饮停胸胁之悬饮病。

4. **胃脘痛**　胃脘是指上腹部胃腑所在部位,胃脘疼痛多与胃病相关。

一般进食后痛势缓解者,多属虚证;进食后加剧者,多属实证。胃脘冷痛,得热痛减者,多为寒证;胃脘灼痛,喜凉恶热者,多为热证。胃脘胀痛,频频嗳气、矢气,嗳气或矢气后症状减轻者,多属气滞;胃脘胀痛,嗳腐吞酸,矢气恶臭者,多属食滞。

5. **腹痛**　指剑突以下,耻骨毛际以上的部位(胃脘部除外)发生疼痛。腹部的范围较广,可分为大腹、小腹和少腹三个部分。脐以上为大腹,属脾;脐以下至耻骨毛际以上正中为小腹,属膀胱、胞宫、大小肠;小腹两侧为少腹,属足厥阴肝经。

询问腹痛时,首先要查明疼痛的确切部位,以判断病变所在脏腑。其次,应结合腹痛性质确定病性的寒热虚实。如大腹隐痛,喜温喜按,多为脾胃虚寒;小腹胀痛,小便不利者,为膀胱气滞;小腹胀痛或刺痛,随月经周期而发者,多属胞宫气滞血瘀;少腹冷痛,牵及外阴者,是寒滞肝脉所致。

6. **背痛**　指躯干后部上平大椎,下至季肋的部位发生的疼痛。背部中央为脊骨,督脉贯脊行于正中,脊背两侧为足太阳膀胱经所过之处,两肩背部又有手三阳经分布。故脊痛不可俯仰者,多因督脉损伤所致;背痛连项者,多因风寒之邪客于太阳经脉所致;肩背疼痛者,多为风湿阻滞,经气不利所致。

7. **腰痛**　指腰脊正中，或腰部两侧疼痛。腰为肾之府，故腰痛多考虑肾及周围组织的病变。若腰痛绵绵，酸软无力，以两侧为主者，多属肾虚；若腰脊或腰骶部冷痛重着，每遇寒冷阴雨天加重，多属寒湿痹病；若腰脊疼痛连及下肢，多属经络痹阻；若腰部刺痛拒按，固定不移，为瘀血阻络；若侧腰部剧痛如刀绞，伴血尿者，多为结石阻滞下焦所致；若腰痛伴尿频、尿急、尿痛或尿血者，为湿热蕴结下焦所致。

8. **四肢痛**　指四肢的肌肉、筋脉、关节等部位疼痛。常见于风寒湿侵袭人体所致的痹病，临证时应注意询问其性质及兼症进行综合分析。若疼痛游走不定者，以感受风邪为主，为行痹；疼痛剧烈，遇寒加剧，得热痛减者，以感受寒邪为主，为痛痹；重着而痛，固定不移，或伴有肌肤麻木不仁者，以感受湿邪为主，为着痹；关节红肿热痛，因感受热邪，或风寒湿邪郁久化热所致，为热痹；关节疼痛，肿大变形，屈伸受限者，多因痹病日久，痰瘀阻络，筋脉拘挛所致，为尪痹。若独见足跟或胫膝酸痛者，属肾虚，多见于老年体衰之人。

9. **周身痛**　指头身、腰背、四肢均觉疼痛。临床应注意询问其发病的时间，病程的长短。一般来说，新病周身痛多属实证，常因感受风寒湿邪，经气不利所致；若久病卧床不起而周身痛多属虚证，因气血亏虚，筋脉失养所致。

四、问头身胸腹

是指询问头、身、胸、腹等部位除疼痛以外的其他症状。临床常见表现有头晕、耳鸣、耳聋、目痒、目痛、目眩、目昏、雀盲、胸闷、心悸、胁胀、脘痞、腹胀、身重、麻木、疲乏等。

1. **头晕**　指患者自觉头脑有晕旋之感，轻者闭目即止，重者则感觉自身或景物旋转，如坐舟车，站立不稳。

头晕可由多种原因引起，故询问时应注意了解头晕的特征，可能的原因或诱因及伴见症状等加以辨析。

头晕昏沉，伴胸闷呕恶、舌苔白腻者，多因痰湿内阻，清阳不升所致；头晕而胀痛，伴有面红目赤，烦躁易怒，舌红苔黄，脉弦数者，多因肝火上炎所致；外伤后头晕刺痛，夜间尤甚者，为瘀血阻络所致；头晕胀痛，伴有腰酸耳鸣，头重足轻者，多属肝阳上亢所致；头晕目眩，过劳加重，伴有面白倦怠，舌淡，脉细或弱者，为气血亏虚所致；头晕耳鸣，兼腰酸遗精，健忘者，为肾精亏虚所致。

2. **耳鸣**　指自觉耳内鸣响，重者影响听觉。

耳鸣有虚实之分。一般来说，凡突发耳鸣，声大如潮声，按之鸣声不减，或加重者，多属实证，常因肝胆火热上扰清窍或痰瘀阻滞清窍所致。若渐觉耳鸣，声小如蝉鸣，按之鸣声减轻或暂停者，多属虚证，常因肝肾阴虚，肝阳上扰，或肾精亏虚，髓海不充，耳窍失养，或脾虚气陷所致。

3. **耳聋**　指听力减退，甚者听觉丧失。

一般新病暴聋者，多属实证，常由肝胆火逆，上壅于耳；或温热之邪上袭，蒙蔽清窍所致，也可见于外伤。若久病渐聋者，多属虚证，多因精气虚衰，耳窍失聪所致。此外，年老之人耳渐聋者，为年高气虚精衰之故。

4. **目痒**　指眼睑、眦内或目珠有痒感，轻者揉拭则止，重者极痒难忍。

如两目奇痒，羞明流泪，并有灼热感者，是肝经风火上扰所致；若两目微痒而干涩者，多为阴血亏虚，目失濡养而成。

5. **目痛**　指单目或双目疼痛。

目胀痛,兼面红目赤、急躁易怒者,多为肝火上炎或肝阳上亢所致;目赤肿痛,兼羞明多眵者,多为风热之邪上行之象,常见于暴发火眼或天行赤眼;目微赤微痛,时痛时止,且干涩少眵者,多为阴虚火旺所致。

6. **目眩** 指眼前昏暗或发黑,或眼前冒金花,或眼前如有蚊蝇飞舞者,又称眼花。

目眩兼有头晕头胀,面赤口渴者,为风火上扰清窍;兼见头晕胸闷,脘痞恶心,苔腻脉滑者,为痰湿上蒙清窍所致;兼有头晕乏力,气短食少,腹胀便溏者,属中气亏虚,清阳不升;兼有头晕腰酸,耳鸣健忘者,为肝肾不足,目窍失养所致。

7. **目昏、雀盲** 视物昏花不明,模糊不清者,称目昏;若白昼视力正常,每至黄昏后视物不清,夜间尤甚,如雀之盲,称为雀盲(或称雀目、鸡盲、夜盲)。

目昏与雀盲,均为不同程度的视力减退,其病因病机基本相同,常由肝血不足,肾精亏虚,目失充养所致。常见于年老或体弱之人。

8. **胸闷** 指胸部有痞塞、满闷之感,又称胸痞。

胸闷多与心、肺气机不畅有关。如胸闷不适,兼有心悸气短者,多属心气不足,心阳不振所致;如胸部憋闷,心痛如刺,面唇青紫者,为心血瘀阻所致;如胸闷痰多,咳嗽气喘者,为痰浊阻肺所致。

9. **心悸** 指患者自觉心跳、心慌,悸动不安,不能自主的一种症状。

心悸多是心主血脉或心藏神病变的反映。其中因惊而发,或心悸易惊,恐惧不安者,称为惊悸,常因外受异常刺激引起,多表现为时发时止。惊悸的全身情况较好,病情较轻。若心跳剧烈,上至心胸,下达脐腹者,称为怔忡,多由内虚所致,常于活动后加重,持续时间较长。怔忡的全身情况较差,病情较重。形成心悸的原因较多,临床上应根据心悸的轻重特点及兼症的不同进行辨析。

10. **胁胀** 指一侧或两侧胁部胀满不适。

胁胀多见于肝胆的病变。如胁肋胀满,情志抑郁或急躁易怒,善太息,多属肝气郁结;如胁胀口苦,身目发黄,舌苔黄腻,多属肝胆湿热。

11. **脘痞** 指胃脘满闷,如物窒塞,又称脘闷。

脘痞是脾胃病变的反映,多因气机阻滞所致。脘痞食少,腹胀便溏者,多属脾胃虚弱;脘痞腹胀,呕恶吐涎者,多属痰湿中阻。

12. **腹胀** 指自觉腹部胀满不舒,或伴腹部膨隆者。

若腹胀时减且喜按者,多因脾胃虚弱,失于健运所致;持续胀满不减而拒按者,多因食积胃肠或实热内结,阻塞气机所致;若腹胀如鼓,皮色青黄,腹壁青筋暴露者,多因酒食不节,或情志所伤,或虫积蓄血,致使肝、脾、肾功能失常,气、血、水互结,聚于腹内而成。

13. **身重** 指身体有沉重如负重物的感觉。

身重多因湿邪内阻,或因脾气亏虚所致,亦可因于温热之邪,耗伤气阴。

14. **麻木** 指肌肤感觉减退,甚至消失,也称不仁,多见于头面、四肢等部位。

麻木多因气血亏虚、肝风内动或痰瘀阻络所致。

15. **疲乏** 指周身或肢体困倦乏力,懈怠懒动。

疲乏多因精血亏虚,机体失养;或气虚阳衰,形体失充,也可见于气郁或湿困所致。

此外,恶心、心烦、健忘、身痒等症,也属头身胸腹部不适的自觉症状,临床均应注意询问。

五、问情志

情志是指喜、怒、忧、思、悲、恐、惊七种情志活动,人的情志活动,是以心为主导,诸脏共同参与的复杂的心神活动过程。询问患者情志的异常与否,对于全面分析患者的心神活动状况,准确判断以情绪异常为主要表现的疾病、了解患者的情绪状态,及时进行心理疏导具有重要的指导意义。

对情志状态的检查,主要是通过询问以了解患者的主观体验,同时注意观察患者的面部表情、姿态、动作及讲话的声音、语气等加以综合判断,并根据情绪反应的强度、持续时间和性质等,确定患者是否存在情志的异常。常见的情志异常有抑郁、亢奋、焦虑、恐惧、烦躁五种类型。

1. **抑郁** 指一种不愉快的情绪体验。常表现为持续的情绪低落,心境苦闷,寡言少语,愁眉不展,唉声叹气,善悲易哭,兴趣缺乏,甚至意志消沉,悲观绝望,自罪自责,有自杀念头或行为等。多因肝郁气滞痰凝,阻闭心神而成,也与心、脾、肾的气血功能失调相关。

2. **亢奋** 指患者的情感活动显著增强,表现为与环境不相符的过分的愉快、欢乐的病态喜悦情绪。如精力异常充沛,兴奋多语,情绪不稳,语言高昂,眉飞色舞,喜笑颜开,表情丰富、生动,易引起周围人的共鸣,对一切都感到非常乐观,对任何事都感到有兴趣,自负自信,甚至夸大妄想等。多因肝郁化火,痰火互结,内扰心神所致;也可由心肾阴虚,虚火内动所致。

3. **焦虑** 指在缺乏明显客观因素或充分根据的情况下,患者经常担心可能发生和难以预料的某种危险或不幸事件而感到忧虑不安,紧张恐惧,顾虑重重,以致出现措手顿足,坐卧不宁,唉声叹气,怨天尤人,多方劝解也不能消除。也可突然出现强烈的恐惧感,有如大祸临头,惶惶不安,或自己濒临死亡之感,并伴有心悸胸闷,胸前压迫感,有如将要窒息等。多因心之气血亏损,心神失养,或痰热内扰,心神不安所致。常见于心胆气虚、心脾两虚、阴虚内热及胆郁痰扰等证。

4. **恐惧** 指患者对某种客观刺激产生的一种不合理的恐惧反应,表现为紧张、害怕、提心吊胆,并伴有心悸、气促、汗出、颤抖、面色改变等。多见于肝胆气虚、心胆气虚、胆郁痰扰等证。

5. **烦躁** 指心中烦热难耐,手足躁扰不宁的表现。多由邪热、痰火、瘀热内扰心神;或阴虚火旺内扰心神而致。

六、问睡眠

睡眠是人体重要的生理活动。睡眠的形成,与昼夜间阴阳的盛衰,人体卫气的循行、气血的盈亏及心肾的功能活动密切相关。正常情况下,卫气昼行于阳经,阳气盛则醒;夜行于阴经,阴气盛则眠。若机体气血充盈,阴平阳秘,心肾相交,则睡眠正常;若机体气血亏虚,阴阳失调,心肾不交,则睡眠出现异常。

问睡眠主要是询问入睡的难易、时间的长短、是否易醒、有无多梦以及其他兼症等,为辨证提供重要依据。睡眠失常可分为失眠和嗜睡两大类。

(一) 失眠

失眠又称不寐或不得眠,是以经常不易入睡,或睡而易醒,或醒后不能复睡,甚至彻夜不眠为特征的表现,常伴有多梦。

失眠的病机总属阳不入阴,神不守舍。临床有虚实之分,虚者多因阴血亏虚,心神失养;实者多因邪气内盛,心神被扰。如睡后易醒,不易再睡者,多属心脾两虚;心烦不寐,甚至彻夜不眠者,多为心肾不交;入睡而时时惊醒,不易安卧者,多见于胆郁痰扰;若失眠而频现太息,伴情绪异常,为肝气郁结,心神不宁;夜卧不安,难以入眠,伴脘腹胀闷、嗳气频作、矢气恶臭者,多为食滞内停。

(二) 嗜睡

嗜睡又称多寐,是以不论昼夜,睡意很浓,经常不自主地入睡,精神困惫为特征的表现。

嗜睡的病机总属阳虚阴盛，或痰湿困脾。如困倦嗜睡，伴头目昏沉、胸闷脘痞、肢体困重者，乃痰湿困脾，清阳不升所致；若饭后思睡，兼神疲倦怠、食少纳呆者，多由中气不足，脾失健运所致；如大病之后，精神疲乏而嗜睡，是正气未复的表现；如患者嗜睡而精神疲惫，伴有畏寒肢冷、蜷卧恶动、喜温者，多为阳虚阴盛。

嗜睡与昏睡不同。嗜睡者，多神疲困倦，时时欲睡，但呼之即醒，神志清楚，醒后复睡；而昏睡者，则日夜沉睡，神志模糊，不能正确对答，甚则神志昏迷，对外界刺激无任何反应。如温热病患者出现高热神昏，昏睡不醒，是热入心包之象；中风患者昏睡而伴有鼾声、痰鸣者，为痰瘀蒙蔽心神，属中风之危象。

七、问饮食口味

饮食是维持生命活动的物质基础，为后天水谷精气化生之源。因此，询问患者饮水、进食及口味等情况，对临床诊断具有重要意义。

问饮食口味应注意了解有无口渴、饮水的多少、喜冷喜热，有无食欲、食量多少、食物的喜恶，以及口中有无异常味觉、气味等。

（一）口渴与饮水

口渴是指口中干渴的感觉。饮水，是指饮水的欲望和饮量的多少。口渴与饮水的情况，与脏腑的气化功能及津液的盈亏和输布密切相关。询问口渴与饮水情况，可以了解体内津液的盛衰、输布情况以及病证的寒热虚实。

1. **口不渴** 指没有口渴的感觉。提示体内津液未伤。多见于寒证、湿证，或提示无明显燥证、热证。由于寒湿同为阴邪，不耗津液，虽病而津液未伤，故口不觉渴。

2. **口渴欲饮** 指口干口渴且欲饮水。提示体内津液已伤，多见于燥证、热证。如口干微渴，兼发热、咽喉肿痛者，多属热病初期，伤津较轻；大渴喜冷饮，伴壮热面赤、汗出、脉洪数者，属里热炽盛，津液大伤；口渴多饮，伴小便量多、多食易饥、形体消瘦者，为消渴病；若剧吐、过汗，或泻下、利尿过度，也可导致体内津液急剧丢失，出现大渴引饮。

3. **渴不多饮** 指虽口干口渴，但饮水不多或不欲饮水，多是津液损伤较轻，或津液未伤，但因输布障碍，而致津液不能上承。常见于阴虚、湿热、痰饮内停、瘀血内阻及热入营分等证。若口燥咽干而不多饮，兼潮热颧红盗汗、舌红少津者，属阴虚证。阴液不足则口干，虚热耗津较少，故不多饮。若渴不欲饮，兼身热不扬、头身困重、脘闷苔腻者，属湿热证。热邪伤津则口渴，湿邪类水故不欲饮。若渴喜热饮，饮水不多，或水入即吐者，多属痰饮内停，或阳气虚弱。饮停阳弱，津液不得气化上承，则口渴喜热饮，饮水不多；饮停于胃，和降失司，故水入即吐。若口干但欲漱水而不欲咽，兼舌紫暗或有瘀斑者，多属瘀血内阻。瘀血阻内，气不化津，津不上承，则口干，因非津亏，故仅欲漱水润口而不欲下咽。口渴饮水不多，也可见于温病营分证。热必耗津，故口渴，邪热入营，蒸腾营阴上承，故不甚渴饮。

（二）食欲与食量

食欲指摄食的要求和对摄食的欣快感，食量是指进食量的多少。食欲和食量，主要与脾、胃的功能状态密切相关。脾胃功能正常，则人有食欲，摄食量适当。若脾胃或相关脏腑发生病变，则可引起食欲与食量异常。询问患者食欲与食量，对于判断脾胃及其相关脏腑功能强弱，以及疾病的预后转归具有重要意义。

1. **食欲减退** 指食欲不振，不思饮食，或食之无味，食量减少，甚至无饥饿感和进食要求，又称不欲食、纳呆、纳少或纳差。若新病食欲减退，伴有头身困重，脘痞腹胀，舌苔厚腻者，多见于湿盛困脾；久病食欲减退，兼有腹胀便溏，神疲倦怠，舌淡脉虚者，多属脾胃虚弱。

2. **厌食** 指厌恶食物，或恶闻食味，又称恶食。厌食兼有嗳气酸腐、脘腹胀满、舌苔厚腻者，多属饮食停滞中脘，腐熟功能失常。厌食油腻之物，兼脘腹痞闷、呕恶便溏、肢体困重者，多属脾胃湿热；若厌食油腻厚味，伴胁肋胀满灼痛、口苦泛呕、身目发黄者，多为肝胆湿热。

妊娠早期，若有择食或厌食反应，属生理现象。若反复出现恶心呕吐、厌食，甚至食入即吐者，称为"妊娠恶阻"，为妊娠后冲脉之气上逆，影响胃之和降所致。

3. **消谷善饥** 指食欲过于旺盛，食量增多，食后不久即感饥饿者，又称多食易饥。若多食易饥，兼见口渴心烦、口臭便秘者，为胃火亢盛，腐熟太过所致；若兼见多饮多尿、形体消瘦者，属消渴病，为胃肾阴亏火旺所致；若兼大便溏泄者，多属胃强脾弱。

4. **饥不欲食** 指虽有饥饿感，但不欲进食，或摄食不多。多因胃阴不足，虚火内扰所致。胃阴亏虚，虚火内扰则易于饥饿，阴虚胃弱，受纳腐熟功能减退，故不欲食。

5. **偏嗜食物或异物** 偏嗜食物是指嗜食某种食物。偏嗜异物，是指对非食物之类的偏嗜现象。由于地域与生活习惯不同，正常人可有不同的饮食偏嗜，一般不会引起疾病。但若偏嗜太过，则有可能导致病变，如偏嗜肥甘，易生痰湿；偏食生冷，易伤脾胃；过食辛辣，易病燥热等。妇女妊娠期间，偏嗜酸辣等食物，一般不属病态。

若嗜食泥土、生米、纸张等异物，兼见消瘦、腹胀腹痛者，多见于虫积。常见于小儿，因饮食不洁，虫卵入腹生虫，使脾胃纳运失常所致。

此外，在疾病过程中，食欲好转，食量渐增，是胃气渐复，疾病向愈之兆；若食欲渐减，食量渐少，是脾胃功能渐衰的表现，提示病情加重。若久病或重病患者，本不欲食，甚至不能食，突然欲食或暴食，称为"除中"，是中气衰败，脾胃之气将绝的危象。

若患者自觉吞咽艰涩，进食哽噎不顺，胸膈阻塞，饮食难下，甚至食入即吐者，称为"噎膈"，多因肝、脾、肾功能失调，痰、气、血互结于食道所致。

(三) 口味

口味指口中有无异常的味觉。因脾开窍于口，其他脏腑之气亦可循经脉上至于口，故口味异常，常是脾胃功能失常或其他脏腑病变的反映。

1. **口淡** 指饮食无味，常伴有食欲减退，多为脾胃气虚。
2. **口苦** 指口中味苦，多见于肝胆火盛，或湿热内蕴以致胆气上逆所致。
3. **口甜** 指口中味甜，多见于脾胃湿热或脾虚之证。属脾胃湿热者，多口甜而黏腻不爽；属脾虚者，多口甜而涎沫稀薄。
4. **口酸** 指口味酸，多见于肝胃不和、伤食等原因所致。伤食者，口中多为酸腐气味。
5. **口咸** 指口中味咸，多与肾虚及寒水上泛有关。
6. **口涩** 指口中干涩，如食生柿子之感，多为燥热伤津，或脏腑阳热偏盛，气火上逆所致。
7. **口黏腻** 指口中黏腻不爽，常伴舌苔厚腻，多由湿浊停滞、痰饮、食积等所致。口黏腻常与味觉异常同见，如黏腻而甜，多为脾胃湿热；黏腻而苦，多属肝胆湿热。

此外，患者尚有口麻、口腔疼痛者，虽不属口味异常，但有其临床意义。口舌麻木而感觉减退者，应注意肝阳化风之可能，亦有因某些药物过量所致者。口腔疼痛而糜烂者，多因脾胃有热，或心火上炎，或阴虚火旺所致。

八、问二便

问二便,是指询问患者的大小便排泄有无异常。

大便的排泄,虽直接由大肠所司,但与脾胃的腐熟运化、肝的疏泄、命门的温煦、肺气的肃降等有密切关系。小便的排泄,虽直接由膀胱所主,但与肾的气化、脾的运化转输、肺的肃降和三焦的通调等功能密不可分。故询问大小便状况,不仅可以了解机体消化功能强弱、水液代谢的情况,而且亦是判断疾病寒热虚实的重要依据。

(一) 大便

健康成人一般每日或隔日排便一次,色黄质软成形,排便顺畅,便内无脓血、黏液及未消化的食物等。询问大便应注意便次、便质、便色及排便感有无异常。

1. 便次异常

(1) 便秘:指便次减少,粪质干燥,或排便困难。

便秘有虚实之分。实证便秘者,多因邪滞胃肠,腑气不通所致,如热结肠道,或气滞寒凝肠腑;虚证便秘者,多因气血阴阳不足,肠失濡润,或推动乏力所致。

(2) 泄泻:指便次增多,便质稀薄,甚至粪如水样者。若仅表现为粪便中水分多而不成形者,称为便溏。

泄泻有寒热虚实之分。一般新病暴泻者,多属实证,久病缓泄者,多属虚证。如泄泻,伴有食欲不振、腹胀隐痛、神倦消瘦者,多因脾虚失运所致;如黎明前腹痛作泻,泻后则安,伴有形寒肢冷、腰膝酸痛者,称为"五更泄",多由脾肾阳虚所致;如泄泻暴作,伴有急迫腹痛、泻下不爽、肛门灼热者,为湿热蕴结大肠所致;如泻下清稀,伴有腹部冷痛、肠鸣苔白腻者,为寒湿所致;如泻下臭秽,伴有呕吐酸腐、舌苔厚腻者,为食滞内停;如腹痛作泻,泻后痛减,伴有情绪抑郁、脉弦者,为肝郁乘脾所致。

2. 便质异常 除大便干燥、大便稀软或呈水样外,还有以下几种。

(1) 完谷不化:指大便中含有未被完全消化的食物,多见于脾胃虚寒,或肾虚命门火衰所致。

(2) 溏结不调:指大便干稀不调。其中,大便时干时稀者,多因肝郁脾虚,肝脾不调而致;大便先干后稀者,多属脾胃气虚所致。

(3) 脓血便:指大便中夹有黏冻或黏冻与血混杂者,多为痢疾。常因湿热邪气阻滞大肠,使大肠气血瘀滞腐败而成。

(4) 便血:指血液从肛门排出的现象。临床所见的便中带血、便血相混、便后滴血或全血便,统称便血。

便血多因胃肠脉络受损所致。若便黑如柏油,或便血紫暗,为远血,多因胃肠瘀血,或脾不统血所致;若便血鲜红,粪血不融合,为近血,多为热邪内盛,肠风下血,或肛门局部撕裂或脉络瘀血而成。

3. 排便感异常

(1) 肛门灼热:指排便时肛门有灼热感。多因大肠湿热下注,或大肠郁热下迫所致,见于湿热泄泻或湿热痢疾。

(2) 里急后重:指便意窘迫,时时欲便,肛门重坠,便出不爽,有便意难尽之感。多因湿热内阻,肠道气滞所致,为湿热痢疾的主症之一。

(3) 排便不爽:是指排便不通畅,有黏腻不爽或滞涩难尽之感。多因湿热蕴结,肠道气机传导不畅;或肝气犯脾,肠道气滞;或食滞胃肠,气机不畅所致。

(4) 滑泻失禁:指大便不能控制,滑出不禁,甚则便出而不自知者,又称滑泻。若见于久病年老体衰,或久泻不愈者,多因脾肾虚衰,肛门失约所致;若新病腹泻,势急而难以自控,或神志昏迷而大便自行排出者,虽亦为肛门失约,但为热迫大肠,或心神困蒙,大肠失其主宰而致。

(5) 肛门气坠:指肛门有下坠之感,甚则脱肛,常于劳累或排便后加重。多属脾虚中气下陷,常见于久泻或久痢不愈的患者。

(二) 小便

一般情况下,健康成人日间排尿 3～5 次,夜间 0～1 次,每昼夜总尿量 1 000～1 800 毫升,呈淡黄色,透明无杂质,无特殊气味。尿次和尿量常受气温、饮水、汗出、年龄等多种因素的影响。询问小便应注意尿量、尿次及排尿感有无异常。

1. 尿量异常

(1) 尿量增多:指尿次、尿量皆明显超过正常。如小便清长量多、畏寒喜暖者,属虚寒证,因阳气虚衰,气不化津所致;如多尿而伴多饮、多食、消瘦疲乏者,为消渴病。

(2) 尿量减少:指尿次、尿量皆明显少于正常。如尿少而色黄者为热盛,或汗吐下伤津所致;如尿少而伴有水肿者,为肺、脾、肾功能失常,气化不利,水湿痰饮内停所致。

2. 尿次异常

(1) 小便频数:指排尿次数增多,时欲小便。若新病小便频数,短赤而急迫者,多属膀胱湿热,气化失职所致;若久病小便频数,量多色清,夜间尤甚者,多因肾阳不足,膀胱失约所致。

(2) 癃闭:小便不畅,点滴而出为"癃";小便不通,点滴不出为"闭",两者常合称癃闭,多由肾与膀胱气化不利所致,或与三焦、肺、脾、肝等脏腑的功能失常密切相关。癃闭的病机有虚实之分。因肾之阳气不足,气化无力,津液内停,或脾气虚弱,清浊升降失常,而致开合失司者,属虚证;若因湿热蕴结膀胱,或肺热气壅,或瘀血、结石阻塞下焦而致者,属实证。

3. 排尿感异常

(1) 小便涩痛:指因小便排出不畅而感尿道疼痛,或伴急迫、尿道灼热等。多因湿热下注,膀胱气化不利所致,常见于淋证。

(2) 余沥不尽:又称尿后余沥,是指排尿之后小便仍点滴而下。多因肾气不固,膀胱失约所致,常见于老年或久病体衰者。

(3) 小便失禁:指患者神志清醒,而小便失控而自遗。多属肾气不足,下元不固,或下焦虚寒,膀胱失司所致。若神昏而小便自遗者,属危重病候。

(4) 遗尿:俗称尿床,指睡眠中不自主地排尿,醒后方知。多因肾气不足,膀胱失约所致。

九、问妇女

由于妇女在解剖和生理上的特殊性,对发育成熟期的女性患者,除上述一般问诊的内容之外,应注意询问其月经、带下、妊娠、产育等方面的情况。其中妊娠、产育方面的病变,将在中医妇科学中专篇讨论。妇女在非妊娠期、产育期患病时,一般重点询问月经、带下情况,而对妊娠、产育情况的询问,仅作为个人生活史的内容,目的在于了解其与所患现病的关系。

(一) 问月经

月经是指健康而发育成熟的女子,胞宫周期性出血的生理现象。因其犹如潮汐之有信,每月一次,故又称"月信""月水"等。

健康女子月经第一次来潮,称为初潮,多在 14 岁;月经闭止,称为绝经,多在 49 岁。月经周期一般为 28 日,经期为 3～5 日,每次经量中等(一般为 50～100 毫升),经色正红,经质不稀不稠,不夹血块。在妊娠期及哺乳期一般月经不来潮。由于月经的形成与肾、肝、脾、胞宫、冲任两脉及气血等的关系十分密切,所以,询问月经可以判断机体脏腑功能状况及气血的盛衰。

问月经应注意了解月经的周期,经期,月经的量、色、质,有无经行腹痛、腰痛及其他伴随症状,月经周期是否规律,末次前及末次月经日期,初潮或绝经年龄等,以判断是否存在月经的异常表现。

1. 经期异常

(1) 月经先期:指月经周期提前 7 日以上,并连续提前 2 个月经周期以上者。多因气虚不能摄血,或阳盛血热、肝郁血热、阴虚火旺,以致热扰冲任,血海不宁等所致。

(2) 月经后期:指月经周期延后 7 日以上,并连续错后 2 个月经周期以上者。多因营血亏损、阳气虚衰,无以化血,使血海空虚,不能按时蓄溢;或气滞不行、寒凝血瘀,冲任受阻所致。

(3) 月经先后不定期:指经期不定,月经或提前或延后 7 日以上,并连续 2 个月经周期以上者。多因肝气郁滞,或瘀血阻滞,或脾肾虚损,冲任气血失调,血海蓄溢失常所致。

2. 经量异常

(1) 月经过多:指月经量较常量明显增多而月经周期、经期基本正常者。多因热伤冲任,迫血妄行;或气虚,冲任不固,经血失约;或瘀阻胞络,络伤血溢等所致。

(2) 月经过少:指月经周期基本正常,月经量较常量明显减少,甚至点滴即净。多因精血亏少,或气血两虚,血海失充,或寒凝血瘀,冲任不畅所致。

3. 经色、经质异常　询问经色与经质的改变,有助于判断病性的寒热虚实。经色淡红质稀,多属气虚或血少不荣;经色深红质稠,多属血热内炽;经色紫暗,夹有血块,兼小腹冷痛者,多属寒凝血瘀。

4. 痛经　痛经是指正值经期或行经前后,出现周期性小腹疼痛,或痛引腰骶,甚至剧痛难忍者。对痛经的辨析应结合疼痛的性质、特点及时间等进行综合分析。若经前或经期小腹胀痛,经血排出不畅,多属气滞;经期小腹刺痛,经血中夹有紫暗色血块,多属血瘀;若经期小腹冷痛,得温痛减者,多属寒凝或阳虚;经期或经后小腹隐痛,喜按揉者多属气血两虚,胞脉失养所致。

5. 崩漏　崩漏是指非行经期间,阴道内忽然大量出血,或持续下血,淋漓不止者。一般来势急,出血量多者称为"崩"(也称血崩);来势缓,出血量少,淋漓不止者称为"漏"(也称漏下)。崩与漏在病势上虽有缓急之分,但两者常可相互转化,交替出现,故临床有"崩为漏之甚,漏为崩之渐"之说,故两者常以崩漏统称。

崩漏属妇科常见病、疑难病。多因血热、血瘀、脾虚、肾亏等以致热伤冲任,迫血妄行;或瘀阻冲任,血不归经;或脾肾亏虚,冲任不固而形成。临床应结合出血的量、色、质,以及病程的长短、有关兼症等加以综合判断。

6. 闭经　闭经是指女子年逾 18 周岁,月经尚未来潮;或正常月经周期建立后,月经停止 6 个月以上,或按自身原有月经周期,停止 3 个周期以上者。妊娠期、哺乳期或绝经期月经停闭,属生理现象;部分少女初潮后,偶尔出现月经停闭,而无其他不适反应者,无病理意义,不作闭经论治。

病理性闭经,多因脾肾亏损,冲任气血不足,血海空虚;或气滞、寒凝而血瘀,或痰湿阻滞胞宫,胞脉不通所致。

(二) 问带下

妇女阴道内的一种少量白色透明、无臭的分泌物,为生理性带下,具有润泽阴道、防御外邪入侵的作用。若带下量多,淋漓不断,或伴有颜色、质地、气味等异常改变者,称为病理性带下,即"带下病"。妇女在月经期前后、排卵期或妊娠期,带下量略有增加,属生理现象。

询问带下时,应注意带下量的多少、色、质和气味等情况。

1. **白带**　带下色白、量多、质稀、少臭者,多属脾肾阳虚,寒湿下注所致;带下色白、质稠、状如凝乳,或呈豆腐渣状,气味酸臭,伴阴部瘙痒者,多属湿浊下注所致。

2. **黄带**　带下色黄、质黏、气味臭秽者,多属湿热下注所致。

3. **赤白带**　白带中混有血液,赤白杂见者,多因肝经郁热,或湿热下注所致。

此外,中老年妇女带下五色杂现,淋漓不断,伴气味臭秽异常者,多属湿热毒邪下注所致,预后不良。

十、问男子

由于男子在解剖和生理上的特殊性,对发育成熟期的男性患者,除上述一般问诊的内容之外,应注意询问其有无阴茎勃起、排泄精液等方面的异常情况。常见阴茎勃起异常者有阳痿、阳强;精液排泄异常有不射精、遗精、早泄等。

1. **阳痿**　指男子阴茎不能勃起,或勃起不坚,或坚而不久,致使不能进行房事的病症。阳痿可分虚实:虚证多因房劳过度,思虑劳心,抑郁太过而致;实证多因情志不遂,邪气内停,阻滞宗筋而成。若阳痿而伴面色淡白、畏寒肢冷、腰膝酸软者,为肾阳不足,命门火衰所致;伴有面色无华、心悸少寐、倦怠食少、神疲乏力者,为心脾两虚所致;伴有抑郁寡欢,或急躁易怒、善太息、胁肋胀闷、脉弦者,为肝气郁结所致;伴有小便灼热,或滴白浑浊、少腹不适、睾丸抽痛者,为湿热下注;继发于跌仆金刃等外伤,或盆腔、会阴部手术,并伴有少腹、睾丸局部刺痛,舌紫暗者,属瘀血阻络所致。

2. **阳强**　指阴茎异常勃起,久举不衰的病症。阳强而胀痛剧烈,伴急躁易怒、胁肋胀痛、口苦心烦者,为肝火内扰所致;阳强而疼痛较轻,勃起持续时间较短,伴有性欲亢进、头晕耳鸣、潮热盗汗、腰膝酸软者,为肝肾阴虚,相火妄动所致。

3. **遗精**　指不经性交,而精液自行遗泄的病症。有梦而遗,称为梦遗;无梦而遗,甚至清醒时精液自流者,称为滑精。

遗精频作,甚至滑精,伴有头昏目眩,耳鸣腰酸者,为肾气虚损,精关不固所致;阳强易举,梦中遗精,伴有夜寐不安,五心烦热,心悸怔忡者,属于心肾不交,阴虚火旺所致;有梦而遗,伴有面白无华,心悸气短,失眠健忘者,为心脾两虚所致;遗精频作,或有梦而遗,伴有尿时有精液流出,或小便赤涩不畅,或阴部潮湿发痒者,多属湿热下注所致。

成年未婚男子,或婚后夫妻分居者,一个月遗精1~2次,次日无明显不适或其他异常表现者,属生理性溢精。

4. **早泄**　指性交时间极短即精液自泄,不能正常进行房事的病症。

早泄,一般多属虚证,病位常责之于肾。早泄伴有腰膝酸软或冷痛,神疲乏力,舌淡,脉沉弱,两尺尤甚者,属肾之阳气不足所致;早泄伴有阳事易兴、虚烦不寐、腰膝酸软、潮热盗汗者,属肝肾阴虚,相火妄动所致。

十一、问小儿

儿科古称"哑科",问诊比较困难,医生主要通过询问陪诊者,获得有关疾病的资料。小儿在生理上具有脏腑娇嫩、生机蓬勃、发育迅速的特点;在病理上具有发病较快、变化较多、易虚易实的特点。因此,问小儿除问诊一般内容外,还要结合小儿的生理病理特点,着重询问以下几个方面。

(一) 出生前后情况

新生儿(出生后~1个月)的疾病,多与先天因素或分娩情况有关,故应着重问妊娠期及产育期母亲的营养健康状况,如有何疾病,曾服何药,分娩时是否难产、早产等。

婴幼儿(1个月~3周岁),发育较快,需要充足的营养供给,但其脾胃功能又较弱,如喂养不当,易患营养不良、腹泻以及"五软""五迟"等病。故应重点询问喂养方法及坐、爬、立、走、出牙、学语的迟早等情况,从而了解小儿后天营养状况和生长发育是否符合规律。

(二) 预防接种、传染病史

小儿6个月~5周岁之间,从母体获得的先天免疫力逐渐消失,而后天的免疫功能尚未形成,故易患水痘、麻疹等急性传染病。预防接种可帮助小儿建立后天免疫功能,以减少感染发病。患过某些传染病,如麻疹,常可获得终身免疫力。若密切接触传染病患者,如水痘、丹痧等,常可引起小儿感染患病。

(三) 发病原因

小儿脏腑娇嫩,抵抗力弱,调节功能低下,易受气候及环境影响而发病。如易感受六淫之邪而导致外感病,出现发热恶寒、咳嗽、咽痛等症;小儿脾胃薄弱,消化力差,极易伤食,而出现呕吐,泄泻等症;婴幼儿脑神经发育不完善,易受惊吓,而见哭闹、惊叫、惊风等。故了解小儿发病原因,应注意围绕上述情况进行询问。

此外,还应注意询问有无家族遗传病史。

(李杰,方朝义,马维骐)

第四章 切 诊

> **导学**
>
> 本章主要介绍脉诊的概念、方法，正常脉象的特征，28种常见病脉的脉象特征及临床意义，相兼脉及其主病规律，脉诊的临床运用及意义；按诊的方法、常见异常表现及其临床意义。
>
> **本章学习重点**：正常脉象的特征，28种常见脉象的特征及临床意义。
>
> **本章学习要求**：
>
> （1）掌握正常脉象的特征，28种常见病脉的脉象特征及临床意义。
>
> （2）熟悉脉诊的概念、方法，相似脉的鉴别比较，相兼脉及其主病规律，脉诊的临床运用及意义；熟悉按诊的方法和意义，按肌肤、按手足、按胸胁、按脘腹、按腧穴的方法、常见异常表现及其临床意义。
>
> （3）了解妇人、小儿脉诊的方法和特点。

切诊是医生用手对患者体表某些部位进行触、摸、按、压，从而获得病情资料的一种诊察方法。切诊可分为脉诊和按诊两部分：脉诊是切按患者某些部位的脉搏；按诊是对患者的肌肤、手足、胸腹及其他部位进行触摸按压。古代切诊主要指脉诊，而按诊较为简略。

第一节 脉 诊

一、脉诊概说

脉诊是医生用手指切按患者的脉搏，感知脉动应指的形象，以了解病情、判断病证的诊察方法。中医脉学理论渊深博奥，脉诊操作简便易行，是中医诊断学中独具特色的一种诊断方法。

传统脉诊是凭借医生手指的灵敏触觉来体会分辨。因此，学习脉诊既要掌握脉学的基本理论、基本知识，又要掌握诊脉的基本技能，勤于实践，悉心体会，才能做到心里明了，指下易辨。

（一）脉象形成的原理

脉象是脉动应指的形象。脉象的形成与心脏的搏动、脉道的通利和气血的盈亏直接相关。人体的血脉贯通全身，内连脏腑，外达肌表，运行气血，周流不休，故脉象能反映全身脏腑和精气神的整体状况。

1. **心脏搏动是形成脉象的动力** 心主血脉,心脏搏动以推动血液在脉管内正常运行,从而形成脉的搏动。因此,心脏搏动是形成脉象的动力。而心脏的搏动和血液在血管中的运行均由心气所主宰,并为宗气所推动。如《灵枢·邪客》所云:"宗气积于胸中,出于喉咙,以贯心脉而行呼吸焉。"

2. **气血运行是形成脉象的物质基础** 脉管是气血运行的通道。心脏搏动的强弱、节律赖于气的调节,血液的运行赖于气的推动;而血为气的载体,脉管自身亦需要血液的润养才能维持其功能。因此,气血在脉管内运行是脉象形成的物质基础,脉象亦可在一定程度上反映气血的状况。例如,气血充足,则脉象和缓有力;气血不足,则脉象细而无力;气滞血瘀,则脉象往来不畅而表现为涩。

3. **五脏协同是脉象正常的保证** 血液能在脉管中运行不息,流布全身,除了心脏的主宰、推动作用外,还必须有其他四脏的协调、配合。肺主气,司呼吸,肺脏通过"朝百脉"参与宗气的生成而调节全身气血的运行,即具有"助心行血"的功能。脾胃受纳、运化水谷精微,为气血生化之源,决定着脉象"胃气"的多少;脾主统血,保障血液在脉管内循行而不溢于脉外。肝藏血,主疏泄,既能调节循环血量,又可促使气血运行畅通无阻。肾藏精,为元阴、元阳之根,也是脉象之根;而肾精可以化血,又是血液的重要来源。可见,正常脉象的形成,有赖于五脏功能的协同、配合。

(二)诊脉的部位和方法

1. **诊脉的部位** 诊脉可按部位分为遍诊法、三部诊法和寸口诊法。自晋代以来主要用寸口诊法,遍诊法和三部诊法已较少采用,只在危急的病证及两手寸口无脉时,才配合使用。

(1)遍诊法:遍诊法即《黄帝内经》三部九候诊法。切脉的部位有头、手、足三部,每部又各分

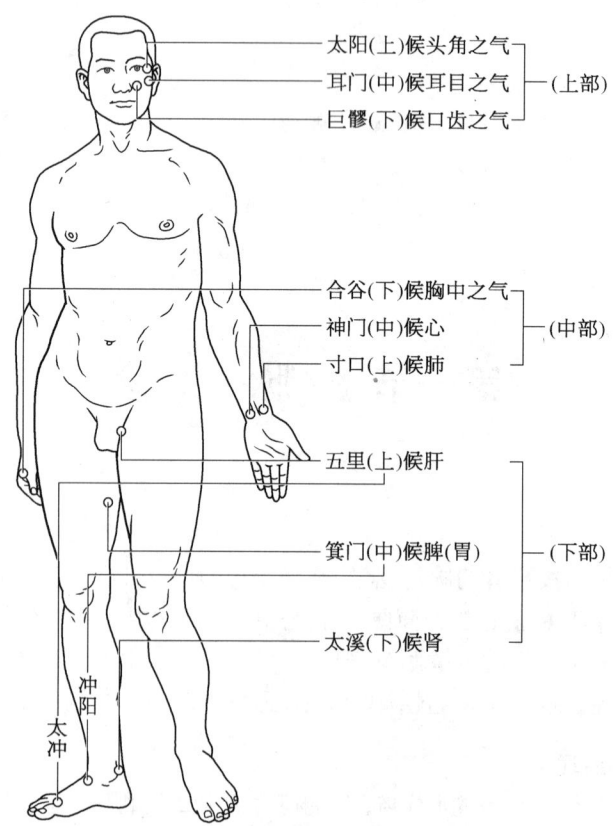

图4-1 三部九候遍诊法诊脉部位

天、地、人三候,合而为九,故称为三部九候诊法(图4-1)。《素问·三部九候论》曰:"人有三部,部有三候,以决死生,以处百病,以调虚实,而除邪疾。"这是一种古老的诊脉方法。

(2) 三部诊法:三部诊法首见于汉代张仲景《伤寒论》,即诊人迎、寸口、趺阳三脉。其中,以寸口候十二经,以人迎、趺阳分候胃气,也有去趺阳,加太溪脉,以候肾气者。

(3) 寸口诊法:寸口又称气口或脉口,其位置在腕后高骨(桡骨茎突)内侧桡动脉所在部位(图4-2)。寸口诊法,始见于《黄帝内经》,详于《难经》,发扬于晋代王叔和的《脉经》。

诊脉独取寸口的原理,一是寸口脉为手太阴肺经原穴太渊所在之处,十二经脉之气汇聚于此,故称为"脉之大会",因而寸口脉气能够反映五脏六腑的气血状况;二是手太阴肺经起于中焦,与脾胃之气相通,因此在寸口可以观察胃气的强弱,进而推测全身脏腑气血之盛衰;三是寸口在腕后,此处肌肤薄嫩,脉易暴露,切按方便。

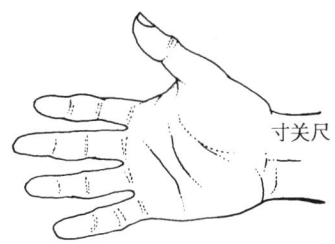

图4-2 寸口诊法之寸关尺部位

每侧寸口又分寸、关、尺三部,两手合而为六部脉。《难经》将寸口的寸、关、尺三部,又各分浮、中、沉三候,这就是寸口诊法的三部九候,与遍诊法的三部九候名同而实异。

寸、关、尺分候脏腑首见于《黄帝内经》,所叙述的内容为:

左寸外以候心,内以候膻中;右寸外以候肺,内以候胸中。

左关外以候肝,内以候膈;右关外以候胃,内以候脾。

左尺外以候肾,内以候腹中;右尺外以候肾,内以候腹中。

后世对寸、关、尺分候脏腑,多以《黄帝内经》为依据而略有变更,可参见表4-1。

表4-1 寸口分候脏腑学说比较表

学说来源	寸		关		尺		说　明
	左	右	左	右	左	右	
《难经》	心	肺	肝	脾	肾	肾	大小肠配心肺是表里相属。右肾属火,故命门亦候于右尺
	小肠	大肠	胆	胃	膀胱	命门	
《脉经》	心	肺	肝	脾	肾	肾	
	小肠	大肠	胆	胃	膀胱	三焦	

必须指出,寸口部寸关尺分配脏腑,其所候的是五脏六腑之气,而不是脏腑之脉出于何部。

2. 诊脉的方法和注意事项

(1) 时间:《黄帝内经》认为清晨是诊脉的最佳时间,因为清晨尚未饮食及活动,阴阳未动,气血未乱,经络调匀,故容易诊得患者的真实脉象。说明诊脉时要求患者要处于平静的内外环境之中。

诊脉的操作时间,每手不少于1分钟,以3分钟左右为宜。诊脉时,医生的呼吸要自然均匀,用自己一呼一吸的时间去计算患者脉搏的次数,此即平息。此外,医生必须全神贯注,仔细体会,才能识别指下的脉象。

(2) 体位:患者取坐位或正卧位,手臂放平与心脏近于同一水平,直腕,手心向上,并在腕关节背部垫上脉枕,以便于诊脉。

(3) 指法：医生面对患者，一般来说，以左手切按患者的右手，以右手按患者的左手。

1) 定位：下指诊脉时，首先用中指定关，即医生用中指按在患者掌后高骨内侧关脉部位，接着用示指按关前的寸脉部位，环指按关后的尺脉部位。小儿寸口部位甚短，一般多用一指定关法诊脉，即用拇指统按寸、关、尺三部脉。

2) 布指：三指呈弓形，指端平齐，以指尖与指腹交界处的指目按触脉体，因指目感觉较灵敏。布指疏密合适，要和患者的身长相适应，身高臂长者，布指宜疏，身矮臂短者，布指宜密。

3) 单按与总按：三指平布，同时用力按脉，称为总按。目的是总体体会三部九候脉象。分别用一指单按其中一部脉象，重点体会某一部脉象特征，称为单按。临床上总按、单按常配合使用。

4) 举、按、寻：这是诊脉时运用指力的轻重和手指的挪移，以探索、辨别脉象的指法。用指轻按在皮肤上称为举，又称为浮取或轻取；用指重按在筋骨间，称为按，又称为沉取或重取；指力从轻到重，从重到轻，左右前后推寻，以寻找脉动最明显的特征，称为寻。诊脉时应细心体会举、按、寻之间的脉象变化。

(三) 脉象要素

中医脉象名目繁多，而不同类型的兼脉则更难以计数，况且历代医家对一些脉象的理解和描述还存在差异，这更增加了脉诊的难度。所以历来就有主张将脉象分纲别类地论述，以期达到执简驭繁的目的。

脉象要素通常以位、数、形、势四个方面进行分析归纳，以四个要素统括28脉。正如晚清医家周学海在《脉简补义·诊法直解》中所说："盖求明脉理者须将位、数、形、势讲得真切，便于百脉无所不赅，不必立二十八脉之名也。"后世医家在此基础上也有提出五个要素的，即位、数、形、势、律。

脉位是指脉动部位的浅深；脉率是指脉搏频率的快慢；脉形是指脉动的形状和性状，具体是指脉形的粗细、长短，脉的硬度及脉搏往来的流利度；脉势是指脉搏应指的强弱，与脉的硬度和流利度也相关；脉律是指脉动周期间隔时间的规律性。近代通过对脉学文献的深入理解和实验研究的总结，将构成各种脉象的主要因素，可大致归纳为脉象的部位、至数、长度、宽度、力度、流利度、紧张度、均匀度八个方面。这些特征的不同程度变化的组合，就表现为各种不同的脉象形态。

了解了脉象的五个要素和八个方面的特征，将有助于掌握平脉及病脉的脉形特点，学会在比较中识别各种脉象。

脉位：指脉动显现部位的浅深。脉位表浅为浮脉，脉位深沉为沉脉。

至数：指脉搏的频率。中医以一个呼吸周期为脉搏的计量单位，一呼一吸为一息。一息脉来四或五至为平脉，一息不足四至为迟脉，一息六至以上不足七至为数脉。

脉长：指脉动应指的轴向范围长短。脉动范围超越寸关尺三部者为长脉，应指不及寸、尺两部，但见关部或寸部者为短脉。

脉力：指脉搏的强弱。脉搏应指有力为实脉，应指无力为虚脉。

脉宽：指脉动应指的径向范围大小，即手指感觉到脉道的粗细（不等于血管的粗细）。脉道宽大见洪脉，狭小见细脉等。

流利度：指脉搏的流利通畅程度。脉来流利圆滑者为滑脉，艰难不流利者为涩脉。

紧张度：指脉道的紧急或弛缓程度。脉道绷紧为弦脉，弛缓为缓脉。

均匀度：包括两个方面，一是脉动节律是否均匀；二是脉搏力度、大小是否一致。

掌握上述几个主要因素，就能执简驭繁，知常识变，逐步学会辨识各种脉象。

二、正常脉象

平脉，就是正常人的脉象。《素问·平人气象论》说："人一呼脉再动，一吸脉亦再动，呼吸定息，脉五动，闰以太息，命曰平人，平人者不病也。"

（一）平脉的形态特征

平脉的形态是三部有脉，一息四或五至（相当于每分钟 60～90 次），不浮不沉，不大不小，从容和缓，柔和有力，节律一致，尺脉沉取有一定力量，并随生理活动和气候环境的不同而有相应变化。

（二）平脉特点

平脉的特点是有胃、有神、有根。

脉有胃气：《素问·平人气象论》曰："人以水谷为本，故人绝水谷则死。脉无胃气也死。"胃为水谷之海，后天之本。人有胃气则生，少胃气则病，无胃气则死；脉亦以胃气为本，充则健，少则病，无则亡。张景岳《类经·素问平人气象论》释："无太过，无不及，自有一种雍容和缓之状者，便是胃气之脉。"综合古人论述，脉象从容、和缓、流利，是有胃气的基本特征。即使是病脉，不论浮沉迟数，但有徐和之象，便是有胃气。

脉贵有神：心主血而藏神，脉为血之府，血、脉为神之基，神为血、脉之用，因此健康人的脉象必然有神。陈士铎《脉诀阐微·辨脉论》曰："按指之下，若有条理，先后秩然不乱者，此有神之至也；若按指而充然有力者，有神之次也；其余按指而微微鼓动者，亦谓有神。"可见脉象有神的主要表现是柔和有力，节律整齐。即使脉现弱象，不至于散乱而完全无力为有神；弦实的脉，弦实之中仍带有柔和之象的为有神。神以精气为物质基础，故诊神之有无，可察精气之盛衰。

脉贵有根：肾为先天之本，元阴、元阳之所藏，是人体脏腑组织功能活动的原动力。肾气充足，反映于脉象必根基坚实。《难经·十四难》曰："人之有尺，树之有根，枝叶虽枯槁，根本将自生，脉有根本，人有元气，故知不死。"诊脉根之有无，可察肾气之盛败，亦知疾病之预后。脉象有根主要表现为沉取应指有力，尺部尤显。病虽重，尺脉尚滑实有力，提示肾气犹存，还有生机。因此，诊察脉象根之有无，可测知肾精的盈亏和肾气的盛衰。

总之，脉象之有胃气、有神、有根是正常脉象所必备的要素。由于生理上的联系，脉之有胃气、有神、有根是不可分割，相互包含的。无论何种脉象，只要有力之中不失柔和，和缓之中不失有力，节律整齐，尺部应指，就是有胃气、有神、有根的表现，脉属正常，或虽患病，精气未败，生机犹存，预后尚好。

（三）平脉的生理变异

平脉随人体内外因素的影响而有相应的生理性变化。《医宗必读·脉法心参》说："酒后之脉常数，饮后之脉常洪，远行之脉常疾，久饥之脉常空，室女尼姑多濡弱，婴儿之脉常七至。"可见不同的生理状态对脉象的影响是很显著的，诊脉时应考虑这一点。

1. **四季气候**　外界环境的变化时时影响着机体的生理活动。人体适应这种变化的生理性调节又可以反映在脉象上。故平人应四时，而有春微弦、夏微洪、秋微浮、冬微沉的脉象变化。因为春季阳气初升，寒未尽除，气机有约束之象，故脉稍弦；夏天阳气隆盛，脉气来势盛而去势衰，故脉稍洪；秋天阳气欲敛，脉象洪盛已减，轻浮如毛，故脉稍浮；冬天阳气潜藏，脉气沉而搏指。此为应时之脉，属无病，反此则病。

2. **地理环境** 地理环境也能影响脉象。南方地势低下,气候温热、潮湿,人体肌腠疏松,故脉多细软或略数;北方地势高峻,空气干燥,气候偏寒,人体肌腠紧缩,故脉多沉实。

3. **性别** 性别不同,则体质有差异,脉象亦不同。妇女脉象较男子偏弱而略快,妊娠期脉常见滑数而冲和。

4. **年龄** 年龄越小,脉搏越快,婴儿每分钟脉搏约120次;五六岁的幼儿,每分钟脉搏90~110次;年龄渐长则脉象渐和缓。青年体壮脉搏有力;老人气血虚弱,精力渐衰,脉搏较弱。儿童脉象较软;老人脉多兼弦。

5. **体格** 身躯高大的人,脉的显现部位较长。矮小的人,脉的显现部位较短。瘦人肌肉薄,脉常浮;肥胖的人,皮下脂肪厚,脉常沉。运动员脉多缓而有力。凡常见六脉沉细等同,而无病象的,称为六阴脉;六脉常见洪大等同,而无病象的,称为六阳脉。

6. **情志** 一时性的精神刺激,也可引起脉象变化,如怒伤肝可导致脉象弦等。当情志恢复平静之后,脉象也恢复正常。

7. **劳逸** 剧烈运动和远行之后,脉多急疾;入睡之后,脉多迟缓;脑力劳动之人,脉多弱于体力劳动者。

8. **饮食** 饭后、酒后脉多数而有力;饥饿时脉象稍缓而少力。

此外,少数人脉不见于寸口,而从尺部斜向手背,名为斜飞脉;若脉出现在寸口的背侧,名为反关脉;还有出现于腕部其他位置的,都是生理变异的脉位,即桡动脉解剖位置的变异,不属病脉。

三、常见脉象及其临床意义

在脉学发展过程中,由于医生对脉象的体会不同,而且对脉象命名也不一致,以致脉象的名称繁多。《黄帝内经》记载脉象21种,我国最早的脉学专书《脉经》提出24种脉象,《濒湖脉学》提出27种,李士材的《诊家正眼》又增加疾脉,故近代多从28种脉论述。脉象的辨别是通过位、数、形、势四个方面来体察,具体地说,是通过脉象的部位、至数、长度、宽度、力度、流利度、紧张度、均匀度八个方面来辨识的。如浮、沉是脉位的不同,迟、数是至数的不同,虚、实是力量强弱(气势)的不同。有些脉象是数个方面相结合而成的,如洪、细则是形态和气势的不同。

(一) 脉位分类

1. 浮脉

【脉象特征】 举之有余,按之不足。

浮脉脉位表浅,轻取即得,重按至筋骨反而稍减。清代黄蕴兮《脉确·浮》云:"浮脉轻手得,如木水中浮。"

【临床意义】 主表证,亦主虚证。

【机制分析】 邪袭肌腠,卫阳抵抗外邪,则脉气鼓动于外,应指而浮。但久病体虚,也有见浮脉的,多浮大无力,不可误作外感论治。如《濒湖脉学·浮(阳)》曰:"久病逢之却可惊。"

生理性浮脉可见于形体消瘦、脉位表浅者。夏秋之时阳气升浮,也可见浮脉。

2. 散脉

【脉象特征】 浮散无根,稍按则无。

散脉脉位浮浅,脉形散乱,脉力软弱,节律不齐。《素问·大奇论》谓:"脉至如散叶。"

【临床意义】 主元气离散,脏腑之气将绝。

【机制分析】 气虚血耗,阴阳不敛,元气耗散,脉气不紧,故举之浮散而不聚,重按则无,漫无根蒂,故《濒湖脉学·散(阴)》有"散似杨花散漫飞,去来无定至难齐"之说,表示正气耗散,为脏腑之气将绝的危候。

3. 芤脉

【脉象特征】 浮大中空,如按葱管。

芤脉脉位浮,脉形大,按之中空,脉势无力。《濒湖脉学·芤(阳中阴)》云:"芤形浮大软如葱,边实须知内已空。"

【临床意义】 主失血、伤阴。

【机制分析】 因突然失血过多,血量骤减,营血不足,无以充脉,或津液大伤,血不得充,血失阴伤则阳无所附而散于外,故见芤脉。

4. 沉脉

【脉象特征】 举之不足,按之有余。

沉脉脉位深沉,位于皮下筋骨,轻取不应,重按始得。如《濒湖脉学·沉(阴)》载:"沉脉,重手按至筋骨乃得(《脉经》)。"

【临床意义】 主里证。

【机制分析】 邪郁于里,气血内困,则脉沉而有力;若脏腑虚弱,正气不足,阳虚气陷,不能升举,脉气鼓动无力,故脉沉而无力。

生理性沉脉可见于肥胖之体、脉道深沉者。

5. 伏脉

【脉象特征】 脉位深沉,推筋按骨始得,甚则伏而不见。

伏脉脉位较沉脉更深,重按着骨方可应指,甚至伏而不现。《脉经·脉形状指下秘诀第一(二十四种)》云:"伏脉,极重指按之,着骨乃得。"

【临床意义】 主邪实内闭之厥证、痛极或气血虚损。

【机制分析】 邪气内伏,脉气不得宣通,脉道潜伏不显,则脉伏而有力;若气血虚损,阳气欲绝,不能鼓脉于体表,则脉伏而无力。

6. 牢脉

【脉象特征】 脉形沉而实大弦长,轻取、中取均不应,沉取始得,坚着不移。

牢脉脉位深沉,脉形大而体长,应指实强有力。《濒湖脉学·牢(阴中阳)》曰:"牢脉,似沉似伏,实大而长,微弦。"

【临床意义】 主阴寒内实、疝气癥瘕。

【机制分析】 因阴寒内积,阳气沉潜于下所致。牢脉主实,有气血之分:癥(或积),是实在血分;瘕(或聚)、疝气,是实在气分。

(二) 脉率分类

1. 迟脉

【脉象特征】 脉来迟慢,一息不足四至。

迟脉脉率怠慢。《景岳全书·脉神章》曰:"迟脉,不足四至者,皆是也。"

【临床意义】 主寒证,亦主里实热证。

【机制分析】 寒凝气滞,阳失健运,故脉象见迟,迟而有力为冷积实证;迟而无力,多属虚寒。

脉迟不可概认为寒证,如邪热结聚,阻滞血脉流行,也可见迟脉,但迟而有力,按之必实,如伤寒阳明病脉迟可下之类。所以临证当脉症合参。

生理性迟脉可见于久经锻炼的运动员,脉迟而有力。

2. 缓脉

【脉象特征】 一息四至,缓怠松弛。

缓脉脉率稍慢于正常脉而快于迟脉,且有松弛之象。

【临床意义】 主湿病,亦主脾胃虚弱。

【机制分析】 湿性黏滞,气机为湿所困,或脾胃虚弱,气血不足以充盈鼓动,故脉见缓怠无力,弛纵不鼓。有病之人脉转和缓,是正气恢复之征。

3. 数脉

【脉象特征】 脉来急数,一息五六至。

数脉脉率增快。《景岳全书·脉神章》云:"数脉五至六至以上。"

【临床意义】 主热证,亦主阳虚外浮。

【机制分析】 邪热亢盛,气血运行加速,故见数脉,必数而有力;久病阴虚,虚热内生,脉也见数,但数而无力;若阳虚外浮而见数脉,则数大而无力,按之豁然而空。

生理性数脉可见于儿童和婴儿。正常人在运动和情绪激动时,脉率也加快。

4. 疾脉

【脉象特征】 脉来急疾,一息七八至。

疾脉脉率疾数,比数脉更快。《诊家枢要·脉阴阳类成》曰:"疾,盛也,快于数而疾,呼吸之间脉七至。"

【临床意义】 主阳亢阴竭,元气将脱。

【机制分析】 伤寒、温病在热极时往往有疾脉,疾而按之益坚是阳亢无制,真阴垂危之候。

生理性疾脉可见于剧烈运动后,婴儿脉来一息七至也是平脉,不作疾脉论。

(三) 脉宽度分类

1. 洪脉

【脉象特征】 脉来浮大,充实有力,状若波涛汹涌,来盛去衰。

洪脉脉位浮浅,脉形宽大,应指有力,状若波涛来盛去衰。《脉经·脉形状指下秘诀第一(二十四种)》曰:"洪脉,极大,在指下。"

【临床意义】 主气分热盛。

【机制分析】 内热充斥,脉道扩张,气盛血涌,故脉见洪象。

生理性洪脉可见于夏季。因夏季阳气亢盛,脉象稍显洪大。

附:大脉

大脉脉体宽大,但无脉来汹涌之势。《诊宗三昧·师传三十二则》云:"大脉者,应指满溢,倍于寻常。"大脉的出现提示病情加重。脉大而数实为邪实;脉大而无力则为正虚。

大脉可见于健康人,其特点为脉大而和缓、从容,寸口三部皆大,为体魄健壮之征象。

2. 细脉(小脉)

【脉象特征】 脉细如线,但应指明显。

细脉又称小脉,其特征为脉形细小,但应指尚明显。《濒湖脉学·细(阴)》谓:"细脉,小于微而常有,细直而软,若细丝之应指。"

【临床意义】 主气血两虚、诸虚劳损,亦主湿病。

【机制分析】 营血亏虚不能充盈脉道,气虚则无力鼓动血液运行,故脉体细小而软弱无力;湿邪阻遏脉道,气血运行不利,也见细脉;若温热病神昏谵语而见细数脉,为热入营血或邪陷心包之证。

生理性细脉可见于冬季,因寒冷刺激,脉道收缩,故脉象偏于沉细。

(四) 脉长度分类

1. 长脉

【脉象特征】 脉形长,首尾端直,超过本位。《医碥·四诊》云:"溢出三指之外为长。"

长脉脉形长,应指范围超过寸、尺两部,脉体较长。向前超逾寸部者称为溢脉,向后超逾尺部者称为覆脉。

【临床意义】 主阳盛内热。

【机制分析】 阳亢、热盛、痰火内蕴等,使气逆壅盛,脉道充实,故脉象长而满溢,超过尺寸。

生理性长脉可见于正常人。脉长而和缓,是中气充足,升降流行畅通,气血都无亏损的脉象,即所谓"长则气治"。

2. 短脉

【脉象特征】 首尾俱短,不及三部。

短脉脉形短,应指范围不足本位,只出现在寸或关部,尺脉常不显。《医碥·四诊》云:"歉于三指之中为短。"

【临床意义】 主气虚、气郁。

【机制分析】 气虚不足,无力鼓动血行,气血难以充盈脉道,故脉短而无力;气郁则气机不畅,脉气不能伸展,脉必短而有力。"短则气病",可根据脉之无力有力辨气之虚实。

(五) 脉力度分类

1. 虚脉

【脉象特征】 三部脉举之无力,按之空虚。

虚脉脉势软弱,三部九候皆无力。《脉经·脉形状指下秘诀第一(二十四种)》云:"虚脉,迟大而软,按之不足,隐指豁豁然空。"

【临床意义】 主虚证。

【机制分析】 气不足以运其血,故脉来无力;血不足以充于脉,则脉道空虚,故虚脉包括气血两虚及脏腑诸虚。

2. 弱脉

【脉象特征】 极软而沉细。

弱脉脉位沉,脉形细,脉势无力。《脉经·脉形状指下秘诀第一(二十四种)》曰:"极软而沉细,按之欲绝指下。"

【临床意义】 主气血俱虚、阳虚。

【机制分析】 血虚脉道不充,则脉细;阳气虚无力鼓动于脉,则脉沉软。病后正虚,见脉弱为顺;新病邪实,见脉弱为逆。

3. 微脉

【脉象特征】 极细极软,按之欲绝,若有若无。

微脉脉形细小,脉位深沉,脉力软弱。《脉诀刊误·八里》云:"微者阴也,寻之若有若无,曰微。"

【临床意义】 主气血大虚,阳气衰微。

【机制分析】 阳衰气微,无力鼓动,故见微脉。如《诊宗三昧·师传三十二则》曰:"微为阳气衰微之脉。"轻取之似无是阳气衰;重按之似无是阴气竭。久病脉微,是正气将绝;新病脉微主阳气暴脱。

4. 实脉

【脉象特征】 三部脉举、按均有力。

实脉脉势满实,三部九候皆有力。《濒湖脉学·实(阳)》曰:"应指无虚幅幅强。"

【临床意义】 主实证。

【机制分析】 邪气亢盛而正气不虚,正邪相搏,气血壅盛,脉道坚满,故应指有力。

(六)脉流利度分类

1. 滑脉

【脉象特征】 往来流利,如珠走盘,应指圆滑。

滑脉脉形圆滑,应指流畅,仅为流利度改变。《诊家正眼·滑脉(阳中之阴)》云:"滑脉替替,往来流利,盘珠之形,荷露之义。"

【临床意义】 主痰饮、食滞、实热。

【机制分析】 实邪壅盛于内,气实血涌,故脉往来甚为流利,应指圆滑。

生理性滑脉可见于妊娠妇女,是气血充盛而调和的表现。正常人脉滑而冲和,是营卫充实之象。

2. 动脉

【脉象特征】 脉形如豆,厥厥动摇,滑数有力。关部尤为明显,且动摇不定。

动脉脉形短而滑,脉率数,脉势有力。《脉经·脉形状指下秘诀第一(二十四种)》云:"动脉见于关上,无头尾,大如豆,厥厥然动摇。"

【临床意义】 主痛、惊。

【机制分析】 痛则阴阳不和,气为血阻;惊则气血紊乱,脉行躁动不安,阴阳相搏,升降失和,使其气血冲动,故脉道随气血冲动而呈滑数有力,气为血阻,故脉体较短。

3. 涩脉

【脉象特征】 脉细而迟,往来艰涩不畅,如轻刀刮竹。

涩脉脉形细小,往来涩滞不畅,脉位较浅,脉律三五不均。李时珍称之为"病蚕食叶慢而艰"。

【临床意义】 主伤精、血少,亦主气滞血瘀、痰食内停。

【机制分析】 精亏血少,不能濡养经脉,血行不畅,脉气往来艰涩,故脉涩而无力;气滞血瘀或痰食胶固,气机不畅,血行受阻,则脉涩而有力。

(七)脉紧张度分类

1. 弦脉

【脉象特征】 端直以长,如按琴弦。

弦脉脉形长直,搏指较硬,为紧张度改变之脉。《素问·玉机真藏论》载:"端直以长。"

【临床意义】 主肝胆病、诸痛、痰饮、疟疾,亦主虚劳、胃气衰败。

【机制分析】 肝主疏泄,调畅气机,以柔和为贵。邪气滞肝,疏泄失常,气机不利,诸痛并发,或生痰饮阻滞气机,脉气因而紧张,故出现弦脉。张仲景云:"疟脉自弦。"虚劳内伤,中气不足,肝病乘脾,亦常见弦脉;若弦而细劲,如循刀刃,便是胃气全无,病多难治。

生理性弦脉可见于春季,应自然界生发之气,故脉象弦而柔和。老年人阴血不足,血脉失于濡养而失柔和之性,亦可见弦脉。

2. 紧脉

【脉象特征】 脉来紧张,状如牵绳转索。

紧脉搏指有力。《诊家正眼·紧脉(阴中之阳)》云:"紧脉有力,左右弹人,如绞转索,如切紧绳。"

【临床意义】 主寒证、痛证、宿食。

【机制分析】 寒邪侵袭人体,寒性收引,以致脉道紧张而拘急,故见紧脉。寒邪在表,脉见浮紧;寒邪在里,脉见沉紧。剧痛、宿食之紧脉,也是寒邪积滞与正气相搏的缘故。

3. 革脉

【脉象特征】 浮而弦硬,中空外坚,如按鼓皮。

革脉脉位浮浅,脉形坚硬,重按则豁然空虚。《濒湖脉学·革(阴)》曰:"革脉,弦而芤,如按鼓皮。"

【临床意义】 主精血亏虚。

【机制分析】 由于正气不固,精血不藏,则气无所恋而浮越于外,以致脉来如按鼓皮,外强中干。临床常见亡血、失精、半产、漏下,如老年人出血可见革脉。

4. 濡脉

【脉象特征】 浮而细软,搏动力弱,不任重按,按之则无。

濡脉脉位浅,脉形细,脉势无力。《脉诀刊误·八里》曰:"濡者阴也,极软而浮细,轻手乃得,不任寻按。"

【临床意义】 主诸虚、湿证。

【机制分析】 阴虚不能敛阳则脉浮软,精血不充则细而无力。湿气阻遏脉道,也见濡脉。

(八) 脉均匀度分类

1. 促脉

【脉象特征】 脉来数而时一止,止无定数。

促脉脉率数,节律不齐,呈无规则的歇止。《伤寒论·平脉法》载:"脉来数,时一止复来者,名曰促脉。"

【临床意义】 主阳盛实热,气血痰饮宿食停滞,亦主脏气虚弱,阴血衰少。

【机制分析】 阳盛实热,阴不和阳,故脉来急数有力。气血痰饮宿食停滞,脉气接续不及而时见歇止。促脉亦主真元衰惫,若促而细小无力,则为脏气虚弱,阴血衰少,致脉气不相接续,多是虚脱之象。

2. 结脉

【脉象特征】 脉来缓而时一止,止无定数。

结脉脉率慢,节律不齐,呈无规则的歇止。《脉经·脉形状指下秘诀第一(二十四种)》载:"往来缓,时一止复来。"《诊家正眼·结脉》曰:"迟滞中时见一止。"

【临床意义】 主阴盛气结,寒痰血瘀,亦主气血虚衰。

【机制分析】 阴盛而阳不和,故脉缓慢而时一止;寒痰瘀血,使脉气阻滞而失于宣畅,则见结而有力。久病虚损,气血虚弱,脉气不继,多见结而无力。

3. 代脉

【脉象特征】 脉来中止,止有定数,良久方来。

代脉脉势较弱,脉率不定,呈有规则的歇止,间歇时间较长。《脉经·脉形状指下秘诀第一(二十四种)》曰:"代脉,来数中止,不能自还,因而复动。"而《活人书·卷之二》载:"往来缓动而中止,不能自还,因而复动,名曰代也。"

【临床意义】 主脏气衰微,亦主风证、痛证、七情惊恐、跌打损伤。

【机制分析】 脏气衰微,气血亏损,元气不足,以致脉气不能接续而止有定数;风证、痛证、七情惊恐、跌打损伤诸病而见代脉,是因病而致脉气不能接续。

四、脉象鉴别、相兼脉和真脏脉

(一) 脉象的鉴别

上述28种脉象通过位、数、形、势可以进行区别,但有些很相似,容易混淆不清,必须加以鉴别。历代医家对脉象的鉴别有丰富的经验,如王叔和在《脉经》中已指出一些相类脉象的差异,李时珍在《濒湖脉学》中编有"相类诗"加以鉴别,徐灵胎更具体说明了鉴别脉象的比类法和对举法。

1. 比类法 将近似脉象相比的方法称为比类法。将28脉进行归类、分纲,就能提纲挈领,执简驭繁。历代医家归类的方法各有不同,如张仲景把脉分为阴阳两大类,滑寿主张以浮、沉、迟、数、滑、涩六脉来统领各脉,陈修园则主张以浮、沉、迟、数、虚、实、大、缓八脉统领各脉。现在一般多采用浮、沉、迟、数、虚、实六个纲脉的归类法加以区别(表4-2),并和八纲辨证相呼应。

表4-2 六纲脉比较表

脉纲	脉名	脉象	主病
浮脉类	浮	举之有余,按之不足	表证,亦主虚证
	洪	脉来浮大,充实有力,状如波涛汹涌,来盛去衰	气分热盛
	濡	浮而细软,搏动力弱,不任重按,按之则无	诸虚,湿证
	散	浮散无根,稍按则无	元气离散,脏腑之气将绝
	芤	浮大中空,如按葱管	失血,伤阴
	革	浮而弦硬,中空外坚,如按鼓皮	精血亏虚
沉脉类	沉	举之不足,按之有余	里证
	伏	脉位深沉,推筋按骨始得,甚则伏而不见	邪实内闭之厥证、痛极或气血虚损
	牢	脉形沉而实大弦长,轻取、中取均不应,沉取始得,坚着不移	阴寒内实,疝气癥瘕
	弱	极软而沉细	气血俱虚,阳虚
迟脉类	迟	脉来迟慢,一息不足四至	寒证,亦主里实热证
	缓	一息四至,缓怠松弛	湿病,脾胃虚弱
	涩	脉细而迟,往来艰涩不畅,如轻刀刮竹	伤精,血少;气滞血瘀,痰食内停
	结	脉来缓而时一止,止无定数	阴盛气结,寒痰血瘀;气血虚衰
数脉类	数	脉来急促,一息五或六至	热证,也主阳虚外浮
	促	脉来数而时一止,止无定数	阳盛实热,气血痰饮宿食停滞;脏气虚弱,阴血衰少

续 表

脉 纲	脉 名	脉 象	主 病
	疾	脉来急疾,一息七或八至	阳亢阴竭,元气将脱
	动	脉形如豆,厥厥动摇,滑数有力	痛、惊
虚脉类	虚	三部脉举之无力,按之空虚	虚证
	微	极细极软,按之欲绝,若有若无	气血大虚,阳气衰微
	细	脉细如线,但应指明显	气血两虚,诸虚劳损;湿病
	代	脉来中止,止有定数,良久方来	脏气衰微;风证,痛证,七情惊恐,跌打损伤
	短	首尾俱短,不及三部	气虚,气郁
实脉类	实	三部脉举、按均有力	实证
	滑	往来流利,如珠走盘,应指圆滑	痰饮,食滞,实热
	紧	脉来紧张,状如牵绳转索	寒证,痛证,宿食
	长	脉形长,首尾端直,超过本位	阳盛内热
	弦	端直而长,如按琴弦	肝胆病,诸痛,痰饮,疟疾;亦主虚劳,胃气衰败

将28种脉按上述六大类归类后,我们再把相近似的脉加以比较,寻找它们之间的脉象差异,更易于掌握各自的脉象特征。

(1) 浮脉与虚脉、芤脉、散脉:四者相类似,其脉位均属表浅,但不同的是浮脉举之有余,重按稍减而不空,脉形不大不小;虚脉形大无力,重按空虚;芤脉浮大无力,中空,如按葱管;散脉浮散无力,漫无根蒂,稍用力则形散若无。

(2) 沉脉与伏脉、牢脉:三者脉位均在深部,轻取均不应。不同的是沉脉重取乃得;伏脉较沉脉部位更深,着于筋骨,故重按亦无,须推筋着骨始得,甚则伏而不见;牢脉沉取实大弦长,坚牢不移。

(3) 迟脉与缓脉:两者均以息计,迟脉一息不足四至;缓脉稍快于迟,一息四至,脉来有弛纵之象。

(4) 数脉与滑脉、疾脉:滑脉与数脉有相似之处,滑脉流利,圆滑似数。但滑指形与势,数指至数言,一息五至以上。《濒湖脉学·滑(阳中阴)》指出:"莫将滑数为同类,数脉惟看至数间。"数,疾也,以息计,疾脉更快于数,一息七或八至。

(5) 实脉与洪脉:两者在脉势上都是充实有力,但洪脉状若波涛汹涌,盛大满指,来盛去衰,浮取明显;而实脉长大坚实,应指有力,举按皆然,来去俱盛,故有"浮沉皆得大而长,应指无虚幅幅强"之说。

(6) 细脉与微脉、弱脉、濡脉:四者都是脉形细小且软弱无力。细脉形小而应指明显;微脉则极细极软,按之欲绝,有时至数不清,起落模糊;弱脉沉细而无力,濡脉浮细而无力,即脉位与弱脉相反,轻取可以触知,重按反不明显。

(7) 芤脉与革脉:两者都有中空之象,芤脉浮大无力中空,如按葱管,显示了脉管柔软;革脉浮大搏指,弦急中空,如按鼓皮,显示脉管较硬。

(8) 弦脉与长脉、紧脉:弦脉与长脉相似,长脉超过本部,如循长竿,长而不急;弦脉虽长,但脉气紧张,指下如按琴弦。《医述·医学溯源》"辨脉"中说:"长类于弦而盛于弦……弦脉带急,而长脉带缓。"弦脉有似紧脉,两者脉气均紧张,但弦脉如按在琴弦上,无绷急之势,紧脉如按在拉紧的绳索上,脉势绷急,在脉形上紧脉比弦脉大。

(9) 短脉与动脉:两者在脉形上均有短缩之象,短脉其形状短缩,不满三部;动脉其形如豆,常兼滑数有力。《医述·医学溯源》"辨脉"中说："短类于动而衰于动……动脉形滑而且数,短脉形涩而必迟。"

(10) 结脉、代脉、促脉：三者都属于节律失常而有歇止的脉象。结脉、促脉是不规则的歇止,歇止时间短；代脉则是有规则的歇止,歇止的时间较长。结脉与促脉虽都有不规则的间歇,但结脉是迟而歇止,促脉是数而歇止。

2. 对举法　在相反脉象之间采取对比的方法鉴别脉象,称为对举法。

(1) 浮脉与沉脉是脉位浅深相反的两种脉象。浮脉脉位表浅,轻取即得,主表属阳；沉脉脉位深沉,轻取不应,重按始得,主里属阴。

(2) 迟脉与数脉是脉率快慢相反的两种脉象。迟脉搏动慢于平脉,即一息不足四至,主寒；数脉搏动则快于平脉,即一息五至以上、七至以下,主热。

(3) 虚脉与实脉是脉的搏动力量强弱相反的两种脉象。虚脉三部举按均无力,主虚证；实脉三部举按均有力,主实证。

(4) 滑脉与涩脉是脉的流利度相反的两种脉象。滑脉往来流利通畅,指下圆滑,如珠走盘；涩脉往来艰难滞涩,极不流利,如轻刀刮竹。

(5) 洪脉与细脉是脉体宽度和气势均相反的两种脉象。洪脉脉体阔大,充实有力,来盛而去衰；细脉脉体细小如线,脉力较差,但应指明显。

(6) 长脉与短脉是脉气长短相反的两种脉象。长脉的脉气搏动超过寸关尺三部,如循长竿；短脉则脉气不及,前达不到寸或后不及尺部。

(7) 紧脉与缓脉是脉的紧张度相反的两种脉象。紧脉紧张有力,如按转绳；缓脉脉势和缓松弛,且一息四至。

（二）相兼脉与主病

28 种脉中,有些脉象属单一特征脉,如浮、沉、迟、数等；有些脉本身就是复合特征脉,即由数种单一特征脉合成的,如弱脉由虚、沉、细三脉合成,濡脉由虚、浮、细三脉合成,牢脉由沉、实、大、弦、长五脉合成等。所谓相兼脉,是指 28 脉中两个或两个以上单一或复合脉象相兼出现的脉。这些相兼脉象的主病,一般等于各组成脉象主病的总和。例如,浮脉主表,数脉主热,浮数脉即主表热；浮脉主表,紧脉主寒,脉浮紧则主表寒。又如,浮而无力之脉主里虚表热,或虚阳外越；沉迟而有力之脉主里实寒证,余可类推。由于临床病情错综复杂,相兼脉在临床上十分常见。现将临床上常见的相兼脉及其主病举例如下。

(1) 浮紧脉主外感风寒之表寒证,或风寒湿痹。

(2) 浮数脉主风热袭表的表热证。

(3) 浮滑脉主表证夹痰或风痰,常见于素体痰盛而又感受外邪者。

(4) 沉迟脉主里寒证,常见于脾肾阳虚或阴寒内盛的病证。

(5) 弦数脉主肝热证,常见于肝郁化火或肝胆湿热等病证。

(6) 滑数脉主痰热、痰火、湿热或食积化热。

(7) 洪数脉主气分热盛,多见于外感热病的中期。

(8) 沉弦脉主肝郁气滞、寒滞肝脉或水饮内停。

(9) 沉涩脉主血瘀,尤常见于阳虚而寒凝血瘀者。

(10) 弦细脉主肝肾阴虚、血虚肝郁或肝郁脾虚。

(11) 沉缓脉主脾虚而水湿停留。
(12) 细数脉主阴虚火旺。
(13) 弦滑数见于肝郁夹痰、风阳上扰或痰饮内停等证。

(三) 真脏脉

在疾病危重期出现无胃、无神、无根的脉象,称为真脏脉,又称怪脉、败脉、死脉、绝脉。多见于疾病的后期,是病邪深重,元气衰竭,胃气败绝的征象。古代医家将真脏脉归纳为"七绝脉",临床上有时亦见,现简介于下。

1. **釜沸脉** 脉在皮肤,浮数之极,至数不清,如釜中沸水,浮泛无根。为三阳热极,阴液枯竭之候。
2. **鱼翔脉** 脉在皮肤,头定而尾摇,似有似无,如鱼游水中。为三阴寒极,阳亡于外之候。
3. **虾游脉** 脉在皮肤,如虾游水,时而跃然而去,须臾又来,其急促躁动之象仍如前。为孤阳无依,躁动不安之候。
4. **屋漏脉** 脉在筋肉之间,如屋漏水渗,良久一滴,即脉迟而结代,搏动无力。为胃气、营卫将绝之候。
5. **雀啄脉** 脉在筋肉间,连连数急,三五不调,止而复作,如雀啄食之状。为脾胃衰败,精气内绝之候。
6. **解索脉** 脉在筋肉之间,乍疏乍密,如解乱绳状,为时快时慢,散乱无序的脉象。为肾与命门元气将绝之候。
7. **弹石脉** 脉在筋肉之下,如指弹石,辟辟顶指,毫无柔软和缓之象。为肾气竭绝之候。

现代研究和临床实践表明,真脏脉绝大部分属心律失常的脉象,而其中心脏器质性病变又占了大部分。真脏脉的出现,预示疾病已发展至极严重的阶段,但并非都是必死不治之证,仍应尽最大努力进行救治。

五、诊妇人脉与小儿脉

(一) 诊妇人脉

妇人有经、孕、产等特有的生理变化及相关疾病,其脉象亦出现相应改变。

1. **诊月经脉** 妇女经期气血调和,则脉现滑数。妇人左关尺脉,忽洪大于右手,口不苦,身不热,腹不胀,是月经将至。寸关脉调和,而尺脉绝不至者,月经多不利。
   妇人闭经有虚实之分。尺脉涩而无力,是精血亏损的虚证;尺脉弦涩有力,是邪阻胞宫的实证。
2. **诊妊娠脉** 妇人婚后月经停止,脉象滑数冲和,尺脉尤显,兼饮食异常,嗜酸或呕吐等症者,为妊娠之候。
3. **诊死胎脉** 凡妊娠必阳气动于丹田,脉见沉滑,才能温养胎形。如果脉见沉涩,是精血不足,胎孕便可能受到损害。所以,妊娠期脉象沉而流利有力者,提示气血和畅,胎孕正常;如脉沉涩乏力,则胞孕可能有损,或是死胎。
4. **诊临产脉** 孕妇将分娩时,其脉象亦有所变化。妇人临产之时,一是尺脉转为紧急而数;二是中指顶节两旁脉动较平时明显而剧烈。

(二) 诊小儿脉

小儿脉与成人不同,其寸口脉位狭小,难分寸关尺;而且小儿临诊时常惊动啼哭,脉气随之亦乱,故难以掌握。因此,诊小儿除需望示指络脉及注重四诊合参外,脉诊也另有其特色。

1. **一指三部诊法** 用左手握小儿手,对3岁以下的小儿,用右手大拇指按在高骨脉上,分三部以定息数;对4岁以上的小儿,则以高骨中线为关,以一指向两侧转动以寻三部;七八岁可以挪动拇指诊三部;9~10岁以上可以次第下指,依寸关尺三部诊脉;15岁以上可以按成人三部诊法进行。

2. **小儿脉象主病** 3岁以下的,一息七八至为平脉;五六岁的,六至为平脉,七至以上为数脉,四五至为迟脉。只诊浮沉、迟数、强弱、缓急,以辨别阴阳、寒热、表里及邪正盛衰,不详求28种脉。

浮数为阳,沉迟为阴;强弱可测虚实,缓急可测邪正;数为热,迟为寒;沉滑为痰食,浮滑为风痰;紧急主寒,弛缓主湿,大小不齐为积滞。

小儿肾气未充,脉气止于中候。无论何脉,重按多不见。如重按乃见,便与成人的牢实脉同论。

六、脉诊的临床意义及脉症从舍

(一)脉诊的临床意义

诊脉是中医临床不可缺少的诊察步骤和内容。脉诊之所以重要,是由于脉象能传递机体各部分的生理病理信息,是窥视体内功能变化的窗口,可为诊断疾病提供重要依据。脉诊在临床中的意义,可归纳为以下四个方面。

1. **辨别病位** 疾病部位有表里之分,外感病大多病位表浅,脉象多浮;内伤杂病多伤及气血阴阳,病变部位相对在里,故脉象大多不浮;若病在气,气虚为虚脉,气滞可为短脉;病在血,则血虚为细脉,血瘀可为涩脉,血寒为沉迟或弦紧脉,血热为滑数脉;病在五脏,脾虚多濡脉,肝病多弦脉,肺虚多虚脉,肾虚多弱脉,心病多结、代、促、迟、数等脉。

2. **阐述病性** 病证复杂多变,但病性无外乎寒热虚实。脉象能较客观地反映疾病性质。寒证脉多迟、紧、弦;热证脉多数、滑、洪;虚证脉多应指无力,如细、弱、濡、缓、微、散等;实证脉多应指力强,如洪、弦、滑、长、紧等。

3. **推测病因病机** 从脉象推测病因病机在许多古医籍中都有记载,如《金匮要略·水气病脉证治》曰:"寸口脉沉而迟,沉则为水,迟则为寒,寒水相搏。"又如《金匮要略·胸痹心痛短气病脉证治》曰:"脉阳微阴弦,即胸痹而痛。"阳微阴弦是指关前(寸部)脉微弱,关后(尺部)脉弦急,阳微为胸阳不足,阴弦为阴邪内盛。两者结合,说明上焦阳虚,下焦阴邪乘虚冲逆于上,导致胸痹而痛。

4. **推断预后** 在疾病发生发展过程中,脉象随之会出现相应的变化。及时准确地辨清脉象,对预测疾病的轻重,有一定的临床意义。如外感病脉象由浮转沉,病证由表入里,病情加重;若实热证热势渐退,脉象和缓,是热退将愈之候,反之脉急数,烦躁不安,则病情加重;若久病、重病,虽精神不振,但脉渐和缓有力,是胃气渐复,疾病向愈之佳兆。

(二)脉症顺逆与从舍

1. **脉症顺逆** 脉症顺逆是指通过观察脉象与症状的相应与不相应,以判断疾病的顺逆。脉象与症状所反映病证性质一致者,为脉症相应,多为顺证;脉象与症状所反映病证性质不一致者,为脉症不相应,多为逆证。

一般情况下,脉症多一致,但病情复杂多变者,可出现脉象与病证本质不相符的情况。例如:外感表实证出现恶寒发热而脉浮有力,反映邪盛正实,正气与邪气交争剧烈,是脉症相应的顺证;久病体虚之人见浮、大、数等脉,提示病情加重,为逆证。

2. **脉症从舍** 脉症不相应时,必有"一真一假",无论脉症孰"真"孰"假",都从不同的角度反映了病情的真实一面。

(1) 舍脉从症：在症"真"脉"假"的情况下，当"舍脉从症"。例如：患者症见腹胀满、疼痛拒按及大便燥结、舌红苔黄厚焦燥等一派里实热之象，而脉象为迟，貌似与里实热的病理本质不相符，其实此迟脉为邪热内盛、阻滞血脉运行所致，其脉必迟而有力。此时当结合症状表现，综合分析病情，即所谓"舍脉从症"之意。

(2) 舍症从脉：在症"假"脉"真"的情况下，当"舍症从脉"。例如：患者症见形瘦纳少、面色萎黄、脉弱等一派里虚之象，而伴有腹部胀满，貌似与里虚之病理本质不相符，其实此腹部胀满为脾胃虚弱、运化乏力所致的虚胀，其胀满喜揉喜按。此时当结合脉象等表现，综合分析病情，即所谓"舍症从脉"之意。又如：热邪郁闭于里，症见胸腹灼热、渴喜冷饮、心烦尿黄、四肢厥冷及舌红苔黄、脉滑数等，其中四肢厥冷是热邪深伏于内，阳气被遏，郁闭于里，不能外透所致的所谓"假寒"之象，而舌、脉之象真实地反映了疾病的本质，故当参照舌脉综合分析病情，亦为"舍症从脉"之意。

总之，在进行脉与症的"从"与"舍"时，应注重四诊合参，综合分析病情，避免误诊。

（燕海霞）

第二节　按　　诊

按诊是医生用手直接触摸或按压患者身体的某些部位，以了解局部冷热、润燥、软硬、压痛、肿块或其他异常变化，从而推断疾病部位、性质和病情轻重等情况的一种诊病方法。

按诊是切诊的重要组成部分，是诊法中不容忽视的一环。按诊不仅可以进一步确定望诊之所见，补充望诊之不足，而且可以为问诊提示重点，特别是对腹部疾病如鼓胀、肠痈、癥瘕等，通过按诊，可以进一步探明疾病部位、性质和程度，成为诊断和治疗疾病的重要依据。

一、按诊的方法与临床意义

(一) 按诊的方法

根据按诊的目的和准备检查的部位不同，应采取不同的体位和手法。诊前首先需选择好体位，然后充分暴露按诊部位。一般患者应采取坐位或仰卧位。患者取坐位时，医生可面对患者而坐或站立进行。用左手稍扶病体，右手触摸按压某一局部，多用于皮肤、手足、腧穴的按诊。按胸腹时，患者须采取仰卧位，全身放松，两腿自然伸直，手臂放在身体两侧。医生站在患者右侧，用右手或双手对患者胸腹某些部位进行按诊。在切按腹内肿块或腹肌紧张度时，可让患者屈起双膝，使腹肌松弛或做深呼吸，以便于按诊。

按诊的手法主要有触、摸、按、叩四种方法。

1. **触法**　以手指或手掌轻轻接触患者局部皮肤，如额头、四肢及胸腹部的皮肤，以了解肌肤的凉热、润燥等情况，用于分辨病属外感还是内伤，是否汗出，以及阳气阴津之盈亏。

2. **摸法**　以手指稍用力寻抚局部，如胸腹、腧穴、肿胀部位等，来探明局部的感觉情况，有无疼痛以及肿物的形态、大小等，以辨病位及病性的虚实。

3. **按法**　以重手按压或推寻局部，如胸腹、肿物部位，以了解深部有无压痛或肿块，以及肿块的形态、质地、大小、活动程度、肿胀程度、性质等,以辨脏腑虚实和邪气的痼结情况。

按诊的顺序一般是先触摸,后按压,由轻而重,由浅入深,从健康部位开始,逐渐移向病变区域,先远后近,先上后下地进行诊察,这里所讲先上后下是对患者诊察的整体部位而言,就病变的某一局部的按诊来说,有时是从下而上的逐步寻摸,寻按方向要根据病证的需要来确定。

4. **叩法** 叩法亦称叩击法,是医生用手叩击患者身体某部,使之震动产生叩击音、波动感或震动感,以此来确定病变的性质和程度的一种检查方法。叩击法有直接叩击法和间接叩击法两种。

(1) 直接叩击法:是医生用手指中指指尖或并拢的示指、中指、环指、小指的掌面轻轻地直接叩击或拍打被检查部位的检查方法。例如,对鼓胀患者可直接叩击,若叩之产生鼓音者为气鼓,产生浊音者为水鼓。

(2) 间接叩击法:是医生用左手掌平贴在患者受检部位体表,右手握成空拳叩击左手背,边叩边询问患者叩击部位的感觉,有无局部掣痛,以推测病变部位和程度。如腰部有叩击痛,除考虑局部腰椎病变外,还要考虑肾脏疾病。

医生在进行按诊时应注意:① 按诊的体位及触、摸、按、叩四种手法的选择应具有针对性。临诊时,必须根据不同疾病要求的诊察目的和部位,选择适当的体位和方法。② 医生举止要稳重大方,态度要严肃认真,手法要轻巧柔和,避免突然暴力或冷手按诊。③ 注意争取患者的主动配合,使患者能准确地反映病位的感觉。④ 要边检查边注意观察患者的反应及表情变化,注意对侧部位以及健康部位与疾病部位的比较,以了解病痛所在的准确部位及程度。⑤ 要边询问是否有压痛及疼痛程度,边通过谈话了解病情,以转移患者的注意力,减少患者因紧张而出现的假象反应,保证按诊检查结果的准确性。

(二) 按诊的临床意义

按诊为切诊的重要组成部分,在辨证中起着重要的作用。通过按诊不仅可以进一步探明疾病的部位、性质和程度,同时也使一些病证表现进一步客观化,是对望、闻、问诊所获资料的补充和完善,为全面分析病情、判断疾病提供重要的指征和依据。因此,按诊是临床诊断疾病不可缺少的一环,应给予足够的重视。

二、按诊的内容

按诊的应用范围很广,包括按肌肤、按手足、按胸胁、按脘腹、按腧穴等,兹分述如下。

(一) 按肌肤

按肌肤是医生用手触摸某些部位的肌肤,从肌肤的寒热、润燥、滑涩、疼痛、肿胀、疮疡等,分析疾病的寒热虚实及气血阴阳盛衰的诊察方法。

1. **诊寒热** 按肌肤的寒热可了解人体阴阳的盛衰、表里虚实和邪气的轻重。例如:凡身热,触其皮肤觉热甚,久按之反不觉热者,是热在表;若久按热愈甚者为热在里。如肌肤寒冷,为阳气衰少;肌肤灼热,为阳热炽盛;肌肤寒冷而大汗淋漓,面色苍白,脉微欲绝者,为亡阳之征;若汗出如油,四肢肌肤尚温而脉躁疾无力者,为亡阴之象。身灼热而手足厥冷者,为里热壅盛,阳气不得外达四末,属真热假寒证。外感病汗出热退身凉,为表邪已解;皮肤无汗而灼热者,为热甚。

局部病变中,还可以从肌肤之寒热辨别证之阴阳。如皮肤不热、红肿不明显者,多为阴证;而皮肤灼热而红肿疼痛者,多为阳证。

2. **诊润燥、滑涩** 通过触摸患者皮肤的滑润和燥涩,还可了解有无汗出及气血津液的盈亏。

一般皮肤干燥者,尚未出汗;湿润者,为汗已出;干瘪者,为津液不足。新病皮肤多润滑而有光泽,为气血未伤之表现;久病肌肤枯涩者,为气血两伤,气血不能濡养体表所致。肌肤甲错者,多为瘀血日久,血虚失荣所致。

3.**诊疼痛** 触摸肌肤疼痛的部位、性质及程度,可辨别病位和病性。局部肌肤柔软,按之痛减者,为虚证;肌肤硬痛拒按,按之痛甚者,为实证;轻按即痛者,病在表浅;重按方痛者,病在深部。

4.**诊肿胀** 用重手按压肌肤肿胀部位以辨别水肿和气肿。若按之凹陷,不能即起者,为水肿;按之凹陷,举手即起者,为气肿。

5.**诊疮疡** 触按疮疡局部的凉热、软硬,可判断病证之阴阳寒热及是否成脓。凡痈疡按之肿硬而不热,根盘平塌漫肿者,为阴证;按之高肿灼手,根盘紧束者,为阳证。按之紧硬而热不甚者,为无脓;按之边硬顶软而热甚者,为有脓。轻按即痛者,为脓在浅表;重按而痛者,为脓在深部。按之陷而不起者,为脓未成;按之有波动感者,为脓已成。

(二) 按手足

按手足是通过触摸患者手足部位的冷热程度,以判断病情的寒热虚实及表里内外顺逆的诊察方法。正常情况的手足一般是温润的。凡手足俱冷者,多为阳虚寒盛,属寒证;手足俱热者,多为阳盛热炽,属热证。若证属热而反见手足逆冷者,属逆候,多因热盛而阳气闭结于内,不得外达,而成热厥之证,提示病情严重。诊手足时,还可以做比较诊法。如手足心与手足背比较,若手足背热甚者,多为外感发热;手足心热甚者,多为内伤发热,即《东垣十书·辨手心手背》说:"内伤及劳役饮食不节病,手心热,手背不热;外伤风寒,则手背热,手心不热。"手心热与额上热比较,若额上热甚于手心者为表热;手心热甚于额上者为里热。

此外,诊手足寒温对判断阳气存亡,推测疾病预后,亦具有重要意义。若阳虚之证,四肢犹温,为阳气尚存,病虽重尚可治疗;若四肢厥冷,多病情深重,预后不良,应审慎诊治之。

(三) 按胸胁

按胸胁是指根据病情需要,有目的地对前胸和胁肋部进行触摸、按压或叩击,以了解局部及脏腑病变的情况。(图4-3)

胸胁即前胸、侧胸及胁下部的统称。前胸部即缺盆(锁骨上窝)至横膈以上。侧胸部指胸部两侧,由腋下至第十一、第十二肋骨端的区域。前胸部属上焦,为心肺所居,并包含虚里、乳房等重要组织器官。胁下指侧胸下方、胃脘部两侧的部位,右胁乃肝胆所居,两胁下均为肝胆经脉所分布。因此,胸胁按诊主要是用以诊察心、肺、肝、胆、乳房等脏腑组织的病变。按胸胁分按胸部和按胁部两部分。

1.**按胸部** 按胸部可了解心、肺、虚里及乳房病变的情况。

前胸高起,叩之膨膨然,其音清者,多为肺胀,亦见于气胸;若按之胸痛,叩之音实者,常为饮停胸膈或痰热壅肺;胸部外伤则可见患侧按之痛而拒按,局部青紫肿胀,提示气滞血瘀。

(1) 虚里按诊:虚里位于左乳下第四和第五肋之间,乳头下稍内侧,为心尖搏动处,为诸脉之所宗。按虚里可测知宗气之强弱、疾病之虚实、预后之吉凶。尤以危急病证寸口脉难凭时,诊虚里更具有重要的诊断价值。古人对此甚为重视,早在《素问·平人气象论》

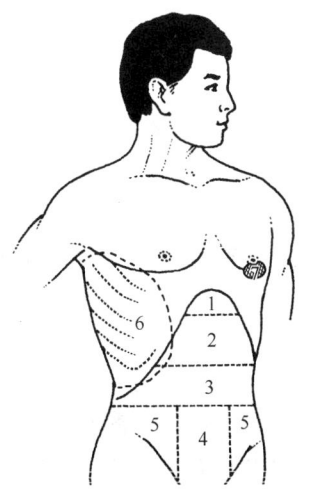

图4-3 胸腹部部位划分
1:心下,2:胃脘,3:大腹,
4:小腹,5:少腹,6:胁肋,7:虚里

中就有记载："胃之大络，名曰虚里，贯膈络肺，出于左乳下。其动应衣，脉宗气也。盛喘数绝者，则病在中，结而横有积矣，绝不至曰死。"诊虚里时，一般患者采取坐位和仰卧位，医生位于患者右侧，用右手全掌或指腹平抚于虚里部，并调节压力。注意诊察搏动的范围、动气的强弱、至数、聚散等。

正常情况下，虚里搏动不显，仅按之应手，其搏动范围直径2～2.5厘米，动而不紧，缓而不怠，动气聚而不散，节律整齐，一息四五至，是心气充盛，宗气积于胸中，平人无病之象。

虚里按之其动微弱者为不及，是宗气内虚之征，亦可因饮停心包所致。若动而应衣则为太过，是宗气外泄之象。按之弹手，洪大而搏指，或绝而不应者，是心气衰竭，证属危候。孕妇胎前产后，虚里动高者为恶候。虚损痨瘵之病，虚里日渐动高者为病进。搏动迟弱，或久病体虚而动数者，多为心阳不足；虚里搏动数急而时一止，为宗气不守；胸高而喘，虚里搏动散漫而数者，为心肺气绝之兆；虚里动高，聚而不散者，为热甚，多见于外感热病。惊恐、大怒或剧烈运动后，虚里搏动虽剧烈，但静息片刻即平复如常，或肥胖之人因胸壁较厚，虚里搏动不明显者，均属生理现象。

(2) 乳房按诊：妇女正常乳房内有数个小结，乳房按诊时呈模糊的颗粒感和柔韧感，无触痛。乳房局部压痛，可见于乳痈、乳发、乳疽等病变。

若发现乳房内肿块时，应注意肿块的数目、部位、大小、外形、硬度、压痛和活动度，以及腋窝、锁骨下淋巴结的情况。

若乳房肿块呈多发性、扁平形，或串珠状结节，大小不一，边界不清，质韧而不硬，活动度好，伴有疼痛，发展缓慢者，为乳癖；乳房有形如鸡卵的硬结肿块，边界清楚，表面光滑，推之活动而不痛者，多为乳核；乳房有结节如梅李，边缘不清，皮肉相连，病变发展缓慢，日久破溃，流稀脓夹有豆渣样物者，多为乳痨；乳房肿块增大迅速，质硬，形状不规则，高低不平，边界不清，腋窝多可扪及肿块，有血性分泌物从乳头溢出，应考虑乳癌的可能。

2. 按胁部　胁部为厥阴、少阳经脉所过之处。肝脏位于右胁内，胆附于肝，肝上部在锁骨中线处平第五肋，下界与右肋弓下缘一致，故胁下一般不能触及。胁部按诊主要是了解肝胆疾病。

胁痛喜按，胁下按之空虚无力为肝虚；胁下扪及肿块，或软或硬，多属气滞血瘀；右胁下肿块，质地坚硬，按之表面凸凹不平，边缘不规则，常伴压痛，应考虑肝癌；右侧腹直肌外缘与肋缘交界处附近触到梨形囊状物，并有压痛，多为胆石、胆胀等胆囊病变；疟疾日久左胁下可触及痞块，按之硬者为疟母。

(四) 按脘腹

通过触按、叩击胃脘部及腹部，了解其凉热、软硬、胀满、肿块、压痛以及脏器大小等情况，从而推断有关脏腑的病变及其证候之寒热虚实。

脘腹部是指剑突至毛际(耻骨联合)的体表部位。上腹部胃腑所在部位为胃脘，胃脘以下脐以上为大腹，属脾；脐以下至耻骨毛际以上正中为小腹，属膀胱、胞宫、小肠、大肠；小腹两侧为少腹，属足厥阴肝经。(图4-3)

1. **按脘部**　按脘部主要是诊察胃腑病证。脘部痞满，按之较硬而疼痛者属实证，多因实邪聚结胃脘所致；按之濡软而无痛者属虚证，多因胃腑虚弱所致；脘部按之有形而胀痛，推之辘辘有声者，为胃中有水饮。

2. **按腹部**　按腹部主要是诊断脾、肝、大小肠、膀胱、胞宫等脏腑的病证。通过腹部的凉热、软硬、胀满、肿块、压痛等异常变化反映出有关脏腑的病变及其性质。

一般来说，凡腹部肌肤凉而喜温者，属寒证；肌肤灼热而喜凉者，属热证；腹痛喜按者多属虚证；

腹痛拒按者多属实证。尤其是按诊腹部皮肤温凉,对判断真热假寒有非常重要的意义。无论患者四肢温凉与否,只要胸腹灼热,就基本可以断定疾病的实热本质。若腹部有肿块,按诊时要注意肿块的部位、形态、大小、硬度、有无压痛和能否移动等情况。凡肿块推之不移,肿块痛有定处者,为癥或积,病属血分;肿块推之可移,或痛无定处,聚散不定者,为瘕或聚,病属气分;肿块大者为病深,形状不规则,表面不光滑者为病重;坚硬如石者为恶候,肿块生长迅速者往往预后不良。

(1) 按大腹：一般腹满多指大腹部的胀满。腹胀满有虚实之分,凡腹部按之手下饱满充实而有弹性、有压痛者,多为实满。若腹部虽膨满,但按之手下虚软而缺乏弹性、无压痛者,多为虚满。腹部高度胀大,如鼓之状者,称为鼓胀。鼓胀中气鼓和水鼓的鉴别方法：将两手分置于腹部两侧对称位置,一手轻轻叩拍腹壁,另一手若有波动感,按之如囊裹水者为水臌;一手轻轻叩拍腹壁,另一手无波动感,以手叩击如鼓之膨膨然者为气臌。肥胖之人腹如鼓,按之柔软,无脐突、无病症表现者,不属病态。

(2) 按小腹和少腹：右少腹剧痛而拒按,按之有包块应手者,多为肠痈;左少腹作痛,按之累累有硬块者,多为肠中宿粪;腹中结块,按之起伏聚散,往来不定,或按之形如条索状,久按转移不定,或按之手下如蚯蚓蠕动者,多为虫积。

(五) 按腧穴

按腧穴是通过按压某些特定穴位,根据穴位的变化和反应诊断疾病的方法。

按腧穴应根据腧穴定位,取坐位或卧位,医生用单手或双手示指或拇指按压穴位,若腧穴部位皮下有压痛、结节和条索状物,则应进一步在穴位处触摸按寻,确定其形态、大小、软硬和活动情况。

正常情况下,按压腧穴可产生酸胀感,但无压痛,腧穴皮下无结节或条索状物,也无其他异常感觉,若出现以上异常或其他敏感反应,即可推断相应脏腑存在病理改变。如肺俞穴或中府穴有压痛,则病位在肺;若胃俞或足三里有压痛,则提示病位在胃;若肝俞或期门穴有压痛,则病位在肝;若上巨虚穴下 1~2 寸有压痛,则为肠痈的特定表现。

除四肢和胸腹部穴位外,背部腧穴更能反映相应脏腑的病变,临床诊断脏腑病变的常用穴位主要包括：肺病之中府、肺俞、太渊;心病之巨阙、膻中、大陵;脾病之章门、太白、脾俞;肝病之期门、肝俞、太冲;肾病之气海、太溪;大肠病之天枢、大肠俞;小肠病之关元;胆病之日月、胆俞;胃病之胃俞、足三里;膀胱病之中极等。

(符强,王朝晖)

第五章 八纲辨证

导学

本章主要介绍八纲辨证的概念与意义、八纲基本证以及八纲证之间的关系。
本章学习重点：八纲基本证以及八纲证之间的关系。
本章学习要求：
(1) 掌握表证与里证、寒证与热证、虚证与实证、阴证与阳证的概念、临床表现与辨证要点。
(2) 熟悉八纲证的相兼、错杂、转化的含义及证候特征；熟悉相关证的鉴别。
(3) 了解八纲辨证的意义。

八纲，指表、里、寒、热、虚、实、阴、阳八个纲领。

通过对四诊所获得的病情资料，运用八纲进行分析综合，从而辨别疾病现阶段病变部位的浅深、病情性质的寒热、邪正斗争的盛衰和病证类别的阴阳，以作为辨证纲领的方法，称为八纲辨证。

八纲是从各种具体证的个性中抽象出来的带有普遍规律的纲领性证。表、里，是用以辨别疾病病位浅深的基本纲领；寒、热、虚、实，是用以辨别疾病性质的基本纲领；阴与阳则是区分疾病类别的纲领，并可作为八纲的总纲，概括表、里、寒、热、虚、实六纲。通过八纲辨证，可找出疾病的关键，掌握其要领，确定其类型，推断其趋势，为治疗指出方向。因此，八纲辨证是用于分析各种疾病共性的辨证方法，是其他辨证方法的基础，在诊断过程中能起到执简驭繁、提纲挈领的作用。

然而，八纲辨证对疾病本质的认识，尚不够深刻、具体。如八纲中的里证，还不能明确病变所在的具体脏腑；寒与热不能概括湿、燥等邪气的病理性质；虚证与实证所涵盖的各种具体证的内容尚未论及等。因此，八纲毕竟只是"纲"，八纲辨证的结果是比较笼统、抽象的，临床时不能只满足于对八纲的分辨，而应结合其他辨证分类方法，对疾病的表现进行深入的分析判断，才能为论治提供全面、可靠的依据。

八纲辨证是从八个方面对疾病本质作出纲领性的辨别，并不意味着把患者的各种临床表现划分为孤立而毫不相关的、界限分明的八个证。实际上，八纲之间既相互区别，又相互联系而不可分割。八纲之间的关系可概括为相兼、错杂及转化等。因此，对于八纲辨证的内容，既要掌握八纲的基本证，又要熟悉八纲之间相互组合形成的各种复合证型。

第一节　八纲基本证

一、表证与里证

表、里是辨别病变部位外内、浅深的两个纲领。

表与里是相对的概念,如皮肤与筋骨相对而言,皮肤属表,筋骨属里;脏与腑相对而言,腑属表,脏属里;经络与脏腑相对而言,经络属表,脏腑属里;经络中三阳经与三阴经相对而言,三阳经属表,三阴经属里等。

表、里主要代表辨证中病位的外内、浅深,一般而论,身体的皮毛、肌腠、经络在外,属表;血脉、骨髓、脏腑相对在内,属里。因此,临床上一般把外邪侵犯肌表,病位浅者,称为表证;病在脏腑,病位深者,称为里证。从病势上看,外感病中病邪由表入里,是病渐增重为势进;病邪由里出表,是病渐减轻为势退。因而前人有"病邪入里一层,病深一层;出表一层,病轻一层"的认识。

辨别表里对于外感疾病来说尤为重要。这是由于内伤杂病的证一般属于里证范畴,主要应辨别"里"所在的具体脏腑的病位,而外感病则往往具有由表入里、由浅而深、由轻而重的发展传变过程。因此,表里辨证是对外感病发展的不同阶段的基本认识,它可说明病情的轻重浅深及病机变化的趋势,可为把握疾病演变的规律及取得诊疗的主动性提供依据。

(一) 表证

表证指外感疾病的初期阶段,正(卫)气抗邪于肤表浅层,以新起恶寒发热为主要特征的轻浅证。

【临床表现】　新起恶风寒,或恶寒发热,头身疼痛,喷嚏,鼻塞,流涕,咽喉痒痛,微有咳嗽、气喘,舌淡红,苔薄,脉浮。

【证候分析】　六淫、疫疠等邪气,经皮毛、口鼻侵入机体,正邪相争于肤表,阻遏卫气的正常宣发、温煦功能,故见恶寒发热;外邪束表,经气郁滞不畅,不通则痛,故有头身疼痛;肺主皮毛,鼻为肺窍,皮毛受邪,内应于肺,鼻咽不利,故喷嚏、鼻塞、流涕、咽喉痒痛;肺气失宣,故微有咳嗽、气喘;病邪在表,尚未入里,没有影响胃气的功能,舌象没有明显变化,故舌淡红、苔薄;正邪相争于表,脉气鼓动于外,故脉浮。

【辨证要点】　新起恶寒发热、脉浮等症状共见。

(二) 里证

里证指病变部位在内,即脏腑、气血、骨髓等受病所反映的证。

【临床表现】　里证的范围极为广泛,凡非表证及半表半里证的特定证,一般都属里证的范畴,因此其表现多种多样。具体内容详见有关章节。

【证候分析】　里证形成的原因有三个方面:一是外邪袭表,表证不解,病邪传里,形成里证;二是外邪直接入里,侵犯脏腑等部位,即所谓"直中"为病;三是情志内伤、饮食劳倦等因素,直接损伤脏腑气血,或脏腑气血功能紊乱而出现各种证。由于里证形成的原因及发病机制不同,其具体表现亦各不相同。

【辨证要点】 脏腑、气血津液等失常所致的症状共见。

附: 半表半里证

半表半里证指病变既非完全在表,又未完全入里,病位处于表里进退变化之中,以寒热往来等为主要表现的证。

【临床表现】 寒热往来,胸胁苦满,心烦喜呕,默默不欲饮食,口苦,咽干,目眩,脉弦。

【证候分析】 多属六经辨证中的少阳病证,是因外感病邪由表入里的过程中,邪正分争,少阳枢机不利所致。详见第七章第二节"六经辨证"之"少阳病证"。

【辨证要点】 寒热往来,胸胁苦满,口苦,咽干,目眩,脉弦等症状共见。

(三) 表证与里证的鉴别

表证和里证的鉴别,主要是以审察寒热症状、内脏症状是否突出及舌象、脉象等的变化为要点。一般来说:

(1) 外感病中,发热恶寒同时并见者属表证;但热不寒或但寒不热者属里证;寒热往来者属半表半里证。

(2) 表证以头身疼痛、鼻塞、喷嚏等为常见症状,内脏的症状表现不明显;里证则以内脏症状,如咳喘、心悸、腹痛、呕吐、腹泻之类表现为主症,鼻塞、头身痛等非其常见症状;半表半里证则有其独特表现。

(3) 表证及半表半里证的舌象变化不明显,里证舌象多有变化;表证多见浮脉,里证多见沉脉或其他多种脉象。

此外,辨表里证尚应参考起病的缓急、病情的轻重及病程的长短等。

二、寒证与热证

寒、热是辨别疾病性质的两个纲领。

病邪有阳邪与阴邪之分,正气有阳气与阴液之别,寒证与热证实际是机体阴阳偏盛、偏衰的具体表现,正如张景岳所说"寒热乃阴阳之化也"。阴盛或阳虚则表现为寒证,阳盛或阴虚则表现为热证。《素问·阴阳应象大论》所言"阳胜则热,阴胜则寒"及《素问·调经论》所说"阳虚则外寒,阴虚则内热",即是此意。

寒象、热象与寒证、热证既有区别,又有联系。如恶寒、发热等可被称为寒象或热象,是疾病的表现征象,与反映疾病本质的寒证或热证是不同的。一般情况下,疾病的本质和表现的征象多是相符的,热证多见热象,寒证多见寒象。但反过来,出现某些寒象或热象时,疾病的本质不一定就是寒证或热证。因此,对于寒热辨证,不能孤立地根据个别症状作判断,而是应在综合分析四诊资料的基础上进行辨识。

辨清寒证与热证,对于认识疾病的性质和指导治疗有重要意义,是确定"寒者热之,热者寒之"治疗法则的依据。

(一) 寒证

寒证指感受寒邪,或阳虚阴盛,导致机体功能活动减退所表现的具有"凉、冷"特点的证。由于阴盛可表现为寒证,阳虚亦可表现为寒证,故寒证又有实寒证与虚寒证之分。

【临床表现】 恶寒(或畏寒)喜暖,肢冷蜷卧,冷痛喜温,口淡不渴,痰、涕、涎液清稀,小便清长,大便溏薄,面色白,舌质色淡,苔白而润,脉紧或迟等。

【证候分析】 因感受寒邪,或过服生冷寒凉所致,起病急骤,体质壮实者,多为实寒证;因内伤久病,阳气虚弱而阴寒偏盛者,多为虚寒证;寒邪袭于表者,多为表寒证;寒邪客于脏腑,或因阳虚阴盛所致者,多为里寒证。阳气虚弱,或因外寒阻遏阳气,形体失却温煦,故见恶寒(或畏寒)喜暖、肢冷蜷卧、冷痛喜温等症;阴寒内盛,津液未伤,所以口淡不渴,痰、涕、涎液、大小便等排出物澄澈清冷,苔白而润;外寒阻遏阳气或阳气不足,气血不能运行于面,则见面色白,舌质色淡;寒邪束遏阳气则脉紧,阳虚推动缓慢则脉迟。

【辨证要点】 怕冷喜暖与排出物澄澈清冷等症状共见。

(二) 热证

热证指感受热邪,或脏腑阳气亢盛,或阴虚阳亢,导致机体功能活动亢进所表现的具有"温、热"特点的证。由于阳盛可表现为热证,阴虚亦可表现为热证,故热证又有实热证、虚热证之分。

【临床表现】 发热,恶热喜冷,口渴欲饮,面赤,烦躁不宁,痰涕黄稠,小便短黄,大便干结,舌红少津,苔黄燥,脉数等。

【证候分析】 因外感火热阳邪,或过服辛辣温热之品,或寒湿郁而化热,或七情过激,五志化火等导致体内阳热过盛所致,病势急骤,形体壮实者,多为实热证;因内伤久病,阴液耗损而阳气偏亢者,多为虚热证;风热之邪袭于表者,多为表热证;热邪盛于脏腑,或因阴虚阳亢所致者,多为里热证。由于阳热偏盛,津液被耗,或因阴液亏虚而阳气偏亢,故见发热、恶热、面赤、烦躁不宁、舌红、苔黄、脉数等一派热象;热伤阴津,故见口渴欲饮、痰涕黄稠、小便短黄、大便干结、舌红少津等症。

【辨证要点】 发热、恶热与排出物黏浊色黄等症状共见。

(三) 寒证与热证的鉴别

1. **寒证与热证的鉴别要点** 寒证与热证,是机体阴阳偏盛偏衰的反映,寒证的临床表现以"凉、冷"为特点,热证的临床表现以"温、热"为特点。临床上在鉴别寒证与热证时,应对疾病的全部表现进行综合观察,尤其应以恶寒发热、对寒热的喜恶、口渴与否、面色的赤白、四肢的温凉及二便、舌象、脉象等作为鉴别要点。(表5-1)

表 5-1 寒证与热证的鉴别要点

鉴别要点	寒 证	热 证
寒热喜恶	恶寒喜温	恶热喜凉
口渴	不渴	渴喜冷饮
面色	白	红
四肢	冷	热
大便	稀溏	秘结
小便	清长	短黄
舌象	舌淡苔白润	舌红苔黄燥
脉象	迟或紧	数

2. 寒证与热证的真假辨别　一般来说,寒证多表现为寒象,热证多表现为热象,只要抓住上述几个鉴别要点就可作出判断。但在某些疾病的危重阶段,可表现出一些不符合常规认识的征象,也就是当病情发展到寒极或热极的时候,有时会出现一些与其寒、热病理本质相反的"假象",从而影响对寒、热证的准确判断。具体来说,有真热假寒和真寒假热两种情况。

(1) 真热假寒：指疾病的本质为热证,却出现某些"寒象",又称"热极似寒"。如里热炽盛之人,除出现胸腹灼热、神昏谵语、口臭息粗、渴喜冷饮、小便短黄、舌红苔黄而干、脉有力等里实热证的典型表现外,有时会伴随出现四肢厥冷、脉迟等症。从表面来看,这些"寒象"似乎与疾病的本质(热证)相反,但实际上这些表现是由于邪热内盛,阳气郁闭于内而不能布达于外所致,而且邪热越盛,厥冷的程度可能越重,即所谓"热深厥亦深"。因此,这些"寒象"其实为热证发展到较为严重、复杂阶段的表现,也是阳热内盛疾病本质的反映,只不过是较常规热证的病机和表现更为复杂。

(2) 真寒假热：指疾病的本质为寒证,却出现某些"热象",又称"寒极似热"。如阳气虚衰,阴寒内盛之人,除出现四肢厥冷、小便色清、便质不燥甚至下利清谷、舌淡苔白、脉弱等里虚寒证的典型表现外,尚可出现自觉发热、面色发红、神志躁扰不宁、口渴、咽痛、脉浮大或数等表现。从表面来看,这些"热象"似乎与疾病的本质(寒证)相反,但实际上这些表现是由于阳气虚衰,阴寒内盛,逼迫虚阳浮游于上、格越于外所致,而非体内真有热。同时,这些"热象"与热证所致有所不同。如虽自觉发热,但触之胸腹无灼热,且欲盖衣被;虽面色发红,但为两颧浮红,时隐时现;虽神志躁扰不宁,但感疲乏无力;虽口渴,却欲热饮,且饮水不多;虽咽喉疼痛,但不红肿;虽脉浮大或数,但按之无力。因此,这些"热象"其实为危重寒证的表现,是阴寒内盛疾病本质的反映,但较一般寒证的病机和表现更为复杂。

当出现上述"热极似寒"或"寒极似热"的情况时,一定要注意在四诊合参、全面分析的基础上,透过现象抓本质。在具体辨别时,应注意的方面有：① 了解疾病发展的全过程,一般情况下"假象"容易出现在疾病的后期及危重期。② 辨证时应以身体内部、中心的症状及舌象等作为判断的主要依据,外部、四肢的症状容易表现为"假象"。③ "假象"和真象存在不同。如"假热"之面赤,是面色苍白而仅在颧颊上浅红娇嫩,时隐时现,而里热炽盛的面赤却是满面通红;"假寒"常表现为四肢厥冷伴随胸腹部灼热,揭衣蹬被;而阴寒内盛者则往往身体蜷卧,欲近衣被。

三、虚证与实证

虚、实是辨别邪正盛衰的两个纲领,主要反映病变过程中人体正气的强弱和致病邪气的盛衰。《素问·通评虚实论》说："邪气盛则实,精气夺则虚。"《景岳全书·传忠录》亦说："虚实者,有余不足也。"实主要指邪气盛实,虚主要指正气不足,所以实与虚是用以概括和辨别邪正盛衰的两个纲领。

由于邪正斗争是疾病过程中的根本矛盾,阴阳盛衰及其所形成的寒热证,亦存在着虚实之分,所以分析疾病过程中邪正的虚实关系,是辨证的基本要求,因而《素问·调经论》有"百病之生,皆有虚实"之说。通过虚实辨证,可以了解病体的邪正盛衰,为治疗提供依据。实证宜攻,虚证宜补,虚实辨证准确,攻补方能适宜,才能免犯实实虚虚之误。

(一) 虚证

虚证指人体阴阳、气血、津液、精髓等正气亏虚,而邪气不著为基本病理所导致的各种证。

【临床表现】　由于损伤正气的不同及影响脏腑器官的差异,虚证的表现也各不相同,具体内容详见第六章第二节"阴阳虚损辨证"及第三节"气血辨证"等章节。

【证候分析】　虚证多因先天禀赋不足、后天失调或疾病耗损所致。如饮食失调,营血生化不足;思虑太过、悲哀惊恐、过度劳倦等,耗伤气血营阴;房室不节,耗损肾精元气;久病失治、误治,损伤正气;大吐、大泻、大汗、出血、失精等,使阴、阳、气、血耗损,均可形成虚证。具体内容详见第六章第二节"阴阳虚损辨证"及第三节"气血辨证"等章节。

【辨证要点】 临床表现具有不足、松弛、衰退的特征。

(二) 实证

实证指人体感受外邪,或疾病过程中阴阳气血失调,体内病理产物蓄积,以邪气盛实、正气不虚为基本病理所导致的各种证。

【临床表现】 由于感邪性质与病理产物的不同,以及病邪侵袭、停积部位的差别,实证的表现也各不相同,具体内容详见第六章第三节"气血辨证"及第七章第一节"脏腑辨证"等章节。

【证候分析】 实证的形成主要有两方面:一是因风、寒、暑、湿、燥、火、疫疠以及虫毒等邪气侵犯人体,正气奋起抗邪所致;二是内脏功能失调,气化失职,气机阻滞,形成痰、饮、水、湿、瘀血、宿食等有形病理物质,壅聚停积于体内所致。具体内容详见第六章第三节"气血辨证"及第七章第一节"脏腑辨证"等章节。

【辨证要点】 临床表现具有有余、亢盛、停聚的特征。

(三) 虚证与实证的鉴别

1. 虚证与实证的鉴别要点 虚证与实证主要可从病程、体质及症状与舌脉的特点等方面加以鉴别。(表5-2)

表5-2 虚证与实证的鉴别要点

鉴别要点	虚 证	实 证
病程	较长(久病)	较短(新病)
体质	多虚弱	多壮实
精神	多委靡	多亢奋
声息	声低息微	声高气粗
疼痛	喜按	拒按
胸腹胀满	按之不痛,胀满时减	按之疼痛,胀满不减
发热	多为低热	多为高热
恶寒	畏寒,添衣近火得温则减	恶寒,添衣近火得温不减
舌象	舌质嫩,苔少或无	舌质老,苔厚腻
脉象	无力	有力

2. 虚证与实证的真假辨别 一般来说,虚证的表现具有不足、松弛、衰退的特征,实证的表现具有有余、亢盛、停聚的特征。但疾病较为复杂或发展到严重阶段,可表现出一些不符合常规认识的征象,也就是当患者的正气虚损严重,或病邪非常盛实时,会出现一些与其虚、实病理本质相反的"假象",从而影响对虚、实证的准确判断。具体来说,有真实假虚和真虚假实两种情况。

(1) 真实假虚:指疾病的本质为实证,却出现某些"虚羸"的现象,即所谓"大实有羸状"。如实邪内盛之人,出现神情默默、身体倦怠、不愿多言、脉象沉细等貌似"虚羸"的表现,是由于火热、痰食、湿热、瘀血等邪气或病理产物大积大聚,以致经脉阻滞,气血不能畅达所致,其病变的本质属实。因此,虽默默不语但语时声高气粗,虽倦怠乏力却动之觉舒,虽脉象沉细却按之有力,与虚证所导致的真正"虚羸"表现存在不同。同时还伴随疼痛拒按、舌质苍老、舌苔厚腻等实证的典型表现,是"大实有羸状"的复杂病理表现。

(2) 真虚假实:指疾病的本质为虚证,反出现某些"盛实"的现象,即所谓"至虚有盛候"。如正气内虚较为严重之人,出现腹胀腹痛、二便闭塞、脉弦等貌似"盛实"的表现,是由于脏腑虚衰,气血不足,运化无力,气机不畅所致,其病变的本质属虚。因此,腹虽胀满而有时缓解,不似实证之常满不减;腹虽痛,不似实证之拒按,而是按之痛减;脉虽弦,但重按无力,与实证所致表现存在不同,同时伴随神疲乏力、面色无华、舌质娇嫩等虚证的典型表现,是"至虚有盛候"的复杂病理表现。

当出现上述"大实有羸状"或"至虚有盛候"的情况时,一定要注意围绕虚、实证的表现特点及鉴别要点综合分析,仔细辨别。在具体辨证时,应注意的方面有:① 脉象的有力无力、有神无神,其中尤以沉取之象为真谛。② 舌质的苍老与嫩胖,言语呼吸的高亢粗壮与低怯微弱。③ 患者体质状况、病之新久、治疗经过等。

四、阴证与阳证

阴、阳是归类病证类别的两个纲领。

阴阳是辨别病证的基本大法。阴、阳分别代表事物相互对立的两个方面,它无所不指,也无所定指,故疾病的性质、证的类别以及临床表现,一般都可用阴阳进行概括或归类。《素问·阴阳应象大论》说:"善诊者,察色按脉,先别阴阳。"《类经·阴阳类》说:"人之疾病……必有所本,或本于阴,或本于阳,病变虽多,其本则一。"《景岳全书·传忠录》亦说:"凡诊病施治,必须先审阴阳,乃为医道之纲领,阴阳无缪谬,治焉有差? 医道虽繁,而可以一言蔽之者,曰阴阳而已。"由此可见阴阳在辨别病证中的重要性。

根据阴阳学说中阴与阳的基本属性划分阴证与阳证。凡临床上出现具有兴奋、躁动、亢进、明亮、偏于身体的外部与上部等特征的临床表现、病邪性质为阳邪、病情变化较快的表证、热证、实证时,一般可归属为阳证的范畴;出现具有抑制、沉静、衰退、晦暗、偏于身体的内部与下部等特征的临床表现、病邪性质为阴邪、病情变化较慢的里证、寒证、虚证时,一般可归属为阴证的范畴。

阴阳是八纲中的总纲。表证与里证、寒证与热证、虚证与实证反映了病变过程中数种既对立又统一的矛盾现象。此三对证是分别从不同的侧面来概括病情的,所以只能说明疾病在某一方面的特征,而不能反映出疾病的全貌。六类证相互之间虽然有一定的联系,但既不能相互概括,也不能相互取代,六者在八纲中的地位是相等的。因此,为了对病情进行更高层面或总的归纳,可以用阴证与阳证概括其他六类证,即表证、热证、实证属阳,里证、寒证、虚证属阴,因此,阴阳两纲可以统帅其他六纲而成为八纲中的总纲。

阴证与阳证的划分不是绝对的,是相对而言的。如与表证相对而言,里证属于阴证,但里证又有寒热、虚实之分,相对于里寒证与里虚证而言,里热证与里实证则又归于阳证的范畴。因此,临床上在对具体病证归类时会存在阴中有阳、阳中有阴的情况。

第二节 八纲证之间的关系

八纲中,表里、寒热、虚实、阴阳各自概括着一个方面的病理本质,然而病理本质的各个方面是互相联系着的。寒热病性、邪正相争不能离开表里病位而存在,反之也没有可以离开寒热、虚实等病性而独立存在的表证或里证。因此,用八纲来分析、判断、归类证,并不是彼此孤立、绝对对立、静止不变的,而是可有相兼、错杂及转化等,并且随病变发展而不断变化。临床辨证时,不仅要注意八纲基本证的识别,更应把握八纲证之间的相互关系,只有将八纲综合起来对病情作综合性的分析考察,才能对证有比较全面、正确的认识。

八纲证间的相互关系,主要可归纳为证的相兼、证的错杂及证的转化三个方面。

一、证的相兼

广义的证的相兼,指各种证的相兼存在。本处所指狭义的证相兼,是指在疾病的某一阶段,其病位无论是在表、在里,但病情性质上没有寒与热、虚与实等相反的证存在的情况。

表里、寒热、虚实各自从不同的侧面反映疾病某方面的本质,故不能互相概括、替代,临床上的证不可能只涉及病位或病性的某一方面。因而辨证时,无论病位之在表在里,必然要区分其寒热、虚实性质;论病性之属寒属热,必然要辨别病位在表或在里、是邪盛或是正虚;论病情之虚实,必察其病位之表里、病性之寒热。

根据证相兼的概念,除对立两纲(表与里、寒与热、虚与实)之外的其他任意三纲均可组成相兼证。经排列组合可形成表实寒证、表实热证、表虚寒证、表虚热证、里实寒证、里实热证、里虚寒证、里虚热证八类证,但临床实际中很少见到真正的表虚寒证与表虚热证。以往关于"表虚证"有两种说法:一是指外感风邪所致有汗出的表证(相对外感风寒所致无汗出的"表实证"而言)。其实表证的有无汗出,只是在外邪的作用下,毛窍的闭与未闭,是邪正相争的不同反映,毛窍未闭、肌表疏松而有汗出,不等于疾病的本质属虚,因此,表证有汗出者并非真正的虚证。二是指肺脾气虚所致卫表(阳)不固证(偏于虚寒),但实际上该证属阳气虚弱所致的里虚寒证。

相兼证的临床表现一般多是相关纲领证表现的叠加。

如表实寒证与表实热证,既同属于表证的范畴,又分别属于寒证与热证,分别以恶寒重发热轻、无汗、脉浮紧及发热重恶寒轻、口微渴、汗出、脉浮数等为辨证要点;里实寒证与里实热证既同属于里实证的范畴,又分别属于寒证与热证,分别以形寒肢冷、面白、口不渴、痰稀、尿清、冷痛拒按、苔白、脉沉或紧及壮热、面赤、口渴、大便干结、小便短黄、舌红苔黄、脉滑数或洪数为辨证要点;里虚寒证与里虚热证既同属于里虚证的范畴,又分别属于寒证与热证,分别以畏寒肢冷、神疲乏力、尿清便溏、冷痛喜温喜按、舌淡胖苔白、脉沉迟无力及形体消瘦、五心烦热、午后颧红、口燥咽干、潮热盗汗、舌红绛、脉细数为辨证要点。

二、证的错杂

证的错杂指在疾病的某一阶段,八纲中相互对立的两纲病证同时并见所表现的综合性证。在错杂的证中,矛盾的双方都反映着疾病的本质,因而不可忽略。临床辨证当辨析疾病的标本缓急,因果主次,以便采取正确的治疗。八纲中的错杂关系,从表与里、寒与热和虚与实角度,分别可概括为表里同病、寒热错杂、虚实夹杂,但临床实际中表里与寒热、虚实之间是可以交互错杂的,如表实寒里虚热、表实热里实热等,因此临证时应对其进行综合分析。

(一) 表里同病

在同一患者身上,既有表证,又有里证,称为表里同病。表里同病的形成常见于三种情况:一是初病即同时出现表证与里证的表现；二是表证未罢，又及于里；三是内伤病未愈而又感外邪。

表里同病，以表里与虚实或寒热分别排列组合，包括表里俱寒、表里俱热、表里俱虚、表里俱实、表热里寒、表寒里热、表虚里实与表实里虚八种情况。除去临床上少见的"表虚证"（表里俱虚、表虚里实），则表里同病可概括为以下六种情况。

1. **表里俱寒** 如素体脾胃虚寒，复感风寒之邪，或外感寒邪，同时伤及表里，表现为恶寒重发热轻、头身痛、流清涕、脘腹冷痛、大便溏泄、脉迟或浮紧等。

2. **表里俱热** 如素有内热，又感风热之邪，或外感风热未罢，又传及于里，表现为发热重恶寒轻、咽痛、咳嗽气喘、便秘尿黄、舌红苔黄、脉数或浮数等。

3. **表里俱实** 如饮食停滞之人，复感风寒之邪，表现为恶寒发热、鼻塞流涕、脘腹胀满、厌食便秘、脉浮紧等。

4. **表热里寒** 如素体阳气不足，复感风热之邪，表现为发热恶寒、有汗、头痛、咽痛、尿清便溏、腹满等。

5. **表寒里热** 如表寒未罢，又传及于里化热，或先有里热，复感风寒之邪，表现为恶寒发热、无汗、头痛、身痛、口渴喜饮、烦躁、便秘尿黄、苔黄等。

6. **表实里虚** 如素体气血虚弱，复感风寒之邪，表现为恶寒发热、无汗、头痛身痛、神疲乏力、少气懒言、心悸失眠、舌淡、脉弱等。

（二）寒热错杂

在同一患者身上，既有寒证的表现，又有热证的症状，称为寒热错杂。寒热错杂的形成有三种情况：一是先有热证，复感寒邪，或先有寒证，复感热邪；二是先有外感寒证，寒郁而入里化热；三是机体阴阳失调，出现寒热错杂。

结合病位，可将寒热错杂概括为表里的寒热错杂与上下的寒热错杂。表里的寒热错杂包括表寒里热与表热里寒，详见上述"表里同病"；上下的寒热错杂包括上热下寒及上寒下热。

1. **上热下寒** 如患者同时存在上焦有热与脾胃虚寒，则既有胸中烦热、咽痛口干、频欲呕吐等上部热证的表现，又兼见腹痛喜暖、大便稀薄等下部寒证的症状。

2. **上寒下热** 如患者同时存在脾胃虚寒与膀胱湿热，则既有胃脘冷痛、呕吐清涎等上部寒证的表现，同时又兼见尿频、尿痛、小便短黄等下部热证的症状。

（三）虚实夹杂

同一患者，同时存在虚证与实证的表现，即为虚实夹杂。虚实夹杂的形成主要有两种情况：一是因实证邪气太盛，损伤正气，而致正气虚损，同时出现虚证；二是先有正气不足，无力祛除病邪，以致病邪积聚，或复感外邪，又同时出现实证。

结合病位，虚实夹杂可概括为表里或上下的夹杂，但辨别虚实夹杂的关键是分清虚实的孰多孰少，病势的孰缓孰急，为临床确立以攻为主，或以补为主，或攻补并重的治疗原则提供依据。因此，可将虚实夹杂概括为以虚为主的虚证夹实、以实为主的实证夹虚及虚实难分的虚实并重三种类型。

1. **虚证夹实** 如温热病后期，虽邪热将尽，但肝肾之阴已大伤，此时邪少虚多，表现为低热不退、口干口渴、舌红绛而干、少苔无苔、脉细数等，治法当以滋阴养液为主，兼清余热之邪。

2. **实证夹虚** 如外感温热病中常见的实热伤津证，为邪多虚少，表现为既见发热、便秘、舌红、脉数等里实热的现象，又见口渴、尿黄、舌苔干裂等津液受伤的虚象，治法当以清泻里热为主，兼以滋阴润燥。

3. **虚实并重** 如小儿疳积,往往虚实并重,既有大便泄泻、完谷不化、形瘦骨立等脾胃虚弱的表现,又有腹部膨大、烦躁不安、贪食不厌、舌苔厚浊等饮食积滞、化热的症状,治疗应消食化积与健脾益气并重。

三、证的转化

在疾病的发展变化过程中,八纲中相互对立的证之间在一定条件下可以互易其位,相互转化成对立的另一纲证。但在证转化这种质变之前,往往有一个量变的过程,因而在证的真正转化之前,又可以呈现出证的相兼或错杂现象。

证转化后的结果有两种可能:一是病情由浅及深、由轻而重,向加重方向转化;二是病情由重而轻、由深而浅,向痊愈方向转化。

八纲证的转化包括表里出入、寒热转化、虚实转化三种情况。

(一) 表里出入

在一定条件下,病邪从表入里,或由里透表,致使表证、里证发生变化,称为表里出入。

1. **表邪入里** 指先出现表证,因表邪不解,内传入里,致使表证消失而出现里证。

例如,外感病初期出现恶寒发热、头身疼痛、无汗、苔薄白、脉浮紧等症,为表实寒证。如果失治误治,表邪不解,内传入脏腑,继而出现高热、口渴、舌苔黄、脉洪等症,即是表邪入里,表实寒证转化为里实热证。

2. **里邪出表** 指某些里证在治疗及时、护理得当时,机体抵抗力增强,驱邪外出,从而表现出病邪向外透达的症状或体征。其结果并不是里证转化为表证,而是表明邪有出路,病情有向愈的趋势。

例如,麻疹患儿疹不出而见发热、喘咳、烦躁等症,通过恰当调治后,使麻毒外透,疹子发出而烦热、喘咳等减轻、消退;外感温热病中,出现高热、烦渴等症,随汗出而热退身凉,烦躁等症减轻,便是邪气从外透达的表现。

邪气的表里出入,主要取决于正邪双方斗争的情况,因此,掌握病势的表里出入变化,对于预测疾病的发展与转归,及时调整治疗策略具有重要意义。

(二) 寒热转化

寒证或热证在一定条件下相互转化,形成相对应的证,称为寒热转化。

1. **寒证化热** 指原为寒证,后出现热证,而寒证随之消失。

寒证化热常见于外感寒邪未及时发散,而机体阳气偏盛,阳热内郁到一定程度,则寒邪化热,形成热证;或是寒湿之邪郁遏,而机体阳气不衰,由寒而化热,形成热证;或因使用温燥之品太过,亦可使寒证转化为热证。

例如,寒湿痹证,初为关节冷痛、重着、麻木,病程日久,或过服温燥药物,而变成患处红肿灼痛等,则是寒证转化为热证。

2. **热证转寒** 指原为热证,后出现寒证,而热证随之消失。

热证转寒,常见于邪热毒气严重的情况之下,因失治、误治,以致邪气过盛,耗伤正气,阳气耗散,从而转为虚寒证,甚至出现亡阳的证候。

例如,疫毒病初期,表现高热烦渴、舌红脉数、泻利不止等。由于治疗不及时,骤然出现冷汗淋漓、四肢厥冷、面色苍白、脉微欲绝等症,则是由热证转化为了寒证(亡阳证)。

寒证与热证的相互转化,是由邪正力量的对比所决定的,其关键又在机体阳气的盛衰。寒证转化为热证,是人体正气尚强,阳气较为旺盛,邪气才会从阳化热,提示人体正气尚能抗御邪气;热证转化为寒证,是邪气虽衰而正气不支,阳气耗伤并处于衰败状态,提示正不胜邪,病情加重。

(三) 虚实转化

在疾病的发展过程中,由于正邪力量对比的变化,致使虚证与实证相互转化,形成对应的证,称为虚实转化。实证转虚为疾病的一般规律,虚证转实临床少见,实际上常常是因虚致实,形成本虚标实的证。

1. 实证转虚 指原先表现为实证,后来表现为虚证。

邪正斗争的趋势,或是正气胜邪而向愈,或是正不胜邪而迁延。故病情日久,或失治误治,正气伤而不足以御邪,皆可形成实证转虚。

例如,外感热病的患者,始见高热、口渴、汗多、烦躁、脉洪数等实热证的表现,因治疗不当,日久不愈,导致津气耗伤,而出现形体消瘦、神疲嗜睡、食少、咽干、舌嫩红无苔、脉细无力等虚象,即是由实证转化为虚证。

2. 虚证转实 指正气不足,脏腑功能衰退,组织失却濡润充养,或气机运化无力,以致气血阻滞,病理产物蓄积,邪实上升为矛盾的主要方面,而表现以实为主的证,因此,实为因虚致实的本虚标实证。

例如,心阳气虚日久,温煦无能,推运无力,则可使血行迟缓而成瘀,在原有心悸、气短、脉弱等心气虚证的基础上,而后出现心胸绞痛、唇舌紫暗、脉涩等症,则是心血瘀阻证,此时血瘀之实的表现较心气之虚的表现显得更为突出。

总之,所谓虚证转化为实证,并不是指正气来复,病邪转为亢盛,邪盛而正不虚的实证,而是在虚证基础上转化为以实证为主要矛盾的证,其本质是因虚致实,本虚标实。

(王天芳,吴秀艳)

第六章 病性辨证

导学

本章主要介绍六淫辨证、阴阳虚损辨证、气血辨证、津液辨证的概念、内容和意义,各证的概念、临床表现、证候分析、辨证要点。

本章学习重点：阴阳虚损辨证、气血辨证、津液辨证等各证的概念、临床表现、证候分析、辨证要点。

本章学习要求：

(1) 掌握阴阳虚损辨证、气血辨证、津液辨证等各证的概念、临床表现、辨证要点。

(2) 熟悉各病性辨证的概念、内容；熟悉六淫辨证各证的概念、临床表现、辨证要点；熟悉相关证的鉴别。

(3) 了解各证的证候分析。

病性辨证,是在中医理论指导下,根据患者所表现的症状、体征等,分析、判断当前病证性质的辨证方法。

病性,指病理改变的性质,也就是病理变化的本质属性。由于病性是导致疾病当前证候的本质性原因,因而也有称病性为"病因"者,即"审症求因"之谓。应该说病因与病性的概念不完全相同,一般病因是指疾病发生的原始因素,如外感六淫、内伤七情、饮食劳倦等,而病性是当前证候的性质,如气虚、血瘀、湿热、痰饮等；然而由于中医学对疾病本质的认识,主要是从症状而推求原因,因而病因学所研究的病因与辨证学所探求的病性往往又是一致的。

辨病性是辨证中最重要的内容之一。由于病性是疾病当前的病理本质,是对疾病一定阶段整体反应状态的概括,是对邪正相互关系的综合认识,具有整体、动态的特点,因此,在进行病性辨证时,须对全身症状、体征以及体质、环境等进行综合分析,方可使辨证结果准确。

虚证、实证、寒证、热证、阴证、阳证等,都属于较为笼统的病性概念,或称为纲领证。具体的病性证候如风淫证、气虚证、血瘀证、阴虚证、亡阳证、痰证等,属于辨证中的基础证。

第一节 六淫辨证

六淫是风、寒、暑、湿、燥、火六种外感病邪的统称。六淫辨证,是运用六淫病邪的性质和致病特点对四诊所收集的各种病情资料进行分析、归纳,以辨别疾病的病理本质属六淫之何证的辨证方法。

六淫病证的发生,多与季节气候和环境有关。如春季多风病,夏季多暑病,秋季多燥病,冬季多寒病,居住湿地和水上作业,易患湿病等。六淫病证是由外邪侵入而致,各病证既可单独存在,也可相互兼夹,还可在一定条件下发生转化。

此外,临床上还有一些并非外感六淫所致,而是因脏腑功能失调所产生的化风、化寒、化湿、化燥、化热、化火等病理反应,其临床表现虽与六淫的证候类似,但属于"内生五邪"的病理过程,称为内风证、内寒证、内湿证、内燥证、内火证等,临床上应加以鉴别。

一、风淫证

风淫证指风邪外袭,以恶风、汗出、脉浮缓为主要表现的证,亦称为外风证。风淫证具有发病急、变化快、游走不定的特点。

【临床表现】 恶风,微发热,汗出,头痛,鼻塞流清涕,喷嚏,咽喉痒痛,干咳,舌苔薄白,脉浮缓;或突发皮肤瘙痒、瘾疹;或突发颜面麻木不仁、口眼㖞斜;或肌肉强直、痉挛,抽搐,角弓反张;或肢体关节游走性疼痛;或新起颜面、眼睑、肢体浮肿等。

【证候分析】 因气候突变、环境不适、体弱等因素而风邪外袭而致本证。风为阳邪,为百病之长,其性轻扬开泄,善行数变,有向上、向外、变化快、游走不定或动摇的特点。风邪袭表,腠理开泄,卫外不固,营阴不能内守,故见恶风微热、汗出、苔薄白、脉浮缓;风邪上扰,则头痛。风邪袭肺,肺失宣降,肺系不利,可见干咳、喷嚏、鼻塞流清涕、咽喉痒痛;风客肌腠,营卫郁滞,故见皮肤瘙痒或瘾疹;风邪或风毒侵袭经络,经气阻滞不通,轻者局部麻木、口眼㖞斜,重者肌肉强直、牙关紧闭、抽搐、角弓反张;风与寒湿相兼,痹阻经络、流窜关节,则表现为肢体关节游走性疼痛;风水相搏,故见浮肿突发于颜面、眼睑,然后遍及全身。

风淫证根据风邪侵袭的部位不同,其常见的证型有风邪袭表证、风邪犯肺证、风客肌肤证、风中经络证、风毒窜络证、风水相搏证等。

内风证是指由于热盛、阳亢、血虚、阴虚等病理变化,导致患者出现眩晕欲仆、肢体麻木、震颤、抽搐等类似风性动摇特点为主要表现的证候,又称为"动风"。此种动风证候的出现,并非感受外界风邪所致,而是由于机体内部的病理变化所形成,其证候表现也与风淫证不同,临床上应加以辨析。

【辨证要点】 恶风,汗出,脉浮缓;或突发皮肤瘙痒、瘾疹;或肢体关节游走疼痛等症状共见。

二、寒淫证

寒淫证指寒邪外袭,以恶寒肢冷、局部冷痛、脉紧为主要表现的证,或称实寒证。寒淫证具有新病突起,病势较剧,并常有感受寒邪的原因可查等特点。

【临床表现】 恶寒重,或发热,无汗,头身疼痛,鼻塞流清涕,脉浮紧;或痰鸣喘嗽,或腹痛肠鸣、腹泻,或局部冷痛拘急,或四肢厥冷,面色苍白,口淡不渴,小便清长,舌苔白润,脉紧或沉迟有力。

【证候分析】 因淋雨、涉水、衣物单薄、露宿、食生、饮冷等而感受外界阴寒之邪而致本证。寒为阴邪,易伤阳气,其性清冷、收引、凝滞,阻碍气血运行。寒邪束表,腠理闭塞,卫气失宣,故恶寒发热,无汗。寒凝经脉,经气不利,则见头身疼痛;寒邪外袭,皮毛受邪,内舍于肺,肺失宣降,肺系不利,故鼻塞流清涕、痰鸣喘嗽;寒袭于表,脉道紧束而拘急,故脉浮紧;寒邪直犯中阳,运化失职,则腹痛肠鸣、腹泻。寒主收引,经脉收缩而挛急,则见局部冷痛拘急;寒邪凝结,阳气不达四肢,故见四肢厥冷;寒凝而阳气不能上荣于面,则面色苍白;阴寒内盛,津液未伤,故口淡不渴、小便清长;舌苔白润,脉紧或沉迟有力为阴寒内盛之征。

寒淫证有伤寒证和中寒证之分。伤寒证指寒邪外袭,伤人肌表,卫阳奋起抗邪于外的浅表证候,亦称风寒束表证、表寒证、寒邪束表证、太阳表实证、太阳伤寒证等。临床表现为恶寒重,发热轻,无汗,头身疼痛,鼻塞,流清涕,微咳,苔薄白,脉浮紧。

中寒证指寒邪直接侵入脏腑、气血,损伤或遏制阳气,阻滞脏腑气机和气血运行所表现的里实寒证。因寒邪侵犯脏腑的不同,临床常见的中寒证有寒邪犯肺证、寒滞胃肠证、寒凝肝脉证、寒滞心脉证等。其证候有新起恶寒、咳喘、咯吐白痰;或脘腹或腰背等处冷痛,得温则舒,或寒呕腹泻;或四肢厥冷,蜷卧,小便清长,面唇色白或青,舌苔白,脉紧或沉弦等。

【辨证要点】 恶寒肢冷、局部冷痛、脉紧或迟有力等症状共见。

三、暑淫证

暑淫证指夏月炎暑之季,暑邪外袭,以发热、汗多、心烦、气短神疲为主要表现的证。暑淫证具有严格的季节性的特点。

【临床表现】 发热恶热,汗出,口渴喜饮,心烦,气短神疲,肢体困倦,小便短黄,舌红,苔白或黄,脉虚数;或发热,卒然昏倒,汗出不止,口渴,气急,甚或昏迷惊厥,舌绛干燥,脉细数。

【证候分析】 因夏季气候炎热而感受外界暑邪而致本证。暑为阳邪,具有炎热升散,耗气伤津,易夹湿邪等致病特点。暑性炎热升散,蒸腾津液,故见发热恶热、汗出、气急、尿黄等症;暑热内扰则心烦;暑邪伤津耗气,则见口渴喜饮、气短神疲、脉虚数;暑夹湿邪,可见肢体困倦、苔白或黄。暑热上扰清窍,内灼神明,故而卒然昏倒;暑闭心神,引动肝风,则见昏迷惊厥;暑热炽盛,营阴受损,故见舌绛干燥、脉细数。

暑淫证常见的证型有暑湿袭表证、暑伤津气证、暑闭气机证、暑闭心神证、暑热动风证等。

【辨证要点】 夏季有发热、汗多、心烦、气短神疲等症状共见。

四、湿淫证

湿淫证指湿邪外袭,以头身困重、脘腹痞胀、关节酸楚、舌苔腻、脉濡缓所表现的证,亦称为外湿证。湿淫证具有病势缠绵,病程迁延而难愈的特点。

【临床表现】 微恶寒发热,头重如裹,身体困重,肢体倦怠,关节酸痛重着、屈伸不利,胸闷,脘痞不舒,口腻不渴,纳呆,恶心欲呕,困倦嗜睡,大便稀溏,小便混浊,妇女带下量多质稠,面色晦垢,舌苔白厚腻,脉濡缓或细。

【证候分析】 因气候潮湿、居处卑湿、冒受雾露、以水为事、淋雨涉水等而感受外界湿邪而致本证。湿为阴邪,其性重浊、黏滞、趋下,易阻滞气机,郁遏阳气。湿遏卫表,卫气失和,则微恶寒发热;湿邪停聚经络、肌肉、筋骨,气血不畅,则见头重如裹、身体困重、肢体倦怠、关节酸痛重着、屈伸不利;湿阻气机,困遏清阳,故见胸闷、面色晦垢、困倦嗜睡;湿困脾胃,纳运升降失职,则见脘痞、口腻不渴、纳呆、恶心欲呕、大便稀溏;湿侵阴位,故见小便混浊、妇女带下量多质稠;舌苔白厚腻、脉濡缓或细为湿浊内盛之征。

临床常见的证型主要有风湿袭表证、寒湿凝滞筋骨证、寒湿困脾证、湿热蕴脾证、肝胆湿热证、大肠湿热证、膀胱湿热证、湿浊下注证、痰湿犯头证等。

湿证有外湿证和内湿证之分。外湿证因淋雨涉水、居处潮湿、冒受雾露、以水为事等外湿侵袭,致湿郁肌表,阻滞经气而形成,病位偏重于肌表,以肢体困重、酸痛为主症,或有恶寒微热等。内湿证多由过食油腻、嗜酒饮冷致脾失健运,湿浊内生,湿邪阻滞气机,脾胃纳运升降失职所致,病位偏重于内脏,以脘腹痞胀、恶心呕吐、便溏等症为主。然而,湿证之成,常是内外合邪而为病,故其证候亦常涉及内外。

【辨证要点】 头身困重、脘腹痞胀、关节酸楚与舌苔腻、脉濡缓或细等症状共见。

五、燥淫证

燥淫证指燥邪外袭,以口、鼻、咽、唇、皮肤干燥为主要表现的证,又称外燥证。

【临床表现】 口燥咽干唇裂,鼻燥少涕,干咳少痰,痰黏难咯,痰中带血,口渴欲饮,皮肤干燥,大便干结,小便短黄,恶寒发热,无汗或少汗,舌苔干燥,脉浮。

【证候分析】 因秋令气候干燥,或居气候干旱少雨之处而感受外界燥邪而致本证。燥性干燥,易伤津液,易伤肺脏。燥邪外侵,损伤肺津,肺失滋润,清肃失职,故见干咳少痰、痰黏难咯;燥伤肺络,则痰中带血。肺系失润,则见口燥咽干、鼻燥少涕;燥邪伤津,津伤失润,故见口渴欲饮、唇裂、皮肤干燥、大便干结、小便短黄、舌苔干燥等一派干燥少津之象;燥邪袭表,肺卫失和,则见恶寒发热、脉浮等卫表之征。

燥淫证有温燥和凉燥之分。温燥多见初秋季节,因秋初气候尚热,炎暑未消,气偏于热,燥热迫于肺卫,故多伴见发热微恶风寒、少汗、舌干苔黄、脉象浮数等风热表证。凉燥多见深秋季节,因秋令肃杀,气寒而燥,故除有干燥少津之征外,尚见恶寒微发热、无汗、脉浮紧等寒邪外束之表寒证候。

燥淫证常见的证型有燥邪犯表证、燥邪犯肺证、燥干清窍证等。

在疾病过程中,由于血虚、阴津亏损等病理变化,以致机体失于滋润,也可表现为干燥的症状,属于"内燥"范畴,可参见"阴阳虚损辨证"之"阴虚证"与"津液辨证"之"津液亏虚证"。

【辨证要点】 秋季有口、鼻、咽、唇、皮肤干燥等症状共见。

六、热淫证

热淫证指温热火邪外袭,以发热、口渴、舌红苔黄、脉数为主要表现的证。

【临床表现】 发热,微恶寒,头痛,咽喉疼痛,鼻塞流浊涕,舌边尖红,苔薄黄,脉浮数;壮热喜冷,面红目赤,渴喜冷饮,汗多,烦躁或神昏谵语,吐血、衄血,痈肿疮疡,小便短赤,大便秘结,舌质红或绛,苔黄而干或灰黑干燥,脉洪滑数。

【证候分析】 因外感温热火邪气,或因其他外邪郁积化热化火而致本证。火、热、温邪同属一类性质,仅有轻重之别。温为热之渐,火为热之极,故常有火热、温热并称。火、热、温邪为阳邪,其性燔灼迫急,伤津耗气,具有炎上、生风动血、易致疮疡的特点。热邪犯表,卫气失和,故发热恶寒;热为阳邪,故发热重而恶寒轻;热邪上扰,故头痛、咽喉疼痛、鼻塞流浊涕;舌边尖红、脉浮数为热邪客表之征;火热炽盛,充斥于外,故见壮热喜冷;火热上炎,则面红目赤;热扰心神,轻则烦躁,重则神昏谵语;邪热逼津外泄,故见汗多;热盛伤津,则口渴饮冷、大便秘结、小便黄赤;热盛动血,血液妄行,故见吐血、衄血;火热郁结不解,局部气血壅滞,肉腐血败,则发为痈肿疮疡;舌红绛、苔黄而干或灰黑干燥,脉洪滑数均为火热炽盛之象。

热淫证的常见证型有风热犯表证、肺热炽盛证、心火亢盛证、胃热炽盛证、热扰胸膈证、肠热腑实证、热闭心包证、热入营血证等。

【辨证要点】 发热、口渴、舌红苔黄、脉数等症状共见。

(刘雁云)

第二节 阴阳虚损辨证

阴阳虚损辨证,是根据患者所表现的症状、体征等,分析、判断当前病证性质是否存在阴阳虚损的辨证方法。

阴阳虚损证型有阳虚证、阴虚证、亡阳证、亡阴证等。作为阴阳病性的辨别,还应包括阴盛证、阳盛证,但由于"阴盛则寒,阳盛则热",其具体内容即八纲辨证中的寒证、热证和本章辨六淫证候中的寒淫证、火热证,故本节不再赘述。

一、阳虚证

阳虚证指体内阳气亏虚,以畏寒肢冷等为主要表现的虚寒证。

【临床表现】 畏寒肢冷,口淡不渴,或渴喜热饮,自汗,小便清长,或尿少浮肿,大便稀溏,面色㿠白,舌淡胖嫩,苔白滑,脉沉迟无力。可兼有神疲、乏力、气短等表现。

【证候分析】 气虚进一步发展,或久病损伤阳气;久居寒凉之处,或过服寒凉清苦之品;年高而命门火衰等原因导致阳气亏虚,温煦、推动、气化等作用减弱而致本证。阳虚温煦失职,则畏寒肢冷;不能固摄,则见自汗;不能温化津液,则见口淡不渴,或渴喜热饮、大便稀溏、小便清长,或尿少;不能输布津液,水气泛溢,则见面色㿠白、浮肿、舌淡胖嫩、苔白滑;推动无力,则脉沉迟无力;阳气亏虚,则见神疲、乏力、气短等症。

阳虚常见证型有心阳虚证、脾阳虚证、肾阳虚证、胃阳虚证、胞宫或精室虚寒证等。

阳虚常与气虚同存,阳虚易感寒邪,阳虚易发展为亡阳,也可导致气滞、血瘀、水泛、痰饮等病理变化。

【辨证要点】 畏寒肢冷、面白与气虚等症状共见。

二、阴虚证

阴虚证指体内阴液亏少,阳气偏亢,以口咽干燥、五心烦热等为主要表现的虚热证。

【临床表现】 形体消瘦,口咽干燥,两颧潮红,五心烦热,潮热盗汗,小便短少,大便干结,舌红少津或少苔,脉细数。

【证候分析】 久病、热病后期,情志过极,房事不节,过服温燥之品等导致阴虚内热而致本证。阴虚失于濡养,则形体消瘦、口咽干燥、舌少津或少苔;阴津亏少,化源不足则小便短少,大肠失润则大便干结,脉道失充则脉细;阴虚内热,则潮热盗汗、五心烦热、两颧潮红、舌红脉数。

阴虚常见证型有肺阴虚证、心阴虚证、肝阴虚证、肾阴虚证、胃阴虚证等。

阴虚可与气虚、血虚、阳虚、阳亢、精津亏虚以及外感燥邪等同存,或互为因果;阴虚可发展为亡阴,也可导致动风、气滞、血瘀、水停等病理变化。

【辨证要点】 口燥咽干、五心烦热等症状共见。

三、亡阳证

亡阳证指体内阳气极度衰微而欲脱,以冷汗、肢厥、面白、脉微等为主要表现的危重证。

【临床表现】 冷汗淋漓、汗质稀淡,神情淡漠,肌肤不温,手足厥冷,呼吸气弱,面色苍白,舌淡而润,脉微欲绝。

【证候分析】 阳虚发展为阳衰,或寒邪暴伤阳气;或大汗、大吐、大泻、大出血等阴血消亡而阳随阴脱;或剧毒刺激、严重外伤、瘀痰阻塞心窍,阳气暴亡而致本证。阳气极度衰微而欲脱,固摄无权,津液外泄,故冷汗淋漓、汗质稀淡;不能温煦,则肌肤不温、手足厥冷;阳气虚脱,不能上荣面舌,则面色苍白、舌淡;元气虚衰,鼓动无力则呼吸气弱、表情淡漠、脉微欲绝。

临床所见的亡阳证,一般是指心肾阳气虚脱。由于阴阳互根之理,阳气衰微欲脱,也可使阴液外亡。

【辨证要点】 冷汗淋漓、四肢厥冷、面色苍白、脉微欲绝等症状共见。

四、亡阴证

亡阴证指体内阴液严重耗损而欲竭,以汗出如油、身热虚烦、脉数疾等为主要表现的危重证。

【临床表现】 汗热而黏、如珠如油,身温恶热,虚烦躁扰,口渴饮冷,目眶凹陷,皮肤皱瘪,小便极少,面赤唇焦,呼吸急促,唇舌干燥,脉细数疾等。

【证候分析】 阴虚发展为阴竭;或壮热不退、大吐、大泻、大汗、大出血、严重烧伤致阴液暴失外亡而致本证。津不上承,则口渴欲饮;失于濡润,故目眶凹陷、皮肤皱瘪、唇舌干燥;化源不足,故小便极少;阴竭阳浮,上扰心神,故虚烦躁扰;阴液亡脱,阴不制阳,故见汗热而黏、如珠如油、身温恶热、面赤唇焦、呼吸急促、脉细数疾等。

亡阴常与心、肝、肾有关,临床一般不再逐一区分。亡阴救治不及,阳气亦随之而衰亡。阴阳互根,亡阴与亡阳皆可相互累及而导致同损俱亡。但具体证候中,常有先后、主次之别。

【辨证要点】 汗出如油、身热烦渴、脉数疾等症状共见。

亡阳和亡阴均出现于疾病的危重阶段,故必须及时、准确地辨识。(表6-1)

表6-1 亡阳证与亡阴证鉴别

证候名称\证候表现	汗液	寒热	四肢	面色	气息	口渴	舌象	脉象
亡阳证	稀冷如水	身冷畏寒	厥逆	苍白	微弱	不渴或欲热饮	舌质淡白苔白润	脉微欲绝
亡阴证	黏热如油	身热恶热	温热	面赤颧红	息粗	口渴饮冷	舌质干红无苔	脉细数疾无力

(李 文)

第三节 气血辨证

气血辨证,是根据患者所表现的症状、体征等,分析、判断当前病证性质是否存在气血亏损或运行障碍的辨证方法。

气血病常见证型有虚实之分。虚证有气虚证、气陷证、气不固证、气脱证及血虚证、血脱证等。实证有气滞证、气逆证、气闭证及血瘀证、血热证、血寒证等。

气与血密切相关,病理上两者常互相影响,或同时发病,或互为因果。临床常见的气血同病证型有气血两虚证、气滞血瘀证、气不摄血证、气随血脱证、气虚血瘀证等。

一、气虚类证

气虚类证包括气虚证以及气陷证、气不固证、气脱证。

(一) 气虚证

气虚证指元气不足,脏腑功能减退,以气短、神疲、脉虚等为主要表现的虚弱证。

【临床表现】 气短懒言,神疲乏力,或头晕目眩,自汗,动则诸症加重,舌质淡嫩,脉虚。

【证候分析】 先天不足,或后天失养,久病、重病、劳累过度、年老等原因,导致元气不足,推动、固摄、防御、气化不力而致本证。元气不足,脏腑功能减退,故气短懒言、神疲乏力;气虚推动乏力,营血不能上荣,则头晕目眩、舌淡嫩;卫气虚弱,不能固摄津液,则自汗;气虚鼓动无力,故脉虚;劳则气耗,故活动劳累后诸症加重。

临床常见的气虚证有心气虚证、肺气虚证、脾气虚证、肾气虚证、胃气虚证等,也可多脏腑气虚并存。

气虚可导致血虚、阳虚、痰湿、水停、气滞、血瘀以及易感外邪等多种病理变化,也可与血虚、阴虚、阳虚、津亏等相兼为病。

【辨证要点】 气短懒言、神疲乏力、脉虚等症状共见。

(二) 气陷证

气陷证指气虚无力升举,而反下陷,以气坠、内脏下垂为主要表现的虚弱证。气陷一般是指中焦脾虚气陷,故又称中气下陷证或脾虚气陷证。

【临床表现】 头晕眼花,耳鸣,神疲气短,气坠,或内脏下垂,或脱肛、阴挺,舌质淡嫩,脉弱。

【证候分析】 为气虚的特殊表现形式,因气虚无力升举而致本证。清阳不升,头目耳失养,故见头晕眼花、耳鸣;元气不足,脏腑功能衰退故见神疲气短;气虚无力升举,内脏位置不能维固而下坠故见气坠,或内脏下垂,或有脱肛、阴挺。舌质淡嫩、脉弱为气虚之象。

【辨证要点】 气坠,或脏器下垂与气虚等症状共见。

(三) 气不固证

气不固证指气虚而失其固摄功能,以自汗,或出血,或二便失禁等为主要表现的虚弱证。

【临床表现】 有气虚证的证候表现,并有自汗,易感外邪;或各种出血;或二便失禁,遗精,滑胎。

【证候分析】 为气虚的特殊表现形式,因气虚而不能固摄而致本证。肺气亏虚,肌腠不密,卫气不固故常有自汗,易感外邪;脾气亏虚,不能统摄血液,血溢脉外故见各种出血;肾气亏虚,下元固摄失职则二便失禁、遗精、滑胎。

【辨证要点】 自汗,或出血,或二便失禁等肺、脾、肾脏气失于固摄的特征性表现与气虚等症状共见。

(四) 气脱证

气脱证指元气亏虚已极,气息欲脱,以气息微弱、昏迷、汗出不止、脉微欲绝等为主要表现的危重证。

【临床表现】 呼吸微弱而不规则,昏迷,汗出不止,肢厥身凉,面色苍白,口开目合,手撒身软,二便失禁,舌质淡白,苔白润,脉微欲绝。

【证候分析】 多由气虚进一步发展,元气亏极而致本证。元气欲脱,脏气衰微,肺无力司呼吸,则呼吸微弱而不规则;津随气泄则汗出不止;气脱下元失固,则二便失禁;神失所主故昏迷或昏仆;脾气外泄,则口开目合、手撒身软;心气欲绝,无力鼓动血脉,则肢厥身凉、面色苍白、脉微欲绝。

若由大失血或津液大伤所致者,称为气随血脱证或气随津(液)脱证。气脱与亡阳常同时出现,故临床又称阳气外脱证。

【辨证要点】 气息微弱,或昏仆,与汗出不止、脉微欲绝等症状共见。

二、血虚类证

血虚类证包括血虚证和血脱证。

(一) 血虚证

血虚证指血液亏少,不能濡养脏腑、经络、组织,以面白、舌淡、脉细等为主要表现的虚弱证。

【临床表现】 面色淡白或萎黄,口唇、眼睑、爪甲色淡,心悸多梦,手足发麻,头晕眼花,妇女经血量少色淡、愆期甚或闭经,舌淡脉细。

【证候分析】 先天不足,或后天失养,脾胃虚弱,生化乏源;或各种急慢性出血;或思虑过度,暗耗阴血;或瘀血阻络,新血不生等而致本证。血液亏少,不能濡养头目,上荣舌面,故面色淡白或萎黄、口唇、眼睑色淡、头晕眼花;血不养神,心神不宁故心悸多梦;血少不能濡养筋脉、肌肤,故手足麻木、爪甲色淡;血海空虚,冲任失充故妇女月经量少色淡、愆期甚或闭经;脉细无力为血虚而脉失充盈之象。

【辨证要点】 面白、舌淡、脉细等症状共见。

(二) 血脱证

血脱证指突然大量出血或长期反复出血,以致血液亡脱,以面色苍白、脉微欲绝或芤为主要表现的危重证,又称脱血证。

【临床表现】 面色苍白,眩晕,心悸,舌淡,脉微欲绝或芤。

【证候分析】 大量失血以致血液突然耗失,或血虚进一步发展,以致血液亡脱,血脉空虚而致本证。血液亡脱,脉络空虚,不能上荣头面故面色苍白、舌色淡白;不能上荣头目故眩晕;不能营养心脉故心悸、脉微欲绝或芤。

血脱常伴随气脱、亡阳。

【辨证要点】 面色苍白、脉微欲绝或芤等症状共见。

三、气滞类证

气滞类证包括气滞证以及气逆证、气闭证。

(一) 气滞证

气滞证指人体某一部位,或某一脏腑经络的气机阻滞,运行不畅,以胀闷、疼痛、脉弦等为主要表现的证,又称气郁证、气结证。

【临床表现】 胀闷,疼痛,脉弦。

【证候分析】 抑郁悲伤,思虑过度,而致情志不舒,气机郁滞;或痰饮、瘀血、食积、虫积、砂石等邪气阻塞;或阴寒凝滞、湿邪阻碍等导致气机郁滞;或因脏气虚弱,运行乏力,气机阻滞而致本证。气机运行不畅,不通则痛,故胀闷、疼痛;气机不利,脉气不舒故见脉弦;因气聚散无常,故疼痛多见胀痛、窜痛、攻痛,部位不定,按之无形,时轻时重,并且胀痛常在嗳气、肠鸣、矢气、叹息后减轻,或随情绪的忧思恼怒与喜悦而加重或减轻。

【辨证要点】 胀闷、疼痛、脉弦等症状共见。

(二) 气逆证

气逆证指气机升降失常,气上冲逆而不调,以咳喘,或呕恶,或头痛眩晕等为主要表现的证。

【临床表现】 咳嗽,喘息,呃逆,嗳气,恶心,呕吐;头痛,眩晕,甚至昏厥,气从少腹上冲胸咽。

【证候分析】 多因气滞不顺而上逆所致。肺气失于肃降而上逆则咳嗽、喘息;胃气失于和降而上逆则呃逆、嗳气、恶心、呕吐;肝气失调,升发太过而无制,气血上冲头目则头痛、眩晕、昏厥;肝气循经上冲则气从少腹上逆胸咽。

一般来说,气逆证多为实证,但也有因虚而气上逆者,如肺气虚而肃降无力,或肾气虚失于摄纳,都可导致肺气上逆;胃气虚或胃阴虚,和降失职,亦能致胃气上逆,此皆因虚而致气逆。

【辨证要点】 咳喘,或呕恶,或头痛、眩晕等症状多见。

(三) 气闭证

气闭证指邪气阻闭神机或脏器、管腔,以致气机逆乱,闭塞不通,以神昏晕厥、绞痛等为主要表现的证。

【临床表现】 神昏,晕厥;或脏器绞痛,二便闭塞,呼吸气粗,声高,脉沉实有力。

【证候分析】 大怒、暴惊、忧思过极,或因瘀血、砂石、蛔虫、痰浊等邪气闭阻气机而致本证。气机闭塞,神失所主则神昏、晕厥;有形实邪闭阻气机故脏器绞痛;气机闭阻不通则二便闭塞;邪气阻闭,肺气不通故呼吸气粗、声高;实邪内阻故脉沉实有力。

【辨证要点】 神昏晕厥,或绞痛等症状多见。

四、血瘀证

血瘀证指瘀血内阻,以疼痛、肿块、出血、舌紫、脉涩等为主要表现的证。

凡离开经脉的血液,未能及时排出或消散,而停留于某一处;或血液运行受阻,壅积于经脉或器官之内,失却生理功能者,均属瘀血。

【临床表现】 疼痛如针刺、固定、拒按、夜间加重;体表肿块青紫,腹内肿块坚硬而推之不移;出血紫暗或夹有血块,大便色黑如柏油状;面色黧黑,唇甲青紫,皮下紫斑,肌肤甲错,腹部青筋显露,皮肤出现丝状红缕;妇女经闭,或为崩漏;舌质紫暗、紫斑、紫点,舌下脉络曲张,或舌边有青紫色条状线。脉涩,或结、代,或无脉。

【证候分析】 外伤、跌仆、离经之血未及时排出或消散;或气滞血行不畅,或因寒而血脉凝滞,或因热而血液浓缩壅聚,或气虚推动无力,血行缓慢等,导致瘀血内阻而致本证。气血运行受阻,不通则痛故刺痛、固定、拒按;夜间血行缓慢,瘀阻加重故夜间疼痛加重;瘀积不散而凝结体表,故肿块青紫,腹内肿块坚硬不移;瘀血阻塞脉络,使血液不能循经运行,溢出脉外故出血紫暗,或夹有血块;瘀血阻络,血行障碍,全身得不到气血的温煦濡养,故面色黧黑,口唇、舌体、指甲青紫色暗;瘀久不消,营血不能濡养故肌肤甲错;血脉不通,血不循经,则崩漏;瘀血内阻,冲任不通故经闭;血行受阻故丝状红缕,腹壁青筋显露,脉细涩,或结、代,或无脉。

【辨证要点】 刺痛、肿块、出血与舌紫、脉涩等症状共见。

五、血热证

血热证指脏腑火热炽盛,热迫血分,以出血、疮疖与实热症状为主要表现的证,又称血分的热证。

【临床表现】 咳血、吐血、衄血、尿血、便血,血色鲜红,质地黏稠,女子月经先期量多,或局部疮疖红肿热痛,心烦口渴,身热,舌红绛,脉滑数。

【证候分析】 外感温热之邪;或其他邪气化热;或情志过极,气郁化火;或过食辛辣燥热之品等致火热内炽,迫及血分而致本证。热在血分,迫血妄行则咳血、吐血、衄血、尿血、便血,女子月经先期量多;邪热煎熬,血液浓缩壅聚,故血色鲜红质地黏稠;热在血分,热炽血壅肉腐,故局部疮疖红肿热痛;心烦口渴、身热、舌红绛、脉滑数为实热表现。

【辨证要点】 出血、疮疖与实热等症状共见。

六、血寒证

血寒证指寒邪客于血脉,凝滞气机,血行不畅,以拘急冷痛、肤色紫暗与实寒症状为主要表现的证,又称血分的寒证。

【临床表现】 手足冷痛、肤色紫暗发凉;或少腹拘急冷痛;或月经愆期、经色紫暗,夹有血块;舌淡紫,苔白,脉沉迟、紧、涩。

【证候分析】 寒邪侵犯血脉,或阴寒内盛,凝滞脉络,血行不畅而致本证。寒在血脉,脉道收引,血行不畅,故手足冷痛、肤色紫暗发凉,或少腹拘急冷痛;寒邪客于胞宫,经血受阻,故月经愆期、经色紫暗、夹有血块;舌淡紫、苔白、脉沉、迟、紧、涩为阴寒内盛,气血运行不畅所致。

【辨证要点】 拘急冷痛、肤色紫暗与实寒等症状共见。

七、气血同病类证

气病或血病发展到一定的程度,往往影响到另一方的生理功能而发生病变,从而表现为气血同病的证。临床常见的气血同病证候有气滞血瘀证、气虚血瘀证、气血两虚证、气不摄血证和气随血脱证等。

各证的临床表现,一般是两个基本证候的相合存在。气滞血瘀证、气血两虚证的病机,常常是气滞血瘀、气虚血虚互为因果;气虚血瘀证、气不摄血证,一般是气虚在先、为因、为本,血瘀或出血在后、为果、为标,但其证候表现不一定前者重、后者轻;气随血脱证则是因大失血而致血脱在先,元气随之消亡的危急证候。

(贾育新)

第四节　津液辨证

津液辨证,是根据患者所表现的症状、体征等,分析、辨别当前病证性质是否存在津液亏虚或运化输布障碍的辨证方法。

津液病证型主要包括津液亏虚证和水液停聚而形成的痰证、饮证、水停证及湿证。

一、痰证

痰证指痰浊内阻或流窜,以咯痰、呕恶、眩晕、体胖、苔腻、脉滑等为主要表现的证。

【临床表现】　咳嗽咯痰,痰质黏稠,胸闷;脘痞纳呆,泛恶呕吐痰涎;头重眩晕,神昏而喉中痰鸣;局部有圆滑柔韧的包块,如瘰疬、瘿瘤、乳癖、痰核等;神志错乱而为癫、狂、痴、痫等;形体肥胖,舌苔腻,脉滑。

【证候分析】　外感六淫、饮食不当、情志刺激、过逸少动等原因,导致肺、脾、肾功能失常,水液不能正常输布而凝结成痰,停聚于局部或全身而致本证。痰浊停聚于肺,肺气失宣则咳嗽咯痰、痰质黏稠、胸闷;痰浊中阻,胃失和降则脘痞纳呆、泛恶或呕吐痰涎;痰蒙清窍则头重眩晕、神昏而喉中痰鸣;痰停积于皮下、肌肉、咽喉,故出现圆滑柔韧的包块,如瘰疬、瘿瘤、乳癖、痰核等;痰浊蒙蔽心神,神志错乱而为癫、狂、痴、痫等;形体肥胖、苔腻、脉滑为痰浊内盛之象。

根据痰的性状及兼症的不同,可分为寒痰、热痰、湿痰、燥痰以及风痰、瘀痰、脓痰等。临床常见的痰证有痰蒙心神证、痰热闭神证、痰火扰神证、痰阻心脉证、痰阻胸阳证、痰浊阻肺证、痰热壅肺证、痰热结胸证、痰热腑实证、燥痰结肺证、痰阻胞宫(或精室)证、风痰阻络证、风痰闭神证、瘀痰阻络证等,其证候除有痰的表现外,必兼有其他病性及痰所停部位的症状。

痰浊为病,颇为广泛,且见症多端,因而有"百病多因痰作祟""怪病多痰"之说。

【辨证要点】　咯痰、呕恶、眩晕与体胖、苔腻、脉滑等症状共见。

二、饮证

饮证指水饮停聚于腔隙或胃肠,以胸闷脘痞、泛吐清水、咯痰清稀、胸胁饱满、苔滑脉弦等为主要表现的证。

【临床表现】　咳嗽气喘,咯痰清稀色白,胸闷心悸,甚或喉间哮鸣有声;或胸胁饱满,支撑胀痛,随呼吸、咳嗽、转侧而痛增;或脘腹痞胀,水声辘辘,泛吐稀涎或清水,并可见眩晕、舌淡胖、苔白滑、脉弦。

【证候分析】　外邪侵袭,或阳虚,水液输布障碍,停聚于局部而致本证。饮停于心肺,故见咳嗽气喘、咯痰清稀色白、胸闷心悸,或喉间哮鸣有声;饮停于胸胁,故见胸胁饱满,支撑胀痛,随呼吸、咳嗽、转侧而痛增;饮停于胃肠,故见脘腹痞胀满闷、水声辘辘、泛吐稀涎或清水;清阳不升,饮邪上泛,故见眩晕、舌淡胖、苔白滑,脉弦为饮邪内停之征。

根据饮停部位的不同,临床有饮客心肺证、饮停胸胁证、饮停胃肠证等,表现出各自的证候特点。

【辨证要点】 胸闷脘痞、泛吐清水、咯痰清稀、胸胁饱满与苔滑、脉弦等症状共见。

三、水停证

水停证指体内水液停聚，以水肿尿少、腹满如鼓、舌淡胖、脉弦等为主要表现的证。

【临床表现】 水肿尿少，或腹满如鼓，叩之声浊，舌淡胖，苔滑，脉沉弦。

【证候分析】 风邪外袭，或湿邪内阻，或久病体虚，肺、脾、肾的功能失常而水液停聚；或因瘀血内阻，经脉不利，水液内停而致本证。水邪泛溢肌肤故水肿；水液停聚于腹腔，则腹满如鼓，叩之声浊；水液内停，气化失司，则尿少；舌淡胖，苔滑，脉沉弦为水湿内停之征。

【辨证要点】 水肿尿少，腹满如鼓与舌淡胖、脉沉弦等症状共见。

痰、饮、水、湿之间的关系密切。四者均为体内水液停聚的病理性产物，其形成均与肺、脾、肾三脏功能失调，水液气化失常有关。痰稠浊而黏，多停于肺，也可随气流窜全身，见症复杂，一般有咯痰多的主症；饮较痰稀而较水浊，常停聚于某些腔隙及胃肠，以停聚处的症状为主要表现；水清稀流动性大，以水肿尿少为主症；湿无明显形质可见，以肢体闷重酸困为主要表现。由于痰、饮、水、湿本属一类，难以截然划分，且可相互转化、兼并，故常互相通称，有痰饮、痰湿、水饮、水湿、湿痰等。

四、津液亏虚证

津液亏虚证指体内津液亏少，脏腑、组织、官窍失却滋润、濡养、充盈，以口渴尿少、口鼻唇舌皮肤干燥等为主要表现的证。

【临床表现】 口咽干燥，唇燥或裂，鼻干，眼窝深陷，皮肤干燥，甚或枯瘪，渴欲饮水，小便短少而黄，大便干结，舌红少津，脉细而数。

【证候分析】 脾胃虚弱，运化无权；或长期进食减少，津液化生匮乏；或高热、汗吐泻太过，或燥热伤津等导致津液亏虚而致本证。津液亏少，上不能滋润五官咽喉，故口咽干燥、唇焦而裂、渴欲饮水、鼻干、眼窝深陷、舌体少津；下不能化生尿液，滋润大肠，故小便短少而黄、大便干结；外不能润泽肌肤，故皮肤干燥，甚或枯瘪；内不能充盈脉道，故脉细；舌红、脉数为阴液亏少不能遏制阳气，或尚有火热之邪为害。

一般津液损伤程度较轻，仅为水液亏少者，称为伤津、津亏，以干燥症状为主要表现；继发于汗、吐、泻等之后，体液暴失，津液损伤程度较重者，称为液耗、液脱，常有皮肤枯瘪、眼窝深陷的临床特征。临床上常将两者通称而不作严格区分。

外界燥邪耗伤津液所见证候，为燥淫证，属于外燥；体内津液亏虚必见干燥症状，为津液亏虚证，属于内燥。

常见证型有肺燥津伤证、胃燥津亏证、肠燥津亏证等，均有干燥见症，并表现出各自脏器的证候特点。

津液亏虚属于阴虚的范畴，气虚、血虚与津液亏虚可互为因果或同病，而形成阴液亏虚、津气亏虚、津枯血燥等证。

【辨证要点】 口渴尿少、口鼻唇舌皮肤干燥等症状共见。

（赵　敏）

第七章　病位辨证

导学

本章主要介绍脏腑辨证、六经辨证、卫气营血辨证、三焦辨证的概念、适用范围和意义，各证的概念、临床表现、证候分析、辨证要点。

本章学习重点： 脏腑辨证各证的概念、临床表现、证候分析、辨证要点。

本章学习要求：

（1）掌握脏腑辨证各证的概念、临床表现、辨证要点。

（2）熟悉各辨证方法的概念、适用范围和意义；熟悉六经辨证、卫气营血辨证、三焦辨证等各证的概念、临床表现、辨证要点；熟悉相关证的鉴别。

（3）了解各证的证候分析，以及六经、卫气营血、三焦病证的传变。

病位辨证，就是在中医理论指导下，对患者所表现的各种症状、体征等进行分析、综合，从而确定疾病现阶段证所在位置的辨证方法。

病位辨证主要包括脏腑辨证、六经辨证、卫气营血辨证、三焦辨证和经络辨证。

病位可分为空间性病位和时间性病位。脏腑、经络病位属于空间性病位，六经、卫气营血、三焦等既是空间性病位，又是时间性病位。

第一节　脏腑辨证

脏腑辨证，是在认识脏腑生理功能及病理特点的基础上，将四诊收集的病情资料，进行分析综合，从而判断疾病所在的脏腑部位及病性的一种辨证方法。概括言之，即以脏腑病位为纲，对疾病进行辨证。

脏腑辨证的意义，在于着重辨别疾病所在的脏腑病位。八纲辨证可以确定证的纲领，病性辨证可以分辨证的具体性质，但是这些辨证方法病位尚不明确，并非完整的诊断。要确切地辨明疾病的部位、性质，还必须落实到脏腑。由于脏腑辨证的体系比较完整，每一脏腑均有独特的生理功能、病理特点和证候特征，有利于对病位作出判断，并可与病性有机结合，形成完整的证诊断。所以脏腑辨证是中医辨证体系中的重要内容，是临床诊断疾病的基本方法，是内、妇、儿等各科辨证的基础，具有广泛的适用性。

脏腑辨证的基本方法,首先是辨明脏腑病位。脏腑病证是脏腑病理变化反映于外的客观征象,由于各脏腑的生理功能不同,其功能失调反映于外的症状、体征也各不相同。因此熟悉各脏腑的生理功能及其病变特点,是脏腑辨证的关键所在。其次要辨清病性。脏腑辨证并不仅仅辨明病变所在的脏腑病位,还应分辨在此病位上的具体性质。病性辨证是脏腑辨证的基础,只有辨清病性,才能得出正确的诊断,为治疗提供确切依据。

脏腑辨证作为病位辨证的一种,与病性辨证之间相互交织。临床既可以脏腑病位为纲,区分不同病性,也可在辨别病性的基础上,根据脏腑的病变特点确定病位所在脏腑。

一、心与小肠病证

心居胸中,为君主之官,主人身之血脉,又主神志,为五脏六腑之大主,在体为脉,其华在面,开窍于舌,其经脉循肩臂内侧后缘,与小肠互为表里。小肠具有受盛化物和泌别清浊的功能。

心病的主要病理为血脉和神志功能失常;心病的常见症状:心悸,怔忡,胸闷,心痛,心烦,失眠,健忘,精神错乱,神志昏迷,脉结代促,以及某些舌体病变等。小肠的主要病理为化物和泌别功能失常;小肠的常见症状:腹胀,腹痛,肠鸣,腹泻,小便赤涩灼痛等。

心病的常见证型有虚、实之分:虚证多见心血虚证、心阴虚证、心气虚证、心阳虚证及心阳虚脱证;实证多见心火亢盛证、心脉痹阻证、痰蒙心神证、痰火扰神证及瘀阻脑络证。小肠病的证型亦有虚、实之分:实证有小肠实热证和小肠气滞证,虚证有小肠虚寒证。小肠气滞证、小肠虚寒证分别见于寒滞肝脉和脾阳虚证辨证中。

(一) 心血虚证

心血虚证指血液亏虚,心失濡养,以心悸、失眠、多梦及血虚症状为主要表现的证。

【临床表现】 心悸,失眠,多梦,健忘,头晕眼花,面色淡白或萎黄,唇舌色淡,脉细无力。

【证候分析】 多因劳神过度,或失血过多,或久病伤及营血引起;也可因脾失健运或肾精亏损,生化之源不足而导致。血液不足,心失濡养,心动不安,故见心悸;心神失养,神不守舍,则为失眠、多梦健忘;血虚不能上荣头面,故见头晕眼花、面色淡白或萎黄,唇、舌色淡;血少脉道失充,故脉细无力。

【辨证要点】 心悸、失眠、多梦、健忘与血虚症状共见。

(二) 心阴虚证

心阴虚证指阴液亏损,心失滋润,虚热内扰,以心悸、心烦、失眠、多梦及阴虚症状为主要表现的虚热证。

【临床表现】 心悸,心烦,失眠,多梦,口燥咽干,形体消瘦,或手足心热,潮热盗汗,两颧潮红,舌红少苔乏津,脉细数。

【证候分析】 多因思虑劳神太过,暗耗心阴;或温热火邪,灼伤心阴;或肝肾阴亏,不能上养,累及心阴而成。阴液亏少,心失濡养,心动不安,故见心悸;阴虚阳亢,虚热扰心,神不守舍,故见心烦、失眠、多梦;阴虚失滋,故口燥咽干,形体消瘦;阴不制阳,虚热内生,故手足心热,潮热盗汗,两颧潮红,舌红少苔乏津,脉象细数。

【辨证要点】 心悸、心烦、失眠、多梦与阴虚症状共见。

心血虚证和心阴虚证鉴别见表7-1。

表7-1　心血虚证和心阴虚证鉴别

证名	病因病机		主要症状
心血虚证	劳神过度,或失血过多,或久病伤及营血引起;也可因脾失健运或肾精亏损,生化之源不足	心悸,失眠,多梦,脉细	健忘,头晕眼花,面色淡白或萎黄,唇舌色淡,脉无力
心阴虚证	思虑劳神太过,暗耗心阴,或温热火邪,灼伤心阴;或肝肾阴亏,不能上养,累及心阴		心烦,口燥咽干,形体消瘦,或手足心热,潮热盗汗,两颧潮红,舌红少苔乏津,脉数

(三) 心气虚证

心气虚证指心气不足,鼓动无力,以心悸怔忡、胸闷气短及气虚症状为主要表现的虚弱证。

【临床表现】　心悸怔忡,气短胸闷,神疲乏力,或有自汗,动则诸症加剧,面色淡白,舌淡,脉虚。

【证候分析】　多由素体久虚,或久病失养,或劳倦过度,或先天不足,或年高气衰等原因而成。心气虚,鼓动乏力,心动失常,故见心悸怔忡;心气虚,宗气衰少,升降失调,故气短胸闷;脏腑功能减退,故神疲乏力;气虚卫外不固,故自汗;动则气耗,故活动劳累后诸症加剧;气虚运血无力,气血不足,血脉不荣,故面色淡白、舌淡、脉虚。

【辨证要点】　心悸怔忡、胸闷气短与气虚症状共见。

(四) 心阳虚证

心阳虚证指心阳虚衰,温运失司,虚寒内生,以心悸怔忡、心胸闷痛及阳虚症状为主要表现的虚寒证。

【临床表现】　心悸怔忡,或心胸疼痛,气短胸闷,自汗,畏寒肢冷,神疲乏力,面色㿠白,或面唇青紫,舌质淡胖或紫暗,苔白滑,脉弱或结或代。

【证候分析】　本证常由心气虚进一步发展而来;或由其他脏腑病证损伤心阳而成。心阳虚衰,推动、温运无力,心动失常,轻则心悸,重则怔忡;阳虚寒凝,心脉痹阻,故见心胸疼痛;心阳虚衰,宗气衰少,胸阳不展,气滞胸中,故见胸闷气短;虚寒内生,温煦失职,故见畏寒肢冷;阳虚卫外不固,故见自汗;温运乏力,面部血脉失充,寒凝而血行不畅,故见面色㿠白或面唇青紫,舌质紫暗,脉弱或结或代脉;阳虚水湿不化,故舌淡胖嫩,苔白滑。

【辨证要点】　心悸怔忡、心胸闷痛与虚寒症状共见。

(五) 心阳虚脱证

心阳虚脱证指心阳衰极,阳气欲脱,以心悸怔忡、冷汗肢厥、脉微欲绝为主要表现的危重证。

【临床表现】　在心阳虚的基础上,突然冷汗淋漓,四肢厥冷,面色苍白,呼吸微弱,或心悸怔忡,心胸憋闷或剧痛,神志模糊或昏迷,唇舌青紫,脉微欲绝。

【证候分析】　可由心阳虚证进一步发展形成;亦可由寒邪暴伤心阳,或痰瘀阻塞心脉引起;还可因失血亡津,气无所依,心阳随之外脱而成。心阳衰亡,不能外固,故冷汗淋漓;不能温煦四肢,故见手足逆冷;宗气外泄,不司呼吸,故见呼吸微弱;阳气外脱,脉道失充,故面色苍白无华;寒凝血脉,则见心胸憋闷或剧痛,口唇青紫;心神涣散,则见神志模糊,甚则昏迷;心脉衰竭,故脉微欲绝。

【辨证要点】　心悸怔忡、心胸憋闷或剧痛与亡阳症状共见。

心气虚证、心阳虚证和心阳虚脱证鉴别见表7-2。

表7-2 心气虚证、心阳虚证和心阳虚脱证鉴别

证　名	病　因　病　机	主　要　症　状	
心气虚证	素体久虚,或久病失养,或劳倦过度,或先天不足,或年高气衰	心悸怔忡,气短胸闷,神疲乏力,或有自汗	动则诸症加剧,面色淡白,舌淡,脉虚
心阳虚证	常由心气虚进一步发展而来;或由其他脏腑病证损伤心阳而成		心胸疼痛,畏寒肢冷,面色㿠白,或面唇青紫,舌质淡胖或紫暗,苔白滑,脉弱或结或代
心阳虚脱证	可由心阳虚证进一步发展形成;亦可由寒邪暴伤心阳,或痰瘀阻塞心脉引起;还可因失血亡津,气无所依,心阳随之外脱而成		在心阳虚的基础上,突然冷汗淋漓,四肢厥冷,面色苍白,呼吸微弱,或心悸怔忡,心胸憋闷或剧痛,神志模糊或昏迷,唇舌青紫,脉微欲绝

(六) 心火亢盛证

心火亢盛证指心火内炽,上炎下移,扰神迫血,以心烦失眠、舌赤生疮、吐衄尿赤为主要表现的实热证。

【临床表现】 心烦失眠,发热口渴,便秘尿黄,面红舌赤,苔黄脉数;或狂躁谵语,神识不清;或舌赤生疮,溃烂疼痛;或吐血、衄血;或小便短赤,灼热涩痛。

【证候分析】 多因情志抑郁化火;或火热之邪内侵;或过食辛辣刺激食物、温补之品,久蕴化火,扰神迫血而成。心火炽盛,热扰心神,神不守舍,故见心烦失眠;热盛伤津,故发热口渴、便秘尿黄;火热内盛,故面红舌赤、苔黄脉数。火热闭窍扰神,故狂躁谵语、神识不清;火热迫血妄行,故见吐血衄血;心火上炎舌窍,故见口舌生疮、溃烂疼痛;心火下移小肠,故见小便赤涩、灼热疼痛。

【辨证要点】 心烦失眠、舌赤生疮、吐衄尿赤与实热症状共见。

(七) 心脉痹阻证

心脉痹阻证指瘀血、痰浊、阴寒、气滞等因素阻痹心脉,以心悸怔忡、胸闷心痛为主要表现的血瘀证,又称为心血(脉)瘀阻证。

【临床表现】 心悸怔忡,心胸憋闷疼痛,痛引肩背内臂,时作时止。瘀阻心脉者,以刺痛为主,舌质晦暗、有青紫斑点,脉细、涩、结、代;痰阻心脉者,以心胸憋闷为主,体胖痰多,身重困倦,舌苔白腻,脉沉滑或沉涩;寒凝心脉者,以遇寒痛剧为主,得温痛减,畏寒肢冷,舌淡苔白,脉沉迟或沉紧;气滞心脉者,以胀痛为主,与情志变化有关,喜太息,舌淡红,脉弦。

【证候分析】 多因正气先虚,心阳不振,运血无力,逐渐发展而成。常因气滞、血瘀、痰阻、寒凝等诱发,故其性质为本虚标实。心阳不振,失于温运,心脉失养,心动不安,故见心悸怔忡;阳气不运,心脉阻滞不通,故心胸憋闷疼痛;手少阴心经之脉横出腋下,循肩背、内臂后缘,故痛引肩背内臂,时作时止。

瘀阻心脉的疼痛以刺痛为特点,伴见舌质晦暗,或有青紫色瘀斑、瘀点,脉细涩或结或代等瘀血内阻的症状。

痰阻心脉的疼痛以憋闷为特点,多伴体胖痰多、身重困倦、苔白腻、脉沉滑或沉涩等痰浊内盛的症状。

寒凝心脉的疼痛以痛势剧烈、突然发作、遇寒加剧、得温痛减为特点,伴见畏寒肢冷、舌淡苔白、脉沉迟或沉紧等寒邪内盛的症状。

气滞心脉的疼痛以胀痛为特点,其发作多与精神因素有关,常伴见胁胀、善太息、脉弦等气机郁滞的症状。

【辨证要点】 心悸怔忡、心胸憋闷疼痛与瘀、痰、寒、气所致心脉痹阻症状共见。

(八) 痰蒙心神证

痰蒙心神证指痰浊内盛,蒙蔽心神,以神志抑郁、错乱、痴呆、昏迷为主要表现的痰浊证,又称为痰迷心窍(包)证。

【临床表现】 神识痴呆,意识模糊,甚则昏不知人,或精神抑郁,表情淡漠,喃喃独语,举止失常;或突然昏仆,不省人事,口吐涎沫,喉有痰声,并见面色晦暗,胸闷呕恶,舌苔白腻,脉滑。

【证候分析】 多因湿浊酿痰;或因情志不遂,气郁生痰;或痰浊内盛,挟肝风内扰,致痰浊蒙蔽心神而成。痰浊蒙蔽,心神不清,故见神情痴呆、意识模糊,甚则昏不知人;肝失疏泄,气郁生痰,蒙蔽心神,则见精神抑郁、表情淡漠、喃喃独语、举止失常;痰浊内盛,引动肝风,肝风挟痰,蒙蔽心神,故见突然昏仆、不省人事、口吐涎沫、喉中痰鸣;痰浊内阻,气血不畅,故面色晦暗;痰阻胸阳,胃失和降,则胸闷呕恶。舌苔白腻、脉滑均为痰浊内盛之征。

【辨证要点】 神志抑郁、错乱、痴呆、昏迷与痰浊症状共见。

(九) 痰火扰神证

痰火扰神证指火热痰浊交结,扰乱心神,以狂躁、神昏为主要表现的痰热证,又称痰火扰心(闭窍)证。

【临床表现】 发热口渴,面红目赤,胸闷气粗,咳吐黄痰,喉间痰鸣,烦躁不宁,失眠多梦,甚或神昏谵语,或狂躁妄动,打人毁物,不避亲疏,胡言乱语,哭笑无常,舌红,苔黄腻,脉滑数。

【证候分析】 多因精神刺激,思虑动怒,气郁化火,炼液为痰,痰火内盛;或外感温热、湿热之邪,热邪煎熬,灼液为痰,痰火内扰而成。外感热病中,邪热内盛,热蒸火炎,故见发热口渴、面红目赤;痰火壅肺,故胸闷气粗、吐痰黄稠、喉间痰鸣;痰热扰心,故烦躁不宁、失眠多梦;痰火蔽窍,扰乱神志,故神昏谵语。内伤杂病中,精神刺激,痰火内盛,闭扰心神,轻则心烦失眠,重则精神错乱;痰火扰乱精神,故见狂妄躁动、打人毁物、不避亲疏、胡言乱语、哭笑无常。舌红、苔黄腻、脉滑数,均为痰火内盛之象。

【辨证要点】 神志狂躁、神昏谵语与痰热症状共见。

痰蒙心神证和痰火扰神证鉴别见表7-3。

表7-3 痰蒙心神证和痰火扰神证鉴别

证 名	病 因 病 机	主 要 症 状	
痰蒙心神证	湿浊酿痰;或情志不遂,气郁生痰;或痰浊内盛,挟肝风内扰,致痰浊蒙蔽心神	神志异常,舌苔腻,脉滑	神识痴呆,意识模糊,甚则昏不知人,或精神抑郁,表情淡漠,喃喃独语,举止失常,或突然昏仆,不省人事,口吐涎沫,喉有痰声,并见面色晦暗,胸闷呕恶,舌苔白
痰火扰神证	精神刺激,思虑动怒,气郁化火,炼液为痰,痰火内盛;或外感温热、湿热之邪,热邪煎熬,灼液为痰,痰火内扰		发热口渴,面红目赤,胸闷气粗,咳吐黄痰,喉间痰鸣,烦躁不宁,失眠多梦,甚或神昏谵语,或狂躁妄动,打人毁物,不避亲疏,胡言乱语,哭笑无常,舌红,苔黄,脉数

(十) 瘀阻脑络证

瘀阻脑络证指瘀血犯头,阻滞脑络,以头痛、头晕及血瘀症状为主要表现的证。

【临床表现】 头晕不已,头痛如刺,痛处固定,经久不愈,健忘,失眠,心悸,或头部外伤后昏不知人,面色晦暗,舌质紫暗或有瘀斑、瘀点,脉细涩。

【证候分析】 多因头部外伤,瘀血停积脑内;或久病入络,瘀血阻塞脑络而成。瘀血阻滞脑络,故头痛如刺、痛处固定、经久不愈;脑络不通,气血失养,则头晕不已;瘀血不去,新血不生,心神失养,故健忘、失眠、心悸;外伤严重,元神无主,故昏不知人;脑络瘀阻,瘀色外现,则面色晦暗;舌质紫暗或有瘀点瘀斑、脉细涩,为瘀血内阻之征。

【辨证要点】 头痛、头晕与血瘀症状共见。

(十一) 小肠实热证

小肠实热证指心火下移小肠,不能泌别清浊,影响膀胱气化,以小便赤涩疼痛、心烦、舌疮为主要表现的实热证。

【临床表现】 小便短赤、涩痛,尿血,心烦口渴,口舌生疮,脐腹胀痛,舌红,苔黄,脉数。

【证候分析】 多因心经有热,下移小肠;或饮食不节,脾失健运,湿浊化热,下注小肠而成。心火下移小肠,不能泌别清浊,影响膀胱气化功能,故小便短赤、涩痛;热伤血络,故尿血;热邪扰心,故心烦口渴;火扰舌窍,故口舌生疮;小肠、膀胱气机失调,故脐腹胀痛;舌红苔黄、脉数均为实热之征。

【辨证要点】 小便赤涩疼痛、心烦、舌疮与实热症状共见。

心火亢盛证和小肠实热证鉴别见表7-4。

表7-4 心火亢盛证和小肠实热证鉴别

证 名	病 因 病 机	主 要 症 状	
心火亢盛证	情志抑郁化火;或火热之邪内侵;或过食辛辣刺激食物、温补之品,久蕴化火,扰神迫血	心烦口渴,便秘,口生疮,溃烂疼痛,小便短赤、灼热涩痛,舌红,苔黄,脉数	失眠,面红,或狂躁谵语,神识不清,或吐血、衄血
小肠实热证	心经有热,下移小肠;或饮食不节,脾失健运,湿浊化热,下注小肠		或尿血,脐腹胀痛

二、肺与大肠病证

肺居胸中,上连气道、喉咙,开窍于鼻;肺主气,司呼吸,主宣发,外合皮毛,主肃降,通调水道。

肺病的证型有虚实两类:虚证多见气虚和阴虚;实证多因风、寒、燥、热和痰饮所致。肺病症状以咳嗽、气喘最常见。

肺与大肠相表里,大肠主传导,排泄糟粕。大肠病的证型也有虚实之分:虚证多因阴血津亏;实证多因感受湿热之邪,或误食不洁,虫体寄生而成。主要表现为泄泻、便秘。

(一) 肺气虚证

肺气虚证指由于肺功能减弱,以咳喘无力及气虚症状为主要表现的证。

【临床表现】 咳喘无力,少气短息,动则益甚,语声低怯,咳痰清稀,或有自汗,恶风,易于感冒,神疲体倦,面色淡白,舌淡苔白,脉弱。

【证候分析】 多由久病咳喘,耗伤肺气,或因气的化生不足,肺失充养所致。肺气亏虚,宣降失权,故咳喘无力;动则耗气,则咳喘益甚;肺气虚,宗气衰少,走息道以行呼吸功能衰退,故少气短息、语声低怯;津液不布,聚而为痰,随肺气上逆,则吐痰清稀;面色淡白、神疲体倦、舌淡苔白、脉弱,均为气虚之象。若肺气虚,不能宣发卫气于肌表,腠理不密,卫表不固,故见自汗、恶风,且易受外邪侵袭而患感冒。

【辨证要点】 咳喘无力与气虚症状共见。

(二) 肺阴虚证

肺阴虚证指由于肺阴不足,虚热内生,以干咳或痰少而黏及阴虚症状为主要表现的证。

【临床表现】 干咳无痰,或痰少而黏,不易咯出,或痰中带血,声音嘶哑,口燥咽干,形体消瘦,五心烦热,潮热,盗汗,颧红,舌红少津,脉细数。

【证候分析】 多因热病后期耗伤肺阴,或痨虫蚀肺,或久咳伤肺,肺阴亏虚而成。肺为娇脏,性喜清润,肺阴不足,以致肺失清肃,虚热内生,炼津成痰,故干咳无痰,或痰少而黏,难以咯出;虚火灼伤肺络,络伤血溢,则痰中带血;肺阴不足,咽喉失润,以致声音嘶哑。潮热、五心烦热、盗汗、颧红、口燥咽干、形体消瘦、舌红少津、脉细数,为阴虚内热之象。

【辨证要点】 干咳或痰少而黏与阴虚症状共见。

(三) 风寒犯肺证

风寒犯肺证指由于风寒之邪侵袭肺表,肺卫失宣,以咳嗽及风寒表证症状为主要表现的证。

【临床表现】 咳嗽,痰稀色白,伴恶寒发热,鼻塞,流清涕,喉痒,或见身痛无汗,舌苔薄白,脉浮紧。

【证候分析】 多由外感风寒之邪,侵袭肺卫,致使肺气失宣而成。外感风寒,袭表犯肺,肺气被束,失于宣降,故咳嗽;寒为阴邪,故咳吐痰液清稀;鼻为肺窍,肺气失宣,则鼻塞流涕;肺主气属卫,风寒犯表,损伤卫阳,肌表失于温煦,故见恶寒,卫阳被遏则发热;寒邪凝滞经络,经气不利,故头身疼痛;腠理闭塞,故见无汗;舌苔薄白、脉浮紧,为感受风寒之征。

【辨证要点】 咳嗽兼见风寒表证症状。

风寒犯肺证与风寒表证的临床表现近似,但辨证要点各有侧重。前者以咳嗽及痰稀色白为主症,兼见风寒表证,且表证一般较轻;后者以恶寒发热为主症,咳嗽为或有症,即使出现亦很轻微。

(四) 风热犯肺证

风热犯肺证指风热邪气侵袭肺系,肺卫受病,以咳嗽及风热表证症状为主要表现的证。本证在三焦辨证中属上焦病证,在卫气营血辨证中则属卫分证。

【临床表现】 咳嗽,痰稠色黄,鼻塞,流浊涕,发热,微恶风寒,口微渴,或咽喉疼痛,舌尖红,苔薄黄,脉浮数。

【证候分析】 多因外感风热之邪,侵犯肺卫所致。风热袭肺,肺失清肃,肺气上逆,故咳嗽;风热为阳邪,故痰稠色黄;肺气失宣,鼻窍不利,津液为热邪所熏,故鼻塞、流浊涕;风热上扰,咽喉不利,故咽痛;肺卫受邪,卫气抗邪则发热;卫气被遏,肌表失于温煦,故恶寒;热伤津液则口微渴;舌尖红,苔薄黄、脉浮数,为风热袭表犯肺之征。

【辨证要点】 咳嗽兼见风热表证症状。

(五) 燥邪犯肺证

燥邪犯肺证指燥邪侵犯肺卫,以干咳少痰、肺系干燥少津症状及表证症状为主要表现的证,又称燥气伤肺证,亦称肺燥(外燥)证。据其偏寒、偏热之不同,又有温燥、凉燥之分。

【临床表现】 干咳少痰,或痰黏难咯,甚则胸痛,咯血,痰中带血,口、唇、鼻、咽干燥,或见鼻衄,便干溺少,苔薄而干燥少津,发热,微恶风寒,无汗或少汗,脉浮数或浮紧。

【证候分析】 多因秋令之季,感受燥邪,耗伤肺津,肺卫失和,或因风温之邪化燥伤津所致。初秋感燥,燥挟热气,多病温燥;深秋感燥,燥挟寒气,多病凉燥。肺喜润恶燥,燥邪犯肺,易伤肺津,肺失滋润,清肃失职,故干咳无痰,或痰少而黏,难以咯出,甚则咳伤肺络,而见胸痛咯血;燥邪伤津,失于滋润,则见口、唇、鼻、咽干燥,肠道失润,故大便干燥;尿源不足则溺少;燥袭卫表,卫气失和,故见发热微恶风寒,苔薄而干燥少津,脉浮;若燥与寒并,则为凉燥,而见无汗,脉浮紧;燥与热合,则为温燥,而见少汗,脉浮数。

【辨证要点】 干咳少痰、肺系干燥少津症状与表证症状共见。

风寒犯肺证、风热犯肺证和燥邪犯肺证鉴别见表7-5;肺阴虚证和燥邪犯肺证鉴别见表7-6。

表7-5 风寒犯肺证、风热犯肺证和燥邪犯肺证鉴别

证 名	病 因 病 机		主 要 症 状
风寒犯肺证	外感风寒,肺卫失宣	咳嗽咳痰,恶寒发热,鼻塞流涕,苔薄,脉浮	痰稀色白,恶寒重发热轻,流清涕,喉痒,或见身痛无汗,舌苔白,脉紧
风热犯肺证	外感风热,肺卫失宣		痰稠色黄,发热重恶寒轻,流浊涕,口微渴,或咽喉疼痛,舌尖红,苔黄,脉数
燥邪犯肺证	秋令之季,感受燥邪,耗伤肺津,肺卫失和,或因风温之邪化燥伤津		干咳少痰,或痰黏难咯,甚则胸痛,咯血,痰中带血,口、唇、鼻、咽干燥,或见鼻衄,便干溺少,苔干燥少津,无汗或少汗,脉数或紧

表7-6 肺阴虚证和燥邪犯肺证鉴别

证 名	病 因 病 机		主 要 症 状
肺阴虚证	热病后期耗伤肺阴,或痨虫蚀肺,或久咳伤肺,肺阴亏虚	干咳无痰,或痰少而黏,不易咯出,或痰中带血,口燥咽干,苔燥少津,脉细	声音嘶哑,形体消瘦,五心烦热,潮热盗汗,颧红,舌红,脉数
燥邪犯肺证	秋令之季,感受燥邪,耗伤肺津,肺卫失和,或因风温之邪化燥伤津		胸痛,咯血,或见鼻衄,便干溺少,发热微恶风寒,无汗或少汗,脉浮紧或浮数

(六) 肺热炽盛证

肺热炽盛证指邪热内盛于肺,以咳嗽、气喘及里实热症状为主要表现的证。本证在卫气营血辨证中属气分证,在三焦辨证中属上焦病证。

【临床表现】 咳嗽,气喘,鼻煽气灼,胸痛,咽喉红肿疼痛,发热,口渴,小便短赤,大便秘结,舌红苔黄,脉数。

【证候分析】 多因外感风热入里,或风寒之邪入里化热,蕴结于肺所致。热邪犯肺,肺失清肃,气逆于上,故见咳嗽、气喘;肺热上熏咽喉,气血壅滞,故咽喉红肿疼痛;肺开窍于鼻,邪热迫肺,肺气不利,故见鼻煽气灼;里热蒸腾则发热;伤津则口渴、便秘、小便短赤;舌红苔黄、脉数,为邪热内盛之征。

【辨证要点】 咳嗽、气喘与里实热症状共见。

(七) 痰热壅肺证

痰热壅肺证指痰热互结,壅闭于肺,以咳喘、痰多黄稠及痰热症状为主要表现的证,又称痰热

阻肺证。

【临床表现】 咳嗽,咯痰黄稠而量多,胸闷,气喘息粗,甚则鼻翼煽动,或咳吐脓血腥臭痰,胸痛,或喉中痰鸣,发热口渴,大便秘结,小便短赤,舌红苔黄腻,脉滑数。

【证候分析】 多因外邪犯肺,郁而化热,热伤肺津,炼液成痰,或素有宿痰,内蕴日久化热,痰与热结,壅阻于肺所致。痰热壅阻于肺,肺失清肃,肺气上逆,故咳嗽、胸闷、气喘息粗;甚则肺气郁闭,则见鼻翼煽动;若痰热阻滞肺络,气滞血壅,肉腐血败,则见咳吐脓血腥臭痰,胸痛。痰热互结,随肺气上逆,故咯痰黄稠而量多,或喉中痰鸣;里热炽盛,故发热;灼伤阴津,则见口渴、便秘、小便黄赤;舌红苔黄腻、脉滑数,为痰热内盛之征。

【辨证要点】 咳喘、痰多黄稠与痰热症状共见。

(八) 寒痰阻肺证

寒痰阻肺证指寒邪与痰湿交并,壅阻于肺,以咳喘、痰多色白及寒痰症状为主要表现的证。

【临床表现】 咳嗽痰多,痰质黏稠,或清稀色白,量多,易咯,胸闷,或见喘哮痰鸣,形寒肢冷,舌质淡,苔白腻或白滑,脉濡缓或滑。

【证候分析】 多因素有痰疾,复感寒邪,内客于肺,或因寒湿外邪侵袭于肺,或因中阳不足,寒从内生,聚湿成痰,上干于肺所致。寒痰阻肺,肺失宣降,故咳嗽、气喘、痰多色白;寒气搏结,上涌气道,故喉中痰鸣而发哮;寒痰凝闭于肺,肺气不利,故胸胁满闷;寒性凝滞,阳气被郁而不达,肌肤失于温煦,故形寒肢冷;舌淡、苔白腻或白滑,脉濡缓或滑,均为寒痰内盛之象。

【辨证要点】 咳喘、痰多色白与寒痰症状共见。

痰热壅肺证和寒痰阻肺证鉴别见表7-7。

表7-7 痰热壅肺证和寒痰阻肺证鉴别

证 名	病 因 病 机		主 要 症 状
痰热壅肺证	外邪犯肺,郁而化热,热伤肺津,炼液成痰,或素有宿痰,内蕴日久化热,痰与热结,壅阻于肺	咳喘咯痰,胸闷,苔腻,脉滑	痰黄稠而量多,气喘息粗,甚则鼻翼煽动,或咳吐脓血腥臭痰,胸痛,或喉中痰鸣,发热口渴,大便秘结,小便短赤,舌红苔黄,脉数
寒痰阻肺证	素有痰疾,复感寒邪,内客于肺,或因寒湿外邪侵袭于肺,或因中阳不足,寒从内生,聚湿成痰,上干于肺		痰多,痰质黏稠,或清稀色白,量多,易咯,或见喘哮痰鸣,形寒肢冷,舌质淡,苔白滑,脉濡缓

(九) 饮停胸胁证

饮停胸胁证指水饮停于胸胁,气机受阻,以胸胁胀闷疼痛、咳唾引痛为主要表现的证,又称为"悬饮"。

【临床表现】 胸胁胀满疼痛,咳唾痛甚,气息短促,或眩晕,身体转侧或呼吸时胸胁部牵引作痛,舌苔白滑,脉沉弦。

【证候分析】 多因中阳素虚,气不化水,水停为饮,或因外邪侵袭,肺失通调,水液运行输布障碍,停聚为饮,流注胁间而成。胸胁为气机升降之道,饮停胸胁,气道受阻,络脉不利,故胸胁饱胀疼痛;水饮上迫于肺,肺气不利,故咳时疼痛加剧、气短息促;饮邪遏阻,清阳不升,故见眩晕;脉沉弦、苔白滑,亦为水饮内停之征。

【辨证要点】 胸胁胀满疼痛、咳唾引痛与饮停症状共见。

(十)风水相搏证

风水相搏证指风邪侵袭,肺失宣降,水湿泛溢肌肤,以水肿骤起,眼睑头面先肿,并兼卫表症状为主要表现的证。本证属阳水范畴。

【临床表现】 眼睑头面先肿,继而遍及全身,小便短少,来势迅猛,皮肤薄而亮,并兼有恶寒重、发热轻、无汗、舌苔薄白、脉象浮紧;或兼见发热重、恶寒轻、咽喉肿痛、舌红、苔薄黄、脉浮数。

【证候分析】 多由外感风邪,肺卫受病,宣降失常,通调失职,以致风遏水阻,风水相搏,泛溢肌肤而成。风为阳邪,上先受之,风水相搏,故水肿起于眼睑头面,继而遍及全身;上焦不宣,气化失司,则小便短少;若伴见恶寒重发热轻、无汗、苔薄白、脉浮紧,为风水偏寒之征;若兼有发热重恶寒轻、咽喉肿痛、舌红、苔薄黄、脉浮数,为风水偏热之象。

【辨证要点】 水肿骤起、眼睑头面先肿兼卫表症状。

(十一)虫积肠道证

虫积肠道证指蛔虫等寄生肠道,以脐周腹痛、面黄形瘦、大便排虫及气滞症状为主要表现的证。

【临床表现】 脐周腹痛时作,或胃中嘈杂,嗜食异物,大便排虫,面黄形瘦,睡中龂齿,或鼻痒,面部出现白色虫斑,白睛见蓝斑,或突发腹痛,按之有条索状,甚至剧痛而汗出肢厥,呕吐蛔虫。

【证候分析】 多因误食不洁,虫卵随饮食入口,在肠道内繁殖孳生而成。蛔虫扰动,则腹痛时作,虫安则痛止,或随便出而排虫;虫居肠道,争食水谷,吮吸精微,故觉胃中嘈杂而贪食,久则面黄形瘦;若蛔虫钻窜,聚而成团,抟于肠中,阻塞不通,则腹痛们之有条索块状;蛔虫上窜,侵入胆道,气机逆乱,则痛剧呕吐,甚至肢厥汗出,此为"蛔厥";鼻痒、齿、面部生白色虫斑、白睛蓝斑均为虫积肠道的特殊征象。

【辨证要点】 脐周腹痛、面黄形瘦、大便排虫与气滞症状共见。

(十二)肠热腑实证

肠热腑实证指有形热结肠腑,以腹满硬痛、便秘及里热炽盛症状为主要表现的证。在六经辨证中称为阳明腑实证,在卫气营血辨证中属气分证,在三焦辨证属中焦病证。

【临床表现】 高热,或日晡潮热,脐腹部硬满疼痛,拒按,大便秘结,或热结旁流,气味恶臭,汗出口渴,甚则神昏谵语,小便短黄,舌质红,苔黄厚而燥,或焦黑起刺,脉沉数有力,或沉实有力。

【证候分析】 多因邪热炽盛,汗出过多,或误用发汗,津液外泄,致使肠中干燥,里热更甚,燥屎内结而成。热结大肠,燥屎内结,腑气不通,故脐腹部硬满疼痛拒按、大便秘结;大肠属阳明经,其经气旺于日晡,故日晡潮热;若燥屎内踞而邪热又迫津下泄,所下稀水恶臭不堪,此即所谓"热结旁流";邪热与燥屎相结而热愈炽,上熏侵扰心神,可见神昏谵语;里热蒸达,迫津外泄,故见高热、汗出口渴、小便短黄;实热内结,故舌质红,苔黄厚而干燥,或焦黑起刺,脉沉数有力,或沉实有力。

【辨证要点】 腹满硬痛、便秘与里热炽盛症状共见。

(十三)肠燥津亏证

肠燥津亏证指由于大肠阴津亏虚,传导不利,以大便燥结、难以排出及津亏症状为主要表现的证。

【临床表现】 大便秘结,干燥难下,数日一行,口干,或口臭,或伴见头晕,舌红少津,苔黄燥,脉细涩。

【证候分析】 多因素体阴亏,或年老而阴血不足,或吐泻、久病、温热病后期等耗伤阴液,或因失血、妇女产后出血过多,以致阴血津液亏虚,大肠失于濡润所致。肠道阴津亏虚,失于滋润,传导失职,故大便干燥秘结,难以排出,甚或数日一行;大肠腑气不通,秽浊之气逆于上,故口臭、头晕;阴津亏损,不能上承,故口干咽燥;燥热内生,则舌红少津、苔黄燥;脉道失充,故脉象细涩。

【辨证要点】 大便燥结、难以排出与津亏症状共见。

(十四) 大肠湿热证

大肠湿热证指由于湿热侵犯肠道,传导失职,以下痢或泄泻及湿热症状为主要表现的证。

【临床表现】 腹痛,暴注下泻,色黄而秽臭,或下痢脓血,里急后重,肛门灼热,小便短黄,身热口渴,舌质红,苔黄腻,脉滑数。

【证候分析】 多因夏秋之季,感受暑湿热邪,侵犯肠道,或饮食不洁,致使湿热秽浊之邪蕴结肠道而成。湿热之邪犯及肠道,壅阻气机,故腹痛;热迫肠道,水液下注,则见暴注下泻、便色黄而秽臭;熏灼肠道,脉络受损,故见下痢脓血;火热之性急迫,热蒸肠道,时欲排便,故有腹中急迫感及肛门灼热;湿阻肠道,气滞不畅,大便不得畅通,故腹痛而且肛门滞重;伤津,则口渴、尿短黄;湿热蒸达于外,故身热;湿热内蕴,故舌质红、苔黄腻、脉滑数。

【辨证要点】 下痢或泄泻与湿热症状共见。

三、脾与胃病证

脾胃同居中焦,经络相互络属,互为表里。脾主肌肉、四肢,开窍于口,其华在唇,外应于腹;脾主运化水谷精微,为气血生化之源,故称为"后天之本";又主统血,使血液在脉管内运行;其性喜燥恶湿,以升清为用。胃主受纳、腐熟水谷,其性喜润恶燥,以通降为和,脾升胃降,相济为用。

脾的主要病理为运化、升清、统血功能失常。脾病的常见症状:纳少,腹胀,便溏,浮肿,周身困重,内脏下垂,慢性出血等。胃的主要病理为受纳、腐熟功能失常。胃病的常见症状:胃脘痛,不欲食,恶心呕吐,嗳气,呃逆等。

脾病的常见证型有虚、实之分:虚证多见脾气虚证、脾虚气陷证、脾阳虚证、脾不统血证;实证多见寒湿困脾证、湿热蕴脾证。胃病的常见证型也有虚实之分:虚证多见胃气虚证、胃阳虚证、胃阴虚证;实证多见胃热炽盛证、寒饮停胃证、寒滞胃肠证、食滞胃脘证。

(一) 脾气虚证

脾气虚证指脾运失职,气血乏源,机体失养,以纳少腹胀,食后尤甚,便溏及气虚症状为主要表现的证。

【临床表现】 纳少腹胀,食后尤甚,便溏,肢体困倦,消瘦,或浮肿,面色无华,神疲乏力,少气懒言,舌淡苔白,脉缓弱。

【证候分析】 多由饮食不节,过劳忧思,素体虚弱,年老体衰;或大病初愈,调养失宜,脾主运化功能减退所致。脾气虚弱,运化失司,故纳少腹胀,食后尤甚;脾虚失运,升清不足,湿走肠道,则便溏;脾虚不能化生气血,荣养肢体,则肢体困倦;脾虚气血生化不足,肌肤失养则消瘦;脾虚失运,水湿内停则浮肿;脾虚气血乏源,则见面色无华、神疲乏力、少气懒言、舌淡苔白、脉缓弱等气虚之征。

【辨证要点】 纳少、腹胀、便溏与气虚症状共见。

(二)脾虚气陷证

脾虚气陷证指脾气下陷,升清不足,以脘腹坠胀、内脏下垂及气虚症状为主要表现的证。

【临床表现】 纳少,脘腹坠胀,食后尤甚,便意频数,久泻不止,肛门重坠,甚则脱肛,妇女子宫下垂,或小便浑浊如米泔,头晕目眩,面色无华,神疲乏力,少气懒言,舌淡苔白,脉缓弱。

【证候分析】 多由久泻久痢,劳累太过,或妇女孕产失养等,使脾气虚甚,清阳下陷所致。脾虚升清失司,气坠于下,故见纳少、脘腹坠胀且食后尤甚;中气下陷,脏器失举,则见便意频数、久泻不止、肛门重坠,甚则脱肛、妇女子宫下垂;脾虚精微输布失常,清浊不分,下注膀胱,则见小便浑浊如米泔;脾虚下陷,清阳不升,头目失养,则头晕目眩;脾虚气血乏源则见面色无华、神疲乏力、少气懒言、舌淡苔白、脉缓弱。

【辨证要点】 脘腹坠胀、内脏下垂与气虚症状共见。

(三)脾不统血证

脾不统血证指脾气亏虚,统血功能失常,血溢脉外,以各种出血为主要表现的证。

【临床表现】 各种出血症状,如吐血、便血、尿血、肌衄、鼻衄、齿衄,妇女月经过多,甚则崩漏,食少,便溏,神疲乏力,少气懒言,舌淡苔白,脉细弱。

【证候分析】 多由久病气虚,忧思过劳,损伤脾气,导致统血失常,血溢脉外所致。脾气亏虚,统血失常,血溢脉外,故见各种出血症状:血溢胃肠,则见吐血、便血;血溢膀胱,则见尿血;泛溢肌肤则肌衄;泛溢于鼻、齿则见鼻衄、齿衄;脾虚冲任失养,固摄不足,则见妇女月经过多,甚则崩漏;脾气亏虚,则见食少、便溏、神疲乏力、少气懒言、舌淡苔白、脉细弱。

【辨证要点】 各种出血症状与气虚症状共见。

(四)脾阳虚证

脾阳虚证指脾阳亏虚,失于温运,虚寒内生,以脘腹胀痛、喜温喜按及阳虚症状为主要表现的证。

【临床表现】 脘腹胀痛,喜温喜按,畏寒肢冷,口淡不渴,便溏,甚则完谷不化,肢体浮肿,小便短少,或妇女白带量多质稀,舌淡胖有齿痕,苔白滑,脉沉迟无力。

【证候分析】 多由过食生冷,过用苦寒,日久损伤脾阳;或外寒直中,或因肾阳亏虚,不能温煦脾阳,导致脾阳亏虚,虚寒内生,水谷不化所致。脾阳亏虚,虚寒内生,故见脘腹胀痛、喜温喜按;脾阳亏虚,温煦失职,则见畏寒肢冷;脾阳亏虚,水湿不化,则见口淡不渴、便溏,甚则完谷不化;水湿泛溢肌肤,则见肢体浮肿、小便短少;水湿下注,则妇女白带量多质稀;脾阳亏虚,气失温运,则见舌淡胖有齿痕、苔白滑、脉沉迟无力。

【辨证要点】 脘腹胀痛、喜温喜按与阳虚症状共见。

脾气虚证、脾虚气陷证、脾不统血证和脾阳虚证鉴别见表7-8。

表7-8 脾气虚证、脾虚气陷证、脾不统血证和脾阳虚证鉴别

证 名	病 因 病 机	主 要 症 状	
脾气虚证	饮食不节、过劳忧思、素体虚弱、年老体衰;或大病初愈、调养失宜,脾主运化功能减退	纳少腹胀,食后尤甚,便溏,舌淡苔白,脉缓弱	肢体困倦,消瘦,或浮肿,面色无华,神疲乏力,少气懒言
脾虚气陷证	久泻久痢,劳累太过;或妇女孕产失养等,使脾气虚甚,清阳下陷		脘腹坠胀,便意频数,久泻不止,肛门重坠,甚则脱肛,妇女子宫下垂,或小便浑浊如米泔,头晕目眩,面色无华,神疲乏力,少气懒言

续表

证　名	病　因　病　机	主　要　症　状	
脾不统血证	久病气虚,忧思过劳,损伤脾气,导致统血失常,血溢脉外	纳少腹胀,食后尤甚,便溏,舌淡苔白,脉缓弱	各种出血症状,如吐血、便血、尿血、肌衄、鼻衄、齿衄,妇女月经过多,甚则崩漏,神疲乏力,少气懒言,脉细
脾阳虚证	过食生冷,过用苦寒,日久损伤脾阳;或外寒直中,或因肾阳亏虚,不能温煦脾阳,导致脾阳亏虚,虚寒内生,水谷不化		脘腹胀痛,喜温喜按,畏寒肢冷,口淡不渴,完谷不化,肢体浮肿,小便短少,或妇女白带量多质稀,舌胖有齿痕,苔滑,脉沉迟无力

(五) 寒湿困脾证

寒湿困脾证指寒湿内盛,困阻脾阳,以脘腹痞闷、腹痛、便溏及寒湿症状为主要表现的证。

【临床表现】 脘腹痞闷,腹痛便溏,泛恶欲吐,口腻不渴,头身困重,或肢体浮肿、小便短少,或面目肌肤发黄,色泽晦暗,舌淡体胖,苔白腻,脉濡缓或沉细。

【证候分析】 多由外感寒湿,或过食生冷,致寒湿内停,或嗜食甘肥,湿浊内生,外湿内湿,互为因果,导致脾阳困阻,运化失常所致。寒湿困脾,湿阻气机,故见脘腹痞闷、腹痛便溏;湿阻气机,胃气上逆,则见泛恶欲吐、口腻不渴;湿遏清阳,则见头身困重;寒湿困脾,水湿不化,则见肢体浮肿、小便短少;寒湿困阻中阳,阻遏肝胆疏泄失调,胆汁外溢肌肤,则见面目肌肤发黄、色泽晦暗;寒湿内盛,则见舌淡体胖、苔白腻、脉濡缓或沉细。

【辨证要点】 脘腹痞闷、腹痛、便溏与寒湿症状共见。

(六) 湿热蕴脾证

湿热蕴脾证指湿热内蕴,脾运失常,以脘腹胀闷、便溏不爽及湿热症状共见为主要表现的证。

【临床表现】 脘腹胀闷,身重,发热,或身热不扬,汗出热不解,口中黏腻,便溏不爽,或面目肌肤发黄,色泽鲜明,小便短黄,舌红苔黄腻,脉濡数。

【证候分析】 多由外感湿热之邪,或嗜食肥甘味,饮酒无度,湿热内蕴脾胃所致。湿热内蕴,气机阻滞,故见脘腹胀闷;湿困肢体,则见身重;湿遏热伏,郁蒸于内,则见发热,或身热不扬,湿性缠绵黏滞,则汗出热不解、口中黏腻、便溏不爽;湿热交结,熏蒸肝胆,胆汁不循常道,则见面目肌肤发黄、色泽鲜明、小便短黄;湿热内蕴,则见舌红苔黄腻、脉濡数。

【辨证要点】 脘腹胀闷、便溏不爽与湿热症状共见。

寒湿困脾证和湿热蕴脾证鉴别见表 7-9。

表 7-9　寒湿困脾证和湿热蕴脾证鉴别

证　名	病　因　病　机	主　要　症　状	
寒湿困脾证	外感寒湿,或过食生冷,致寒湿内停,或嗜食甘肥,湿浊内生,外湿内湿,互为因果,导致脾阳困阻,运化失常	脘腹痞闷,口中黏腻,便溏不爽,小便短少,面目肌肤发黄,苔腻,脉濡	腹痛,泛恶欲吐,口不渴,头身困重,或肢体浮肿,或黄疸晦暗,舌淡体胖,苔白,脉缓或沉细
湿热蕴脾证	外感湿热之邪,或嗜食肥甘,饮酒无度,湿热内蕴脾胃		身重,发热,或身热不扬,汗出热不解,或黄疸鲜明,小便黄,舌红苔黄腻,脉数

(七) 胃气虚证

胃气虚证指胃气虚弱,胃失和降,以食少、胃脘痞满胀痛及气虚症状为主要表现的证。

【临床表现】 食少,胃脘痞满胀痛或隐痛,喜按,嗳气,面色萎黄,神疲乏力,少气懒言,舌淡苔白,脉弱。

【证候分析】 多由饮食不节,饥饱无常,劳倦过度,或他病失养,损伤胃气所致。胃气虚弱,受纳、腐熟功能减退,故见食少;胃虚气滞,则见胃脘痞满、胀痛,病性属虚则喜按,气逆于上则嗳气;胃气虚弱,气血乏源,则见面色萎黄、神疲乏力、少气懒言、舌淡苔白、脉弱。

【辨证要点】 食少、胃脘痞满胀痛与气虚症状共见。

脾气虚证和胃气虚证鉴别见表7-10。

表7-10 脾气虚证和胃气虚证鉴别

证 名	病 因 病 机	主 要 症 状	
脾气虚证	饮食不节、过劳忧思、素体虚弱、年老体衰或大病初愈、调养失宜、脾主运化功能减退	面色无华,神疲乏力,少气懒言,食少,舌苔白,脉缓弱	腹胀、便溏肢倦
胃气虚证	饮食不节,饥饱无常,劳倦过度,或他病失养,损伤胃气		胃脘痞满,嗳气

(八)胃阳虚证

胃阳虚证指胃阳不足,胃失温养,以胃脘冷痛、喜温喜按及阳虚症状为主要表现的证。

【临床表现】 胃脘冷痛,时发时止,喜温喜按,食少脘痞,泛吐清水,畏寒肢冷,口淡不渴,舌淡胖,苔白滑,脉沉迟无力。

【证候分析】 多由过食生冷,或过用苦寒泻下之品,或胃虚日久,他病失养,损伤胃阳所致。胃阳不足,虚寒内生,阻滞气机,故见胃脘冷痛且时发时止,病属虚寒则喜温喜按;受纳腐熟功能减退,胃气失降,则见食少脘痞、泛吐清水;阳虚生寒,津液不化,则见畏寒肢冷、口淡不渴;胃阳亏虚,温化不足,则见舌淡胖、苔白滑、脉沉迟无力。

【辨证要点】 胃脘冷痛、喜温喜按与阳虚症状共见。

(九)胃阴虚证

胃阴虚证指胃阴不足,胃失濡润,以胃脘嘈杂、饥不欲食及阴虚症状为主要表现的证。

【临床表现】 胃脘嘈杂,隐隐作痛,饥不欲食,干呕呃逆,口燥咽干,大便秘结,小便短少,舌红少苔,脉细数。

【证候分析】 多由热病后期,或气郁化火,或吐泻太过,或过食辛温,伤津耗液,胃阴受损所致。胃阴不足,虚热内生,故见胃脘嘈杂、隐隐作痛;阴液不足,胃失濡润,则见饥不欲食;胃气失降,则干呕呃逆;胃阴亏虚,机体失润,则见口燥咽干、大便秘结、小便短少、舌红少苔、脉细数。

【辨证要点】 胃脘嘈杂、隐隐作痛、饥不欲食与阴虚症状共见。

胃气虚证、胃阳虚证和胃阴虚证鉴别见表7-11。

表7-11 胃气虚证、胃阳虚证和胃阴虚证鉴别

证 名	病 因 病 机	主 要 症 状	
胃气虚证	饮食不节,饥饱无常,劳倦过度,或他病失养,损伤胃气	胃脘隐痛、喜按,食少	胃脘痞满、胀痛、嗳气,面色萎黄,神疲乏力,少气懒言,舌淡苔白,脉弱
胃阳虚证	过食生冷,或过用苦寒泻下之品,或胃虚日久,他病失养,损伤胃阳		胃脘冷痛,时发时止,脘痞,泛吐清水,畏寒肢冷,口淡不渴,舌淡胖,苔白滑,脉沉迟无力

续 表

证 名	病 因 病 机	主 要 症 状	
胃阴虚证	热病后期,或气郁化火,或吐泻太过,或过食辛温,伤津耗液,胃阴受损	胃脘隐痛、喜按、食少	胃脘嘈杂,饥不欲食,干呕呃逆,口燥咽干,大便秘结,小便短少,舌红少苔,脉细数

(十) 胃热炽盛证

胃热炽盛证指胃中火热炽盛,胃运亢进,以胃脘灼痛、消谷善饥及实热症状为主要表现的证。

【临床表现】 胃脘灼痛,喜冷拒按,消谷善饥,渴喜冷饮,口臭吞酸,牙龈肿痛、齿衄,小便短黄,大便秘结,舌红苔黄,脉滑数。

【证候分析】 多由过食辛热,或气郁化火,或邪热内侵,导致胃热炽盛,胃运亢进所致。热邪壅胃,阻滞气机,故见胃脘灼痛、喜冷拒按;胃热炽盛,胃运亢进,则见消谷善饥、渴喜冷饮;胃火内盛,浊气不降,则见口臭吞酸;火热循经上炎,则见牙龈肿痛、齿衄;热盛而伤津,则见小便短黄、大便秘结;邪热内盛,则舌红苔黄、脉滑数。

【辨证要点】 胃脘灼痛、喜冷拒按、消谷善饥与实热症状共见。

胃阴虚证和胃热炽盛证鉴别见表7-12。

表7-12 胃阴虚证和胃热炽盛证鉴别

证 名	病 因 病 机	主 要 症 状	
胃阴虚证	热病后期,或气郁化火,或吐泻太过,或过食辛温,伤津耗液,胃阴受损	胃脘疼痛,口燥咽干,大便闭结,舌红,脉数	胃脘嘈杂,隐隐作痛,喜按,饥不欲食,干呕呃逆,小便短少,少苔,脉细
胃热炽盛证	过食辛热,或气郁化火,或邪热内侵,导致胃热炽盛,胃运亢进		胃脘灼痛,喜冷拒按,消谷善饥,口臭吞酸,牙龈肿痛、齿衄,小便短黄,苔黄,脉滑

(十一) 寒饮停胃证

寒饮停胃证指寒饮停积于胃,以胃脘痞胀、胃中水声辘辘、口泛清水等为主要表现的证。

【临床表现】 胃脘痞胀,胃中水声辘辘,口泛清水,头晕目眩,舌淡,苔白滑,脉沉弦。

【证候分析】 多由饮食不节,嗜饮过度,劳倦内伤等,导致水饮停积于胃所致。寒饮停胃,气机不利,故见胃脘痞胀、胃中水声辘辘;胃气挟饮上逆,则见口泛清水;饮阻清阳之气,则见头晕目眩;寒饮内阻,则见舌淡、苔白滑、脉沉弦。

【辨证要点】 胃脘痞胀、胃中水声辘辘、口泛清水与痰饮症状共见。

(十二) 寒滞胃肠证

寒滞胃肠证指由于寒邪侵犯胃肠,以脘腹冷痛及实寒症状为主要表现的实寒证。

【临床表现】 脘腹冷痛,痛势暴急,遇寒加剧,得温则减,恶心呕吐,口淡不渴,或口泛清水,腹泻清稀,或腹胀便秘,面白或青,肢冷不温,舌苔白润,脉弦或沉紧。

【证候分析】 多因脘腹受冷,或过食生冷,以致寒凝胃肠所致。若证候属实,痛势暴急;寒性收引犯胃,凝阻气机,胃气失和,故胃脘冷而痛;胃气上逆,则恶心呕吐;寒得温则散,故得温痛减;遇寒则气滞更甚,故痛势加剧。寒饮不化,随胃气上逆,则口泛清水。若寒邪侵犯肠道,水湿不化,则见腹泻清水;寒凝气阻,可见腹胀冷秘。寒邪伤阳,阻遏阳气,不能外达,故见肢冷、面白或青。舌苔白润,脉弦或沉紧,为阴寒内盛,气机凝阻之象。

【辨证要点】 脘腹冷痛与实寒症状共见。

(十三) 食滞胃肠证

食滞胃肠证指饮食不化,积滞胃肠,以脘腹痞胀作痛、呕吐酸腐食物、泻下臭秽及气滞症状为主要表现的证。

【临床表现】 脘腹痞胀作痛、拒按,厌食,呕吐酸腐食物,吐后好转,矢气频频,泻下臭秽,舌苔厚腻,脉滑实。

【证候分析】 多由暴饮暴食,食积不化,或素体胃虚,饮食难化,停积于胃所致。饮食停滞,气机不利,故见脘腹痞胀作痛;内有实邪,拒于受纳,则见拒按、厌食;胃失和降,积邪上逆,则呕吐酸腐食物,邪有出路则吐后好转;食积下走肠道,则见矢气频频,泻下臭秽;饮食积滞,则见舌苔厚腻、脉滑实。

【辨证要点】 脘腹痞胀作痛、呕泻酸腐臭秽与气滞症状共见。

四、肝与胆病证

肝位于右胁,胆附于肝,肝胆互为表里。肝开窍于目,在体合筋,其华在爪。足厥阴肝经绕阴器,循少腹,布胁肋,络胆,系目,交巅顶。肝主疏泄,调畅气机,通利血脉,疏泄胆汁,促进脾胃消化吸收,调节精神情志,有助于女子调经、男子泄精;肝又主藏血,具有贮藏血液和调节血量的功能。胆能贮藏和排泄胆汁,并主决断。

肝病的主要病机为疏泄与藏血功能失常;肝病的常见症状:胸胁少腹胀痛或窜痛,情志抑郁或易怒,头晕胀痛,肢体震颤,手足抽搐,以及目部症状,月经不调,阴部症状等。胆病的主要病机为贮藏和排泄胆汁失常;胆病的常见症状:胆怯易惊,惊悸不宁,失眠,口苦,黄疸等。

肝病的性质分实证、虚证、虚实夹杂证:实证多见肝郁气滞证、肝火炽盛证、肝经湿热证、寒滞肝脉证;虚证多见肝血虚证、肝阴虚证;虚实夹杂证多见肝阳上亢证、肝风内动证。胆病的常见证型有胆郁痰扰证。肝胆同病的常见证型有肝胆湿热证。

(一) 肝血虚证

肝血虚证指血液亏虚,肝及所系组织器官失养,以眩晕、视力减退、妇女经量少、肢麻震颤及血虚症状为主要表现的证。

【临床表现】 眩晕,视力减退或夜盲,爪甲不荣,肢麻震颤,肌肉瞤动,关节拘急。或妇女月经量少、色淡、愆期,甚则闭经,面唇淡白,舌淡,脉细。

【证候分析】 多由生血不足,失血过多,或久病耗伤肝血,肝及所系组织器官失养所致。肝血不足,目与爪甲失养,故眩晕、视物模糊或夜盲、爪甲不荣;筋脉失养,血虚生风,则肢麻震颤、肌肉瞤动、关节拘急;血海空虚,冲任失养,故月经量少、色淡、愆期,甚则闭经;血虚失荣,故面唇淡白、舌淡、脉细。

【辨证要点】 眩晕、视力减退、经少、肢麻震颤等与血虚症状共见。若肝血虚证与风动症状共见,则为血虚生风证。

(二) 肝阴虚证

肝阴虚证指阴液亏损,肝及所系组织器官失养,虚热内扰,以眩晕、目涩、胁痛及阴虚症状为主要表现的证。

【临床表现】 眩晕,两目干涩,视力减退,或胁肋隐隐灼痛,或手足蠕动,咽干口燥,两颧潮红,五心烦热,潮热盗汗,舌红少苔,脉弦细数。

【证候分析】 多由五志化火,或温热病后期,耗损肝阴;或因肾阴亏虚,水不涵木;或因湿热之邪侵犯肝经,久则耗伤肝阴,肝及所系组织器官失养,虚热内生而成本证。肝阴不足,头目失濡,故眩晕、两目干涩、视力减退;肝脉失养,虚火内灼,疏泄失常,故胁肋隐隐灼痛、脉弦;筋脉失濡,虚风内动,则见手足蠕动;阴虚失养,则形体消瘦、咽干口燥、舌红少苔、脉细;虚热内蒸,故两颧潮红、五心烦热、潮热盗汗、脉数。

【辨证要点】 眩晕、目涩、胁痛等与阴虚症状共见。若肝阴虚证与风动症状共见,则为阴虚动风证。

肝血虚证和肝阴虚证鉴别见表7-13。

表7-13 肝血虚证和肝阴虚证鉴别

证 名	病 因 病 机	主 要 症 状	
肝血虚证	生血不足,失血过多,或久病耗伤肝血,肝及所系组织器官失养	眩晕,视力减退,脉细	夜盲,爪甲不荣,肢麻震颤,肌肉瞤动,关节拘急。或妇女月经量少、色淡、愆期,甚则闭经,面唇淡白,舌淡
肝阴虚证	五志化火,或温热病后期,耗损肝阴,或因肾阴亏虚,水不涵木;或因湿热之邪侵犯肝经,久则耗伤肝阴,肝及所系组织器官失养,虚热内生		两目干涩,或胁肋隐隐灼痛,或手足蠕动,咽干燥,两颧潮红,五心烦热,潮热盗汗,舌红少苔,脉弦数

(三)肝郁气滞证

肝郁气滞证指肝失疏泄,气机郁滞,以情志抑郁,胸胁、少腹胀痛及气滞症状为主要表现的证。

【临床表现】 情志抑郁,善太息,胸胁、少腹胀满疼痛,走窜不定;或咽部异物感,或颈部瘿瘤、瘰疬,或胁下肿块;妇女可见乳房胀痛,月经不调,痛经;舌苔薄白,脉弦。本证病情轻重与情绪变化的关系密切。

【证候分析】 多因精神刺激,情志不遂;或病邪侵扰,阻滞肝脉;或其他脏腑影响,肝气失于疏泄所致。肝失疏泄,气机郁滞,经气不利,故情志抑郁,善太息,胸胁、少腹胀满窜痛,脉弦;肝郁气滞,冲任失调,故乳房胀痛、月经不调、痛经;肝气郁结,气郁生痰,痰气搏结于咽喉,可见咽部异物感,搏结于颈部,则为瘿瘤、瘰疬;气血瘀阻,结于胁下,日久形成肿块。

【辨证要点】 情志抑郁、胸胁、少腹胀痛等与气滞症状共见。

(四)肝火炽盛证

肝火炽盛证指火热炽盛,内扰于肝,气火上逆,以头痛、胁痛、急躁易怒、耳鸣及实热症状为主要表现的证。

【临床表现】 头晕胀痛,痛势剧烈,面红目赤,急躁易怒,失眠多梦,耳鸣如潮,甚或突发耳聋,或胁肋灼痛,吐血、衄血,口干苦,大便秘结,小便短黄,舌红苔黄,脉弦数。

【证候分析】 多因情志不遂,气郁化火;或外感火热之邪;或嗜烟酒辛辣之品,酿热化火,犯及肝经,以致肝胆气火上逆而成本证。肝火内灼,则胁肋灼痛、脉弦数;肝火循经上攻,气血壅滞,故头晕胀痛、面红目赤、舌红苔黄;热扰神魂,心神不宁,魂不守舍,则急躁易怒、失眠多梦;肝热移胆,循胆经上冲于耳,故见耳鸣如潮,甚则突发耳聋;热盛迫血妄行,则见吐血、衄血;肝火夹胆气上溢,则口苦;火邪灼津,故口渴、小便短黄、大便秘结。

【辨证要点】　头晕胀痛、胁肋灼痛、急躁易怒、耳鸣等与实热症状共见。

(五) 肝阳上亢证

肝阳上亢证指肝肾阴亏,阴不制阳,阳亢于上,以眩晕耳鸣,头目胀痛,面红烦躁,腰膝酸软等上盛下虚症状为主要表现的证。

【临床表现】　头目胀痛,眩晕耳鸣,面红目赤,急躁易怒,失眠多梦,头重脚轻,腰膝酸软,舌红少津,脉弦或弦细数。

【证候分析】　多因情志过急,郁而化火,火热耗伤肝肾之阴,或平素肝肾阴亏、房劳伤阴、年老阴亏等致肝肾阴亏于下,阳亢于上而成本证。肝阳上亢,血随气逆,气血上冲,则眩晕耳鸣、头目胀痛、面红目赤;亢阳扰动魂、神,则急躁易怒、失眠多梦;阳亢于上,阴亏于下,木旺耗水,水不涵木,上盛下虚,则头重脚轻,步履不稳,脉弦有力或弦细数;肝肾阴亏,筋骨、舌脉失养,故腰膝酸软无力、舌红少津。

【辨证要点】　眩晕耳鸣、头目胀痛、急躁易怒、头重脚轻、腰膝酸软等上盛下虚症状共见。

肝火炽盛证和肝阳上亢证鉴别见表 7-14。

表 7-14　肝火炽盛证和肝阳上亢证鉴别

证　名	病　因　病　机	主　要　症　状	
肝火炽盛证	情志不遂,气郁化火;或外感火热之邪;或嗜烟酒辛辣之品,酿热化火,犯及肝经,以致肝胆气火上逆	头目胀痛,眩晕耳鸣,面红目赤,急躁易怒,失眠多梦,舌红,脉弦数	头痛剧烈,耳鸣如潮,甚或突发耳聋,或胁肋灼痛,吐血、衄血,口干苦,大便秘结,小便短黄,苔黄
肝阳上亢证	情志过急,郁而化火,火热耗伤肝肾之阴,或平素肝肾阴亏、房劳伤阴、年老阴亏等致肝肾阴亏于下,阳亢于上		头重脚轻,腰膝酸软,舌少津,脉细

(六) 肝风内动证

肝风内动证泛指临床表现以眩晕、抽搐、震颤等具有"动摇"特点的风动症状的一类病证,属内风。临床常见有肝阳化风、热极生风、阴虚动风和血虚生风等证。

1. **肝阳化风证**　指阴虚阳亢,肝阳升发无制,亢极化风所致,以眩晕、肢麻、震颤为主要表现的证。

【临床表现】　眩晕欲仆,头摇而痛,言语謇涩,肢体震颤,手足麻木,步履不正,舌红,脉弦细;重则突然昏倒,不省人事,舌强不语,喉中痰鸣,口眼歪斜,半身不遂,舌红苔腻,脉弦有力。

【证候分析】　多由素体肝肾阴液不足,或久病阴亏,或肝火内伤营阴等,导致阴亏不能制阳,阳亢日久则亢极化风而成本证。肝阳亢极化风,风阳冲逆于上则眩晕欲仆、头摇而痛;风动筋脉挛急则肢体震颤、言语謇涩;肝阴亏虚,筋失所养,虚风内动,则手足麻木;阳亢于上,阴亏于下,上盛下虚,故步履不正;风阳暴升,阳盛灼津成痰,风痰上犯,蒙蔽清窍,则突然昏倒、不省人事、喉中痰鸣;风痰流窜于脉络,故口眼歪斜、半身不遂、舌强不语;风痰内盛则舌红苔腻、脉弦有力。

【辨证要点】　眩晕,肢麻,震颤,或突然昏倒,口眼歪斜,半身不遂等风动症状共见。

2. **热极生风证**　指邪热炽盛,燔灼筋脉,引动肝风,以高热、神昏、抽搐为主要表现的证。

【临床表现】　高热,四肢抽搐,颈项强直,两目上视,角弓反张,牙关紧闭,或烦躁谵语,或神昏,舌质红绛,苔黄燥,脉弦数。

【证候分析】 多因外感温热,邪热亢盛,燔灼筋脉,热闭心神,亢扰肝风内动所致。邪热炽盛,燔灼肝筋,筋脉挛急,故高热、抽搐、颈项强直、两目上视,甚则角弓反张、牙关紧闭;热扰心神,则烦躁不宁;火热闭阻心窍,则神志昏迷;肝经热盛内灼营血,则舌质红绛,苔黄燥,脉弦数。

【辨证要点】 高热与风动症状共见。

3. **阴虚动风证** 指肝阴亏虚,筋脉失养,虚风内动,以手足震颤、蠕动,肢体抽搐,眩晕及阴虚症状为主要表现的证。

【临床表现】 手足震颤、蠕动,肢体抽搐,眩晕耳鸣,口咽干燥,形体消瘦,五心烦热,潮热颧红,舌红少津,脉弦细数。

【证候分析】 多由肝阴亏虚,筋脉失养所致。肝阴不足,筋脉失养,筋膜挛急,则见手足震颤、蠕动,肢体抽搐,脉弦;阴虚失养,故眩晕耳鸣、口燥咽干、舌红少津、脉细;虚热内蒸,故五心烦热、潮热颧红、脉数。

【辨证要点】 手足震颤、蠕动,肢体抽搐,眩晕等与阴虚症状共见。

4. **血虚生风证** 指肝血亏虚,筋脉失养,虚风内动,以眩晕,肢体震颤、麻木、拘急、瞤动,皮肤瘙痒及血虚症状为主要表现的证。

【临床表现】 眩晕,肢体震颤、麻木,手足拘急,肌肉瞤动,皮肤瘙痒,爪甲不荣,面白无华,舌质淡白,脉细或弱。

【证候分析】 多由肝血亏虚,筋脉失养所致。肝血不足,不能濡养,故眩晕耳鸣、面白无华、爪甲不荣、舌淡、脉细或弱;筋脉失养,虚风内动,则肢体震颤、手足拘急、肢体麻木、肌肉瞤动、皮肤瘙痒。

【辨证要点】 眩晕、肢体震颤麻木、肌肉瞤动、皮肤瘙痒等与血虚症状共见。

肝阳化风证、热极生风证、阴虚动风证和血虚生风证鉴别见表7-15。

表7-15 肝阳化风证、热极生风证、阴虚动风证和血虚生风证鉴别

证 名	病 因 病 机		主 要 症 状
肝阳化风证	素体肝肾阴液不足,或久病阴亏,或肝火内伤营阴等,导致阴亏不能制阳,阳亢日久则亢极化风	动摇(眩晕、抽搐、震颤),脉弦	眩晕欲仆,头摇而痛,言语謇涩,手足麻木,步履不正。重则突然昏倒,不省人事,舌强不语,喉中痰鸣,口眼歪斜,半身不遂。舌红苔腻,脉有力
热极生风证	外感温热,邪热亢盛,燔灼筋脉,热闭心神,亢扰肝风内动		高热,四肢抽搐,颈项强直,两目上视,角弓反张,牙关紧闭,或烦躁谵语,或神昏,舌质红绛,苔黄燥,脉数
阴虚动风证	肝阴亏虚,筋脉失养		手足蠕动,耳鸣,口咽干燥,形体消瘦,五心烦热,潮热颧红,舌红少津,脉细数
血虚生风证	肝血亏虚,筋脉失养		肢体麻木,手足拘急,肌肉瞤动,皮肤瘙痒,爪甲不荣,面白无华,舌质淡白,脉细或弱

(七)寒滞肝脉证

寒滞肝脉证指寒邪侵袭,凝滞肝经,以少腹、前阴、巅顶冷痛及实寒症状为主要表现的证。

【临床表现】 少腹冷痛,牵引阴部坠胀作痛,或阴器收缩引痛,或巅顶冷痛,遇寒痛甚,得温痛减,恶寒肢冷,舌淡苔白,脉沉紧或弦紧。

【证候分析】 多由感受外寒,如淋雨涉水、房事受寒等,以致肝经寒凝气滞;或因素体阳气不

足,由外寒所引发。寒凝肝脉,经脉收引挛急不通,故见少腹冷痛,牵引阴部坠胀作痛,或见阴器收缩引痛,或巅顶冷痛;阳气阻遏,失于温煦,则见恶寒肢冷;寒凝气血,故疼痛遇寒加剧,得热则减;肝经寒盛,见舌淡苔白、脉沉紧或弦紧。

【辨证要点】 少腹、前阴、巅顶冷痛等与实寒症状共见。

(八) 胆郁痰扰证

胆郁痰扰证指痰热内扰,胆郁失宣,胆气不宁,以胆怯易惊、惊悸失眠、烦躁、眩晕、呕恶等为主要表现的证。

【临床表现】 胆怯易惊,惊悸不宁,失眠多梦,烦躁不安,胸胁胀闷,善太息,眩晕,口苦,呕恶,舌红,苔黄腻,脉弦滑数。

【证候分析】 多由情志郁结,气郁化火、生痰,痰热内扰,胆气不宁所致。痰热内扰,胆气不宁,则胆怯易惊;神不守舍,则惊悸不宁、失眠多梦、烦躁不安;胆失疏泄,经气不畅,则胸胁闷胀、善太息;痰热循经上扰,则头晕目眩;胆气犯胃,胃失和降,则恶心欲呕;热迫胆气上溢,则口苦;痰热内蕴,则舌红、苔黄腻、脉弦滑数。

【辨证要点】 胆怯易惊、惊悸失眠等与痰热症状共见。

(九) 肝胆湿热证

肝胆湿热证指湿热内蕴肝胆,以胁肋胀痛、身目发黄等为主要表现的湿热证。若仅以阴痒、带下黄臭等症状为主要表现者,则称肝经湿热(下注)证。

【临床表现】 胁肋胀痛,纳呆腹胀,口苦厌油,泛恶欲呕,身目发黄,大便不调,小便短黄,或寒热往来,舌红,苔黄腻,脉弦滑数,或为阴部潮湿、瘙痒、湿疹,阴器肿痛,带下黄臭等。

【证候分析】 多由感受湿热病邪,或嗜食肥甘生湿热,或脾胃纳运失常,湿浊内生,郁而化热,壅滞肝胆所致。湿热蕴阻肝胆,疏泄失职,经气不畅,故胁肋胀痛。湿热阻滞,脾胃纳运失司,则纳呆腹胀,口苦厌油,泛恶欲呕,大便不调;湿热内阻,胆汁不循常道,泛溢肌肤,则身目发黄;邪居少阳,正邪相争,则寒热往来;若湿热循肝经下注,则阴部潮湿瘙痒,或男子睾丸肿胀热痛,或妇人带下黄臭。舌红,苔黄腻,脉弦滑数为湿热常见之征。

【辨证要点】 胁肋胀痛、身目发黄,或阴部瘙痒、带下黄臭等与湿热症状共见。

肝胆湿热证和湿热蕴脾证鉴别见表7-16。

表7-16 肝胆湿热证和湿热蕴脾证鉴别

证　名	病　因　病　机	主　要　症　状	
肝胆湿热证	感受湿热病邪,或嗜食肥甘化生湿热,或脾胃纳运失常,湿浊内生,郁而化热,壅滞肝胆所致	发热,纳呆,恶心,黄疸,小便短黄,舌红,苔黄腻,脉数	胁肋胀痛,腹胀,口苦厌油,泛恶欲呕,大便不调,或寒热往来,脉弦滑
湿热蕴脾证	外感湿热之邪,或嗜食肥甘味,饮酒无度,湿热内蕴脾胃所致		脘腹胀闷,身重,身热不扬,汗出热不解,口中黏腻,便溏不爽,脉濡

五、肾与膀胱病证

肾位于腰部,左右各一,膀胱位于小腹中央,与肾直接相通,又有经脉相互络属,故为表里。肾开窍于耳及二阴,在体为骨,生髓充脑,其华在发。肾的主要生理功能是藏精,主生长、发育与生殖,又主水,主纳气。肾内寄元阴元阳,为脏腑阴阳之根本,故称先天之本。膀胱的主要生理功能为贮尿和排尿。

肾的主要病理为生长、发育和生殖功能障碍、水液代谢失常等。肾病的常见症状有腰膝酸软而痛,眩晕耳鸣,发育迟缓,智力低下,发白早脱,牙齿动摇,男子阳痿遗精、精少不育,女子经少经闭、不孕,以及水肿、二便异常、呼吸表浅等。膀胱的主要病理为贮尿排尿功能失常,常见症状为小便频急涩痛、尿闭以及遗尿、小便失禁等。

肾病的常见证型虚证为多,可见肾阳虚证、肾虚水泛证、肾阴虚证、肾精不足证、肾气不固证等。膀胱病的常见证型为膀胱湿热证。

(一)肾阳虚证

肾阳虚证指肾阳亏虚,温煦失职,气化无权,以腰膝酸冷、性欲低下、夜尿频多、久泄不止及阳虚症状为主要表现的证。

【临床表现】 腰膝酸冷疼痛,畏寒肢冷,下肢尤甚,面色㿠白或黧黑,头晕目眩,精神委靡;或性欲低下,男子阳痿精冷,女子宫寒不孕;或小便频数清长,夜尿频多;或久泄不止,完谷不化,五更泄泻,舌淡胖,苔白,脉沉弱,两尺尤甚。

【证候分析】 多因素体阳虚、老年体衰、久病不愈、房事太过,或其他脏腑病变累及于肾,以致命门火衰,温煦失职,性欲减退,火不暖土,气化失职而成本证。肾阳虚衰,腰府、骨骼失于温养,故腰膝酸冷疼痛,畏寒肢冷,下肢尤甚;阳虚温运失职,血不上荣,故面色㿠白、头目眩晕、精神委靡;肾阳虚惫,阴寒内盛,气血运行不畅,则见面色黧黑;命门火衰,性功能减退,故性欲低下、男子阳痿精冷、女子宫寒不孕;阳虚气化失职,肾气不固,故小便频数清长、夜尿频多;火不暖土,脾失健运,故久泄不止、完谷不化、五更泄泻;肾阳不足,气血运行乏力,则舌淡胖、苔白、脉沉弱且两尺尤甚。

【辨证要点】 腰膝酸冷、性欲低下、夜尿频多、久泄不止与阳虚症状共见。

(二)肾虚水泛证

肾虚水泛证指肾的阳气亏虚,气化无权,水液泛溢,以浮肿下肢为甚、尿少及肾阳虚症状为主要表现的证。

【临床表现】 全身浮肿,腰以下为甚,按之没指,小便短少,腰膝酸软冷痛,畏寒肢冷,腹部胀满,或心悸气短,咳喘痰鸣,舌淡胖苔白滑,脉沉迟无力。

【证候分析】 多因素体虚弱,久病及肾,或房劳伤肾,肾阳亏耗所致。肾主水,肾阳不足,气化失司,水邪泛溢肌肤,则全身浮肿,小便短少,此为阴水,水性下趋,故腰以下肿甚,按之没指;肾阳虚,失其温煦,故腰膝酸软冷痛,畏寒肢冷;水气犯脾,脾失健运,气机阻滞,则腹部胀满;水气上逆凌心则见心悸气短,射肺则见咳喘痰鸣;舌淡胖苔白滑,脉沉迟无力,均为肾阳亏虚、水湿内停之征。

【辨证要点】 浮肿以腰以下为甚,小便不利与肾阳虚症状共见。

(三)肾阴虚证

肾阴虚证指肾阴亏虚,失于濡养,虚热内扰,以腰膝酸软、头晕耳鸣、梦遗、经少及阴虚症状为主要表现的证。

【临床表现】 腰膝酸软疼痛,头晕耳鸣,齿松发脱,男子阳强易举,梦遗早泄,女子经少经闭,或崩漏,失眠多梦,形体消瘦,五心烦热,潮热盗汗,咽干颧红,溲黄便干,舌红少苔或无苔,脉细数。

【证候分析】 多由禀赋不足,虚劳久病,年老体弱,房事不节,过服温燥,或温热后期,阴液亏耗,以致肾失濡养,虚热内生而成本证。肾阴亏虚,腰膝失养,则腰膝酸软疼痛;阴虚精亏髓减,清窍失充,则头晕耳鸣;骨、发失养,则齿松发脱;阴虚生热,相火妄动,则男子阳强易举,梦遗早泄;肾阴亏虚,冲任不充,故女子经少经闭;虚火伤络血溢,则见崩漏;火扰心神,故失眠多梦;阴亏失润,则形体消瘦、咽干溲黄便干、少苔或无苔、脉细;虚火内扰,则五心烦热、潮热盗汗、颧红、舌红脉数。

【辨证要点】 腰膝酸软、头晕耳鸣、梦遗、经少与阴虚症状共见。

(四) 肾精不足证

肾精不足证指肾中所藏之精亏虚,生长、发育与生殖功能减退,以生长发育迟缓、早衰、生育功能低下等为主要表现的证。

【临床表现】 小儿生长发育迟缓,身体矮小,囟门迟闭,智力低下,骨骼痿软;成人早衰,腰膝酸软,耳鸣耳聋,发脱齿松,健忘恍惚,神情呆钝,两足痿软,动作迟缓;性欲低下,男子精少不育,女子经闭不孕;舌淡,脉弱。

【证候分析】 多因先天不足,后天失养,肾精不充,或因久病劳损、房事不节,耗伤肾精所致。小儿肾精不充,不能主骨生髓充脑,不能化血充养肌肉,则生长发育迟缓,见身体矮小、囟门迟闭、智力低下、骨骼痿软;肾精失养,则腰膝酸软、耳鸣耳聋、健忘恍惚、神情呆钝、发枯易脱、齿松早脱;骨失充养,则两足痿软、行动迟缓;肾精不足,生殖无源,故性欲低下,男子精少不育、女子经闭不孕;舌淡、脉弱,为虚弱之象。

【辨证要点】 生长发育迟缓、早衰、生育功能低下与精亏症状共见。

(五) 肾气不固证

肾气不固证指肾气亏虚,封藏固摄无权,以腰膝酸软、小便频数清长、滑精早泄、经带量多、滑胎小产等为主要表现的证。

【临床表现】 腰膝酸软,神疲乏力,耳鸣失聪;小便频数清长,或尿后余沥不尽,或夜尿频多,或遗尿,或小便失禁;男子滑精、早泄,女子月经淋漓不尽,或带下清稀量多,或滑胎小产;舌淡,苔白,脉弱。

【证候分析】 多因禀赋不足、老年体弱之肾气不充,或久病劳损、房事过度之耗伤肾气,以致小便、精液、经带、胎气不固所致。肾气亏虚,腰膝、脑神、耳窍失养,则腰膝酸软、神疲乏力、耳鸣失聪;肾气固摄无权,膀胱失约,则小便频数清长、尿后余沥不尽、夜尿频多、遗尿、小便失禁;肾虚精关不固,则滑精、早泄;肾虚冲任不固,则月经淋漓不尽;带脉失约,则带下清稀量多;任脉失养,胎气不安,则滑胎小产;舌淡、脉弱,为肾虚不能化血,舌脉失于充养之象。

【辨证要点】 腰膝酸软、小便频数清长、滑精早泄、经带量多、滑胎小产与肾虚症状共见。

肾阳虚证、肾虚水泛证、肾阴虚证、肾精不足证和肾气不固证鉴别见表 7-17。

表 7-17 肾阳虚证、肾虚水泛证、肾阴虚证、肾精不足证和肾气不固证鉴别

证 名	病 因 病 机	主 要 症 状	
肾阳虚证	素体阳虚、老年体衰、久病不愈、房事太过,或其他脏腑病变累及于肾,以致命门火衰,温煦失职,性欲减退,火不暖土,气化失职	腰膝酸软	腰膝酸冷疼痛,畏寒肢冷,下肢尤甚,面色㿠白或黧黑,头晕目眩,精神委靡;或性欲低下,男子阳痿精冷,女子宫寒不孕;或小便频数清长,夜尿频多;或久泄不止,完谷不化,五更泄泻,舌淡胖,苔白,脉沉弱,两尺尤甚

续 表

证 名	病 因 病 机		主 要 症 状
肾虚水泛证	素体虚弱,久病及肾,或房劳伤肾,肾阳亏耗	腰膝酸软	全身浮肿,腰以下为甚,按之没指,小便短少,腰膝酸软冷痛,畏寒肢冷,腹部胀满,或心悸气短,咳喘痰鸣,舌淡胖苔白滑,脉沉迟无力
肾阴虚证	禀赋不足,虚劳久病,年老体弱,房事不节,过服温燥,或温热后期,阴液亏耗,以致肾失濡养,虚热内生		头晕耳鸣,齿松发脱,男子阳强易举,梦遗早泄,女子经少经闭,或崩漏,失眠多梦,形体消瘦,五心烦热,潮热盗汗,咽干颧红,溲黄便干,舌红少苔或无苔,脉细数
肾精不足证	先天不足,后天失养,肾精不充,或因久病劳损,房事不节,耗伤肾精		小儿生长发育迟缓,身体矮小,囟门迟闭,智力低下,骨骼痿软;成人早衰,耳鸣耳聋,发脱齿松,健忘恍惚,神情呆钝,两足痿软,动作迟缓;性欲低下,男子精少不育,女子经闭不孕;舌淡,脉弱
肾气不固证	禀赋不足、老年体弱,肾气不充,或久病劳损,房事过度,耗伤肾气,以致小便、精液、经带、胎气不固		神疲乏力,耳鸣失聪;小便频数清长,或尿后余沥不尽,或夜尿频多,或遗尿,或小便失禁;男子滑精、早泄,女子月经淋漓不尽,或带下清稀量多,或滑胎小产;舌淡,苔白,脉弱

(六)膀胱湿热证

膀胱湿热证指湿热蕴结膀胱,气化不利,以小便频急涩痛及湿热症状为主要表现的证。

【临床表现】 小便频数、急迫、灼热、涩痛,量少色深,或小便浑浊、尿血、尿有砂石,腰部小腹胀痛,发热,口渴,舌红,苔黄腻,脉滑数或濡数。

【证候分析】 多因外感湿热,侵袭膀胱;或嗜食辛辣肥甘,酿生湿热,下注膀胱,致使膀胱气化不利而成本证。湿热郁蒸膀胱,气化不利,下迫尿道,故小便频数、急迫、灼热、涩痛;湿热煎熬津液,故小便量少色深;湿热伤及血络,则尿血;湿热久恋,煎熬尿浊,则结为砂石;湿热蕴结,经气失调,故腰部小腹胀痛;发热口渴、舌红苔黄、脉数,为邪热内炽之征;苔腻,脉滑或濡,为湿邪内蕴之象。

【辨证要点】 小便频急涩痛与湿热症状共见。

六、脏腑兼证

凡两个或两个以上脏腑的病证同时并见者称为脏腑兼证。

发生兼证的脏腑间在生理和病理上常有着密切的联系。一般而言,凡具有表里关系、生克乘侮关系以及在气血津液运行代谢方面关系密切的脏腑容易发生兼证,并且存在着由脏及脏、由脏及腑、由腑及腑、由腑及脏等多种形式。因此,辨证时必须注意脏腑之间的病理生理联系,辨析各相关症状的有无、先后、主次、因果等关系,进一步明确其复杂的病理机制,以便更有利于指导辨证论治。

脏腑兼证在临床上甚为多见,本篇仅介绍临床常见的证型。

(一)心肾不交证

心肾不交证指心肾水火既济的生理关系失调,以心烦、失眠、耳鸣、腰酸、梦遗等为主要表现的阴虚阳亢证。

【临床表现】 心烦失眠,惊悸多梦,头晕,耳鸣,腰膝酸软,梦遗,口燥咽干,五心烦热,潮热盗汗,舌红少苔,脉细数。

【证候分析】 多由思虑劳神太过,或情志抑郁,郁而化火,或虚劳久病,房事不节,耗伤心肾之阴,虚阳亢动,上扰心神所致。心阴亏虚,心火偏亢,上扰心神,故心烦失眠、惊悸多梦。肾阴亏虚,脑髓失养,故头晕、耳鸣;腰膝失养,故腰膝酸软;虚火扰动精室,则见梦遗;阴虚失濡,虚热内蒸,故口燥咽干、五心烦热、潮热盗汗。舌红少苔、脉细数为阴虚常见之征。

【辨证要点】 心烦、失眠、腰酸、耳鸣、梦遗等与阴虚症状并见。

(二) 心肾阳虚证

心肾阳虚证指心与肾的阳气亏虚,以心悸怔忡、腰膝酸冷、肢体浮肿等为主要表现的阳虚证。其水肿明显者,可称为水气凌心证。

【临床表现】 心悸怔忡,形寒肢冷,肢体浮肿,小便不利,神疲乏力,腰膝酸冷,唇甲青紫,舌淡紫,苔白滑,脉弱。

【证候分析】 多因心阳虚衰,病久及肾,肾阳亦虚;或肾阳亏虚,气化无权,水气凌心所致。心阳虚衰,鼓动无力,故心悸怔忡;温运无力,血行不畅,故见唇甲青紫、舌淡紫。肾阳亏虚,气化失司,水湿内停,外泛肌肤,故肢体浮肿、小便不利;心肾两脏阳虚,形体失于温养,脏腑功能衰退,故形寒肢冷、神疲乏力、腰膝酸软,舌淡、苔白滑、脉弱为虚寒证常见之征。

【辨证要点】 心悸怔忡、腰膝酸冷、肢体浮肿等与阳虚症状共见。

(三) 心肺气虚证

心肺气虚证指心肺两脏气虚,以心悸、咳喘等为主要表现的虚弱证。

【临床表现】 心悸胸闷,咳喘气短,动则尤甚,吐痰清稀,神疲乏力,声低懒言,自汗,面色淡白,舌淡苔白,或唇舌淡紫,脉弱或结代。

【证候分析】 多因久病咳喘,耗伤肺气,累及于心;或老年体虚,劳倦太过,耗伤心肺之气所致。心气亏虚,鼓动无力,气机不畅,故心悸胸闷。肺气亏虚,宣降失职,呼吸功能减弱,故咳嗽气短;津液输布无力而停聚为痰,故吐痰清稀;气虚全身功能减弱,劳则耗气,故声低懒言、神疲乏力、自汗,且活动后诸症加重。面色淡白、舌淡、苔白、脉弱等为气虚常见之征。

【辨证要点】 咳喘无力、心悸胸闷等与气虚症状共见。

(四) 心脾气血虚证

心脾气血虚证指心血不足,脾气亏虚,以心悸、失眠、食少、腹胀、便溏等为主要表现的虚弱证。亦简称心脾两虚证。

【临床表现】 心悸怔忡,失眠多梦,头晕健忘,食欲不振,腹胀便溏,神疲乏力,面色萎黄或淡白,或见各种慢性出血,月经色淡、淋漓不尽,舌淡白,脉细弱。

【证候分析】 多因久病失调,思虑过度;或饮食劳倦,损伤脾胃,生化不足;或慢性失血,气血亏耗,导致心脾气血两虚。心血不足,心神失养,则心悸怔忡、失眠多梦;血虚不能上荣,则头晕健忘。脾气亏虚,运化失职,则食欲不振、腹胀便溏;气血生化不足,则神疲乏力、面色萎黄或淡白;脾虚不能统血,则可见各种慢性出血,或月经色淡、淋漓不尽。舌淡白、脉细弱均为气血亏虚之征。

【辨证要点】 心悸、失眠、食少、腹胀,或兼慢性失血等与气血亏虚症状共见。

(五) 心肝血虚证

心肝血虚证指心肝两脏血虚,以心悸、失眠、头晕目眩、肢麻等及心肝相关组织官窍失养为主要表现的虚弱证。

【临床表现】 心悸怔忡,失眠健忘,头晕目眩,视物模糊,肢体麻木,震颤,拘挛,爪甲不荣,或月经量少色淡甚则闭经,面色淡白,舌淡白,脉细。

【证候分析】 多因思虑过度,或失血过多,或脾虚化源不足所致。心血亏虚,心神失养,则心悸怔忡、失眠健忘。肝血亏虚,头目失养,则头晕目眩,视物模糊;筋脉、爪甲失养,则肢体麻木、震颤、拘挛,爪甲不荣;心肝血虚,血海不充,则月经量少色淡甚则闭经。面白、舌淡、脉细等皆血虚常见之征。

【辨证要点】 心悸、失眠、眩晕、肢麻等与血虚症状共见。

心脾气血虚与心肝血虚两证,均可见心悸、失眠、多梦等心血亏虚,心神失养的相似证候。不同点在于:前者兼有食少、腹胀、便溏、慢性失血等脾气亏虚,统血无权症状;后者则兼有眩晕、肢麻、视物模糊、月经量少等肝血不足致官窍、机体失养症状。

(六) 脾肺气虚证

脾肺气虚证指脾肺两脏气虚,以咳喘、气短、咯痰清稀、食少、腹胀、便溏等为主要表现的虚弱证。

【临床表现】 久咳不止,气短而喘,咯痰清稀,食欲不振,腹胀便溏,声低懒言,神疲乏力,或兼面部虚浮,下肢微肿,面白少华,舌淡,苔白滑,脉弱。

【证候分析】 多因久病咳喘,耗伤肺气,子病及母;或饮食劳倦,脾胃受损,伤及肺气所致。肺气亏虚,宣降失职,呼吸功能减退,故久咳不止,气短而喘;肺气虚不能输布津液,聚湿生痰,故咯痰清稀而多。脾气亏虚,运化失健,故食欲不振,腹胀便溏;水湿不化而泛溢,则面浮肢肿、舌苔白滑。声低懒言、神疲乏力、面白、舌淡、脉弱为气虚常见之征。

【辨证要点】 咳喘、气短、咯痰清稀、食少、便溏等与气虚症状共见。

(七) 肺肾气虚证

肺肾气虚证指肺肾两脏气虚,以咳喘久延、呼多吸少、动则尤甚等为主要表现的虚弱证,亦称肾不纳气证。

【临床表现】 咳嗽无力,气短而喘,呼多吸少,气不接续,动则尤甚,吐痰清稀,自汗乏力,耳鸣,腰膝酸软,舌淡紫,脉弱。

【证候分析】 多因久病咳喘,耗伤肺气,病久及肾;或劳伤太过,年老体弱,肾气亏虚,累及于肺,肺肾宣降、摄纳无权所致。肺气耗伤,呼吸功能减退,故咳嗽无力、气短而喘;津液无输布力,停聚为痰,故痰液清稀;肺气虚,则宗气不足,卫表不固,故乏力自汗。肾气亏虚,摄纳无权,气不归元,故呼多吸少,气不接续,动则益甚;肾气虚,耳窍失充,腰膝失养,则耳鸣、腰膝酸软。舌淡紫,脉弱亦为肺肾气虚、久病咳喘,气血郁闭所常见。

【辨证要点】 久病咳喘、呼多吸少、动则尤甚等与气虚症状共见。

心肺气虚、脾肺气虚、肺肾气虚三证,均可见咳喘、气短、咯痰清稀等肺气亏虚,宣降无力的相似证候。不同点在于:心肺气虚证兼见心悸怔忡、胸闷等心气不足的症状;脾肺气虚证兼见食少、腹胀、便溏等脾失健运的症状；肺肾气虚证则兼见呼多吸少、气不接续、腰膝酸软等肾虚摄纳无权的症状。

(八) 肺肾阴虚证

肺肾阴虚证指肺肾两脏阴液亏虚，以干咳少痰、腰酸、遗精等为主要表现的阴虚证。

【临床表现】 咳嗽痰少，或痰中带血，或声音嘶哑，腰膝酸软，口燥咽干，骨蒸潮热，盗汗，颧红，形体消瘦，男子遗精，女子经少，舌红少苔，脉细数。

【证候分析】 多因燥热、痨虫、久病咳喘等损伤肺阴，病久及肾；或房劳太过，肾阴耗伤，肺失濡润所致。肺肾阴液相互资生，为"金水相生"之脏。肺阴亏虚，虚火内生，清肃失职，则咳嗽痰少；虚火灼伤肺络，则痰中带血；虚火熏灼，喉失滋润，则声音嘶哑。肾阴亏虚，腰膝失养，则腰膝酸软；虚火扰动精室，则为遗精；阴精不足，冲任空虚，则月经量少。肺肾阴虚，虚热内蒸，故口燥咽干、骨蒸潮热、颧红盗汗、形体消瘦。舌红少苔、脉细数等皆阴虚内热之征。

【辨证要点】 干咳少痰、腰酸、遗精等与阴虚症状共见。

(九) 肝火犯肺证

肝火犯肺证指肝经气火上逆犯肺，以咳嗽阵作、痰黄或咳血、胸胁灼痛、急躁为主要表现的实热证。

【临床表现】 咳嗽阵作，痰黄稠黏，甚则咳血，胸胁灼痛，急躁易怒，头胀头晕，面红目赤，烦热口苦，舌质红，苔薄黄，脉弦数。

【证候分析】 多因郁怒伤肝，气郁化火，或邪热内蕴肝经，上犯于肺所致。肝火犯肺，肺失清肃而肺气上逆，故咳嗽阵作；火热灼津成痰，则痰黄稠黏；火热灼伤肺络，则咳血。肝经气火内郁，经气不利，则胸胁灼痛、急躁易怒、烦热口苦；气血上逆则头胀头晕、面红目赤。舌红、苔薄黄、脉弦数亦为肝火内炽之征。

【辨证要点】 咳嗽阵作、痰黄或咳血、胸胁灼痛、急躁与实热症状共见。

(十) 肝胃不和证

肝胃不和证指肝气郁结，胃失和降，以脘胁胀痛、嗳气、吞酸、情绪抑郁等为主要表现的证。

【临床表现】 胃脘、胁肋胀痛或窜痛，呃逆，嗳气，吞酸嘈杂，饮食减少，情绪抑郁，善太息，或烦躁易怒，舌淡红，苔薄白或薄黄，脉弦。

【证候分析】 多因情志不舒，肝气郁结，横逆犯胃所致。肝失疏泄，胃气郁滞，故胃脘、胁肋胀满疼痛，走窜不定。胃气上逆，则呃逆、嗳气；气火内郁犯胃，故吞酸嘈杂；胃纳失司，故饮食减少。肝失条达，甚则气郁化火，故情绪抑郁、善太息，或烦躁易怒。苔薄白、脉弦为肝气郁滞所常见；舌苔薄黄，则为气郁化火之征。

【辨证要点】 脘胁胀痛、嗳气、吞酸、情绪抑郁等症状共见。

(十一) 肝脾不调证

肝脾不调证指肝失疏泄，脾失健运，以胸胁胀痛、情志抑郁、腹胀、便溏等为主要表现的证。

【临床表现】 胸胁胀满窜痛，善太息，情志抑郁，或急躁易怒，纳呆腹胀，便溏不爽，肠鸣矢气，或大便溏结不调，或腹痛欲泻，泻后痛减，舌苔白，脉弦或缓弱。

【证候分析】 多因情志不遂，郁怒伤肝，肝失条达而横乘脾土；或饮食劳倦，损伤脾气，脾失健运而反侮肝木所致。肝失疏泄，经气郁滞，故胸胁胀满窜痛、善太息、情志抑郁；若气郁化火，则急躁易怒。脾运失健,气滞湿阻,则纳呆腹胀、便溏不爽、肠鸣矢气,或大便溏结不调。肝气犯脾,气机郁滞,运化失调,则腹痛欲泻;泻后气机暂得条畅,故泻后痛减。舌苔白、脉弦或缓弱为肝郁脾虚常见之征。

【辨证要点】 胸胁胀痛、情志抑郁、腹胀、便溏等症状共见。

肝胃不和与肝脾不调两证,都可见胸胁胀痛、情志抑郁或烦躁等肝经气机郁滞的相似证候。不同点在于:前者兼胃脘胀痛、嗳气、呃逆等胃失和降症状;后者兼食少、腹胀、便溏不爽等脾失健运症状。

(十二) 肝肾阴虚证

肝肾阴虚证指肝肾阴液亏虚,以腰酸、胁痛、眩晕、耳鸣、遗精等为主要表现的阴虚证。

【临床表现】 头晕目眩,耳鸣健忘,胁部隐痛,腰膝酸软,失眠多梦,口燥咽干,五心烦热,或低热颧红,男子遗精,女子月经量少,舌红少苔,脉细数。

【证候分析】 多因久病失调,或情志内伤,或房事不节,或温病日久等耗伤肝肾之阴所致。肝肾阴虚,水不涵木,肝阳偏亢,髓海不足,故头晕目眩、耳鸣健忘。肝阴亏虚,肝络失滋,故胁部隐痛。肾阴不足,腰膝失养,故腰膝酸软。虚火上扰心神,故失眠多梦;虚火扰动精室,则见遗精;阴精不足,冲任失养,则月经量少。口燥咽干、五心烦热,或低热颧红,舌红少苔、脉细数等皆阴虚失濡,虚热内灼之征。

【辨证要点】 腰膝酸软、胁部隐痛、眩晕、耳鸣等与阴虚症状共见。

心肾不交、肺肾阴虚、肝肾阴虚三证,均可见腰膝酸软、耳鸣、遗精等肾阴不足、阴虚内热的相似证候。不同点在于:心肾不交证常兼心烦失眠、惊悸多梦等心阴亏虚,虚火扰神症状;肺肾阴虚证常兼干咳、痰少难咯等肺阴亏虚,肺失清肃症状;肝肾阴虚证则兼胁痛、目涩、眩晕等肝阴亏虚,肝络失滋,肝阳偏亢症状。

(十三) 脾肾阳虚证

脾肾阳虚证指脾肾阳气亏虚,以久泻久痢、水肿、腰腹冷痛等为主要表现的阳虚证。

【临床表现】 形寒肢冷,腰膝、下腹冷痛,久泻久痢不止,或五更泄泻,完谷不化,便质清冷,或全身水肿,小便不利,面色㿠白,舌淡胖,苔白滑,脉沉迟无力。

【证候分析】 多因久泻久痢,脾阳耗伤,不能充养肾阳;或水邪久居,肾阳受损,不能温暖脾阳所致。脾肾阳虚,不能温煦全身、腰膝,故形寒肢冷、腰膝冷痛;虚寒内生,水谷的腐熟、运化、吸收及排泄二便的功能失职,故下腹冷痛、久泻久痢不止。命门火衰,阴寒凝滞,寅卯之交,阴气极盛,故黎明前腹痛泄泻、完谷不化、便质清冷,而称为"五更泻"。脾肾阳虚,不能温化水液,泛溢肌肤,故久病水肿、小便不利。阳虚水气上泛,故面色㿠白。舌淡胖、苔白滑、脉沉迟无力皆阳虚常见之征。

【辨证要点】 久泻久痢、水肿、腰腹冷痛等与阳虚症状共见。

脾肾阳虚与心肾阳虚两证,均可见形寒肢冷、腰膝酸软、水肿、小便不利、舌淡胖、苔白滑等肾阳虚衰,水湿内停的相似证候。不同点在于:前者必兼久泻久痢、便质清冷等脾阳亏虚,运化无权的症状;后者则以心悸怔忡、唇甲紫暗等心阳虚衰,血行不畅症状为明显。

(魏红,俞洁,宋红,谢文英,李晶,周雪梅)

第二节　六经辨证

六经辨证是阐明外感病发生、发展、传变规律的一种辨证方法。由汉代医家张仲景根据《素问·热论》的有关论述，在其《伤寒论》中创立的。六经辨证将外感病发生、发展过程中所表现的不同证，以阴阳为纲，归纳为三阳病(太阳病、阳明病、少阳病)和三阴病(太阴病、少阴病、厥阴病)两大类病证，分别从邪正斗争关系、病变部位、病势进退缓急等方面阐述外感病各个阶段的病变特点。

六经病证的临床表现，均以经络脏腑为病理基础。其中，三阳病证以六腑的病变为基础，三阴病证以五脏的病变为基础。一般而言，三阳病阶段，抗病力强，病势亢奋，性质多实多热；三阴病阶段，抗病力弱，病势衰减，性质多虚多寒。六经辨证的重点在于分析外感风寒所引起的一系列病理变化及其传变规律，但由于风寒之邪入里可以化热，寒湿郁久亦可发热，因此，六经辨证中亦广泛"论热"。

六经辨证的应用，不限于外感病，也可用于内伤杂病。但在证治规律方面，其具有重于外而轻于内、详于寒而略于温的倾向，所以六经辨证不能完全等同于内伤杂病的脏腑辨证与经络辨证，也未能完全概括所有外感病的辨证，而主要适用于外感风寒一类病变的辨证论治。六经辨证为中医临床辨证之首创，为后世各种辨证方法的形成奠定了基础。

一、六经病证

辨六经病证，主要是将伤寒病变的过程中所表现的各种症状和体征，结合人体抗病能力的强弱以及病势的进退缓急等各种情况，进行病位、病因、病性、病势等方面的综合分析，并明确其演变规律，将其众多而各异的证候归纳为太阳病、阳明病、少阳病、太阴病、少阴病、厥阴病六大类证型，作为临床论治的依据。各经的病变在病理的进程中，常会累及其所主的经络及相关的脏腑，反映出相应的病理证候。

(一) 太阳病证

太阳之经上自头项，下至背足，循行人体最外围，且太阳之经统摄营卫之气，外应皮毛，故主一身之表，为诸经之藩篱。风寒之邪外袭人体，大多从太阳经而入，正气奋起抗邪，于是首先表现出来的就是太阳病。

太阳病的主要脉症是"恶寒，头项强痛，脉浮"。由于风寒束表，卫阳被遏，肌腠失于温煦，故恶风寒；太阳经脉受邪，经气不利，气血运行受阻，则头项及背部作痛；正邪抗争于表，脉气鼓动于外，故脉浮。故无论病程长短，但见此主要脉症，即可诊断为太阳病。

邪犯太阳，随其浅深而证有经腑之分。正邪抗争于肤表浅层所表现的证，即成太阳经证；若太阳经证不愈，病邪可循经入腑，乃成为太阳腑证。

1. **太阳经证**　指风寒之邪侵犯人体肌表，正邪抗争，营卫失和所表现的证。太阳经证为伤寒病的初起阶段，由于患者感受风寒邪气偏重不同及患者体质的差异，临床又有太阳伤寒证、太阳中风证之分。

(1) 太阳伤寒证：指以寒邪为主的风寒之邪侵犯太阳经脉，卫阳被遏，以恶寒、无汗、脉浮紧等为主要表现的证。

【临床表现】 恶寒，发热，头项强痛，身体疼痛，无汗，脉浮紧，或见气喘。

【证候分析】 风寒外邪以寒邪为主而侵犯太阳之表，卫阳被遏，肌表失于温煦，则见恶寒；寒邪郁表，卫阳被遏，郁而不宣故发热；寒性收引，卫阳郁遏，经气不畅，筋脉失于温养，故头身疼痛；寒性阴凝，致使肌腠致密，玄府不开，故虽身热而无汗；寒邪凝束，正气抗邪，故脉浮而紧。寒邪袭表，若内舍于肺，肺气失宣，则可见呼吸喘促。

【辨证要点】 恶寒、无汗、脉浮紧等症状共见。

(2) 太阳中风证：指以风邪为主的风寒之邪侵袭太阳经脉，卫强营弱，以恶风、汗出、脉浮缓等为主要表现的证。

【临床表现】 发热，恶风，头痛，汗出，脉浮缓，或见鼻鸣，干呕。

【证候分析】 卫为阳，营为阴，风寒外邪以风邪为主侵犯太阳经，卫受邪而阳浮于外，与邪气相争则发热；邪郁太阳之经，风性轻扬向上，常致头部经气不畅而头痛；风性开泄，以致卫外不固，营不内守则汗出，由于汗出，肌腠疏松，故而恶风；肌疏汗出，营阴不足，故脉浮缓。若外邪侵及于肺胃，肺气失宣则鼻鸣；胃气失降则干呕。由于本证汗出而肌腠疏松，脉浮而缓，所以又有"表虚证"之称，这是相对于太阳伤寒证的"表实证"而言的，并非是绝对的虚证。

【辨证要点】 恶风、汗出、脉浮缓等症状共见。

太阳伤寒证和太阳中风证鉴别见表7-18。

表7-18 太阳伤寒证和太阳中风证鉴别

证名	共同点	病因	体质	症状	性质
太阳伤寒证	同为太阳病经证，均有恶风寒、头身痛、脉浮等症	寒邪为主	较强	无汗，脉浮紧	表实证
太阳中风证		风邪为主	较弱	有汗，脉浮缓	表虚证

2. 太阳腑证 指太阳经证不解，病邪由太阳之表内传其膀胱或小肠等太阳之腑所表现的证。根据病因、病机、病位之不同，临床又分为太阳蓄水证和太阳蓄血证。

(1) 太阳蓄水证：指太阳经证不解而内传膀胱腑，邪与水结，膀胱气化不利，水液停蓄，以太阳经证及小便不利、小腹胀满并见为主要表现的证。

【临床表现】 发热，恶寒，小便不利，小腹胀满，渴欲饮水，或水入即吐，脉浮或浮数。

【证候分析】 太阳经证不解，故仍见发热、恶寒、脉浮或浮数等表证症状。表邪内传膀胱之腑，气化功能失职，邪与水结，水液停蓄，故见小便不利、小腹胀满。水停而气不化津，津液不能上承，故渴欲饮水。但若饮多则水阻气机益甚，以致水逆犯胃，胃失和降，则出现饮入即吐的"水逆"之症。

【辨证要点】 太阳经证及小便不利、小腹胀满等症状共见。

(2) 太阳蓄血证：指太阳经证失治，邪热内传，与血相结于手太阳小肠腑，以少腹急结、神乱如狂、但小便自利为主要表现的证。

【临床表现】 少腹急结或硬满，神乱如狂，小便自利，大便色黑如漆，脉沉涩或沉结。

【证候分析】 太阳经证失治，邪热随经内传，与血相结，瘀热结于下焦少腹(手太阳小肠腑)，故致少腹急结，甚则硬满；热瘀内结，上扰心神，故见神志错乱如狂，甚则发狂；病在肠腑，未影响膀胱气化功能，故小便自利；瘀血下行随大便而出，则大便色黑如漆。脉沉涩或沉结，是因瘀热阻滞，脉道不利所致。

【辨证要点】 少腹急结、神乱如狂,但小便自利等症状共见。

(二) 阳明病证

外感伤寒病变发展过程中,阳热亢盛,胃肠燥热所表现的证。其性质属实热证,为邪正斗争的极期阶段。

阳明病的主要病机《伤寒论》简要地概括为"胃家实"。"胃家",包括胃与大肠;"实",指邪气亢盛,正盛邪实。阳明病的成因可以是多方面的,多由太阳经证不解,表邪内传阳明,化热入里而成;或因少阳病失治,邪热传入阳明而成;或因素体阳盛,初感外邪迅速从阳化热所致;亦可在三阴病正气恢复,阳胜阴退的过程中,转出阳明而经历本病的可能。

阳明病的主要脉症为"身热,不恶寒,反恶热,汗自出,脉大"。由于阳明经为多气多血之经,里热炽盛,蒸腾于外,故见身热;邪热迫津外泄,则汗自出;表邪已入里化热,阳明邪热独盛,故不恶寒,反恶热;热盛而气涌,脉道充盈,故脉大而有力。

阳明病证之中,可因邪热内实的机制不同,又分为阳明经证和阳明腑证两类。一般说腑证较经证为重,从病的发展来说,往往经证的邪热进一步亢盛,消烁津液,导致肠燥腑实则形成腑证。

1. 阳明经证 指邪热亢盛,充斥于阳明之经,弥漫于全身,而肠中尚无燥屎内结,以大热、大汗、大渴、脉洪大等为主要表现的证。

【临床表现】 身大热,不恶寒,反恶热,汗大出,大渴引饮,或心烦躁扰,气粗似喘,面赤,苔黄燥,脉洪大。

【证候分析】 邪入阳明,化热化燥,充斥阳明经,弥漫于全身,故身大热;邪热炽盛,迫津外泄,故汗大出;热盛伤津,且汗出复伤津液,故口大渴而引饮;邪热上扰,心神不安,则见心烦躁扰;热斥气血,涌盛于面,故面赤;热迫于肺,呼吸不利,故气粗似喘;热灼津伤,故舌苔黄燥;热壅脉道,气血涌盛,故脉洪大有力。

【辨证要点】 大热、大汗、大渴、脉洪大"四大"症状共见。

2. 阳明腑证 指邪热内盛于里,邪热与肠中糟粕相搏,燥屎内结,阻滞肠道,以潮热汗出、腹满便秘、舌苔黄燥、脉象沉实为主要表现的证。本证往往是阳明经证进一步发展的结果。

【临床表现】 日晡潮热,手足濈然汗出,脐腹胀满,疼痛拒按,大便秘结不通,甚则神昏谵语、狂躁、不得眠,舌苔黄厚干燥,或起芒刺,甚至苔焦黑燥裂,脉沉实,或滑数。

【证候分析】 肠腑实热弥漫,阳明经气旺于晡时,邪正相争更剧,故潮热日晡更盛;四肢禀气于阳明,热逼津泄甚于四末,故手足濈然汗出;邪热与糟粕结于肠中,致使大便秘结,腑气不通,故脐腹胀满,痛而拒按;邪热亢盛,上扰心神,轻则不得眠,重则见神昏谵语,甚至狂乱不宁;苔黄燥而有芒刺,或焦黑燥裂,为燥热内结,津液被劫之故;有形之邪壅实于里,阻滞气机,抑遏血脉,脉气不利,故脉反沉迟但必有力;若邪热结而不甚,热迫血流则脉乃滑数。

【辨证要点】 潮热汗出、腹满便秘、舌苔黄燥、脉象沉实等症状共见。

(三) 少阳病证

少阳病证指邪犯少阳胆腑,枢机不利,经气不畅,以寒热往来、胸胁苦满、脉弦等为主要表现的证。因邪郁于机体表里之间,故又称为半表半里证。

【临床表现】 寒热往来,口苦,咽干,目眩,胸胁苦满,默默不欲饮食,心烦喜呕,脉弦。

【证候分析】 少阳病证多由病邪已离太阳之表,而尚未进入阳明之里所致,亦可由厥阴病证自里达表,转出少阳而成。

邪正相争于半表半里,正胜则邪出于表与阳争而发热;邪胜则邪入于里与阴争而恶寒,邪正进退交争,故见寒热往来不定;胆热上泛则口苦;胆热灼津则咽干;胆热上扰清窍则头目昏眩;胆热扰神则心烦;邪郁少阳,经气不利,故胸胁苦满;胆热扰胃,胃失和降,则默默不欲饮食,甚至欲呕;脉弦为肝胆受病之征。

【辨证要点】 寒热往来、胸胁苦满、脉弦等症状共见。

(四) 太阴病证

太阴病证指由多种原因导致脾阳虚衰,寒湿内生,以腹满时痛、自利、口不渴等为主要表现的证。太阴病为三阴病之轻浅阶段,其病变特点为虚寒证。

【临床表现】 腹满而吐,食不下,口不渴,自利,时腹自痛,四肢欠温,脉沉缓而弱。

【证候分析】 太阴病的发生,可由三阳治疗不当,损伤脾阳而陷入;也可由于内阳虚怯,风寒之邪直犯而起病。

脾阳虚衰,寒湿内生,气虚湿阻,中焦气机不利,则腹满;阳虚寒凝,腹中挛急,则时腹自痛;阳虚寒湿内盛,水液不化则口淡不渴;寒湿下趋,并走于下,故而自利;脾病及胃,脾虚失运,胃失和降,则食纳减少,或见呕吐;脾主四肢,中阳内虚,不能温煦四末,则四肢欠温;脾虚气弱,脉气亦鼓动无力,故脉沉缓而弱。

【辨证要点】 腹满时痛、自利、口不渴等症状共见。

(五) 少阴病证

少阴病证指伤寒六经病变的后期出现心肾功能减退、全身阴阳衰惫的虚寒病证。少阴病的形成,可在三阳阶段汗下过度,内夺阳气;或吐泻不止,津脱阳亏;亦可外邪入侵,直犯少阴所致。由于少阴病通常是伤寒病变发展过程的后期阶段,也往往是病情最危险的阶段。

少阴之为病,以"脉微细,但欲寐"为主要脉症。由于阳气衰微,营血不足,不鼓血行,不充脉道,故脉微而细;心肾衰减,神气失养,精神极度衰惫,似睡而非睡,呈昏沉迷糊"但欲寐"之状。

由于少阴为心肾,统水火之气,故少阴病证则有从阴化寒与从阳化热两类。但就伤寒病而言,少阴病仍以阳虚寒化为主证,故以"脉微细,但欲寐"为主要脉症。

1. **少阴寒化证** 指病邪深入少阴,心肾阳气衰惫,从阴化寒,阴寒独盛,以精神疲惫、下利清谷、四肢厥冷、脉微细等为主要表现的虚寒证。

【临床表现】 无热恶寒,脉微细,但欲寐,四肢厥冷,下利清谷,小便清长,或呕吐不食,或口渴喜热饮,饮而不多。

【证候分析】 少阴阳气衰微,阴寒内盛,周身失于温养,四末失于通达,故无热恶寒、四肢厥冷;心肾阳衰,脉气鼓动亦微,则脉微细;阳气不振,神失鼓舞,故呈但欲寐的疲惫之状;心肾阳虚,火不暖土,升降失常,故见下利清谷、呕吐不食;下焦阳气虚寒,不能主持水液,化气升津,故小便清长、渴喜热饮但饮而不多。

【辨证要点】 精神疲惫、下利清谷、四肢厥冷、脉微细等症状共见。

2. **少阴热化证** 指病邪深入少阴从阳化热,阴虚阳亢,以心烦不眠、口燥咽干、脉细数等为主要表现的虚热证。

【临床表现】 心中烦热,夜不得眠,口燥咽干,或咽痛,舌红少苔,脉细而数。

【证候分析】 邪入少阴从阳化热,灼伤真阴,水不济火,心火独亢,内扰心神,则心中烦热、夜不得眠;阴液不足,苗窍失润则口燥咽干;阴不制阳,虚火循肾经上攻咽喉,则咽痛;少阴阴血不充,虚火内炽,故舌红少苔、脉细而数。

【辨证要点】 心烦不眠、口燥咽干、脉细而数等症状共见。

(六) 厥阴病证

厥阴病证指伤寒病发展到较后阶段,出现阴阳对峙、寒热错杂、厥热胜复等为特点的证的概括。厥阴为六经之末,故厥阴病多由他经传变而成,常见于伤寒病变末期病情出现生死转机的阶段。

厥阴经系阴经之尽,阳经之始,故其生理乃循阴尽阳生之机,而由阴出阳,主司阴阳之气的交接。病至厥阴,势必干扰阴阳出入和交接之机,产生阴阳逆乱、变化多端的病变,其证候既可以极寒或极热,也可寒热错杂。由于足厥阴肝经属肝络胆而挟胃,因此,厥阴病证以肝、胆、胃的症状为主要表现。

厥阴病证以阴阳错杂为主线,而又各有偏寒偏热的区别,常以"上热下寒"为厥阴病的提纲。

【临床表现】 消渴,气上撞心,心中疼热,饥而不欲食,食则吐蛔。

【证候分析】 此处所述为上热下寒、寒热错杂的症状。上热,为胃中有热,表现为消渴、气上撞心、心中疼热;下寒,为肠中有寒,症状为饥而不欲食、食则吐蛔;邪入厥阴,厥热上逆,上冲胃脘,则自觉气上撞心、心中疼热;胃热消烁津液,则消渴饮水不止。同时,虽胃热而知饥,但肠中有寒,寒郁而食之不化,故又不欲食;若勉强进食,则必引起胃气上逆而致呕吐,若肠内有蛔虫者,常可因呕逆之剧烈而引发吐蛔。

【辨证要点】 胃热肠寒、寒热交错等症状共见。

二、六经病证的传变

六经病证既是脏腑经络病理变化的临床反应,而脏腑、经络之间又是不可分割的整体,所以某一经的病变,常常会涉及另一经,从而表现出传经、直中,以及合病、并病的证候。

(一) 传经

病邪从外侵入,逐渐向里传变,由某一经的病证转变为另一经的病证,称为"传经"。传经与否,决定于感邪的轻重、病体的强弱及治疗得当与否三个方面。邪胜正衰,则发生病传;正胜邪退,则病证转愈。体强者,病多传于三阳经;体弱者,病易转三阴经。识别六经病证的界线,是辨别传变的关键。六经病变传经的一般规律有:

1. 循经传 按伤寒六经顺序传变者,称为循经传。如太阳病不愈,传入阳明;阳明不愈,传入少阳;三阳不愈,传入三阴,其中,首传太阴,次传少阴,终传厥阴。此外另有一说,即按太阳→少阳→阳明→太阴→厥阴→少阴相传者。

2. 越经传 不按上述循经次序,而是隔一经或隔两经相传者,称为越经传。如太阳病不愈,不传少阳而传阳明;或太阳病不传少阳、阳明而直传太阴。越经传的产生多由病邪偏盛,正气不足所致。

3. 表里传 六经中互为表里的阴阳两经相传者,称为表里传。例如太阳膀胱经传少阴肾经;阳明胃经传太阴脾经;少阳胆经传厥阴肝经。表里相传之中,从阳经传入阴经的,是邪盛正虚,由实转衰,病情加重的表现;而从阴经转出阳经者,则为正能胜邪,病情向愈的机转。

（二）直中

伤寒病的发病，凡病邪不由阳经传入而径中阴经发病者，称为直中。直中多发于正气先虚而又复感重邪之人，较之传经更为严重。一般而言，直中太阴者病尚浅，直中少阴者病较深；直中厥阴者则病更深。但亦有学者认为，直中者并非不经过体表，只因感邪太盛，伤于表后迅速入里，其表证短暂轻浅，而里证非常显著而已。

（三）合病

凡伤寒未经传变，两经或三经证候同时出现者，称为合病。如《伤寒论》中有"太阳阳明合病""太阳少阳合病"和"三阳合病"等。在合病中，往往某一经偏盛，其症状较为突出，临证应予注意。

（四）并病

伤寒病凡一经病证未罢，又出现另一经证候者，称为并病。如《伤寒论》中有"太阳阳明并病""太阳少阳并病""阳明少阳并病"。一般来说，并病者的两经症状可以明显区分，且先后出现。

（张星平）

第三节　卫气营血辨证

卫气营血辨证，是清代医家叶桂在《外感温热篇》中所创立的一种论治外感温热病的辨证方法。温热病是一类由外感温热病邪所引起的热象偏重，具有一定的季节性和传染性的外感疾病。叶氏借用《黄帝内经》中关于"卫""气""营""血"四种物质的分布、功能不同而又密切相关的生理概念，将外感温热病发展过程中所反映的不同的病理阶段分为卫分证、气分证、营分证、血分证四类，用以阐明温热病变发展中病位的浅深、病情的轻重和传变的规律，并指导临床治疗。

卫气营血在辨证理论中已不再是单纯的四种物质概念，而是具有突出的病情浅深层次意义。首先，它标志着温热病发展的不同的四个病理阶段。《外感温热篇》指出："大凡看法，卫之后方言气，营之后方言血。"温热病邪从口鼻而入，首先犯肺，由卫及气，由气入营，由营入血，病邪步步深入，病情逐渐加深。卫分证主表，病在皮毛而关系于肺，是最浅表的一层，见于温热病的初起；气分证主里，病在肌肉而关系于胸、膈、胃、肠、胆等脏腑；营分证邪入心营，病在心与包络；血分证耗血、动血，病已深入心、肝、肾。其次，它反映了温热病邪由表入里的四个浅深层次的传变。由卫分证→气分证→营分证→血分证，说明病情逐渐加重。第三，它代表着温热病邪耗伤津血的程度。卫分与气分均主津液，病邪伤于卫分则邪气轻浅而伤津不甚；病邪伤于气分则温热病邪深入，多伤耗津液而热象明显。营分和血分多主动血而耗阴。动血表现为血热妄行、发疹发斑等出血症状；耗阴则表现为机体失养和阴虚内热的证候。

卫气营血辨证是在六经辨证的基础上发展起来的，它弥补了六经辨证的不足，形成了六经辨伤寒、卫气营血辨温病的证治格局，完善并丰富了中医对外感病的辨证方法和内容。

一、卫气营血病证

（一）卫分证

指各种温热病邪侵犯肌表，致使卫气功能失常，以发热、微恶风寒、舌边尖红、脉浮数等为主要表现的一类证。病属表热,常见于外感温热病的初起阶段。

【临床表现】 发热,微恶风寒,头痛,口干微渴,舌边尖红,苔薄黄,脉浮数,或伴有咳嗽,咽喉肿痛。

【证候分析】 温热病邪,犯于肤表,卫为邪郁,故发热、微恶风寒;温为阳邪,所以常多发热重而恶寒轻。温热之邪上扰清窍,则头痛。温热为阳邪,但病属初起,伤津不甚,故见口干微渴。邪热在表,故舌质边尖红而脉来浮数。温邪犯肺,肺气失宣,故见咳嗽;温热上灼,气血壅滞,所以咽喉红肿疼痛。由于温邪有风、火、暑、燥的不同,故不同温邪犯卫,其卫分证候亦有所差别。

【辨证要点】 发热、微恶风寒、舌边尖红、脉浮数等症状共见。

(二) 气分证

指温热病邪内传脏腑,正盛邪实,阳热亢盛,以发热不恶寒、反恶热、汗出、口渴、舌红苔黄、脉数有力等为主要表现的一类实热证。多见于外感温热病极期阶段。根据邪热侵犯肺脏、胸膈、肠道、胆腑等脏腑的不同而兼有不同的症状。本证多由卫分证不解,邪传入里所致,亦有初感则温热邪气直入气分而成者。

【临床表现】 身热不恶寒,反恶热,汗出,口渴,舌红苔黄,脉数有力。或见咳喘,胸痛,咳痰黄稠;或见心烦懊侬,坐卧不安;或见日晡潮热,便秘腹胀,痛而拒按,甚或谵语、狂乱,苔黄干燥,甚则焦黑起刺,脉沉实;或见口苦咽干,胸胁满痛,心烦,干呕,脉弦数。

【证候分析】 邪入气分,其病机变化主要为正邪剧争和热扰气机两个方面。里热炽盛,邪正剧争,故身热亢盛,且不恶寒,反恶热。邪热逼津外越,则汗出;热灼津伤,则口渴;热盛则气血涌盛,则舌红苔黄,脉数有力。若邪热内壅于肺,肺失清肃,故咳喘、胸痛;热甚灼伤津液,故痰黄黏稠。若热扰胸膈,心神不宁,则心烦懊侬,坐卧不安。若热结肠道,灼津化燥,热结成实,腑气不通,故便秘腹胀,痛而拒按;热扰心神,故谵语、狂乱;燥热内结,故苔黄而干燥,甚则焦黑起刺,脉沉实。若热郁胆经,胆气上逆则口苦咽干;胆气郁滞,经气不利,故胸胁满痛;胆热扰心则心烦;胆火犯胃,胃失和降,则干呕;胆经有热则脉弦数。

【辨证要点】 发热不恶寒,反恶热,汗出,口渴,舌红苔黄,脉数有力等症状共见;再根据兼见症状之不同,进一步判断何脏何腑受病。

(三) 营分证

指温病邪热内陷,营阴受损,心神被扰,以身热夜甚、心烦不寐、舌质红绛、脉细数等为主要表现的证。营分证是温热病发展过程中较为深重的阶段。根据温病邪热的兼挟不同,营分证又有不同的证型。

本证可由气分证不解,邪热传入营分而成,或由卫分证直接传入营分而成,称为"逆传心包";亦有营阴素亏,初感温热之邪盛,来势凶猛,发病急骤,起病即见营分证者。

【临床表现】 身热夜甚,口不甚渴或不渴,心烦不寐,甚或神昏谵语,斑疹隐隐,舌质红绛无苔,脉细数。

【证候分析】 营行脉中,内通于心。邪热入营,灼伤营阴,夜与入阴之卫阳相搏,则身热夜甚;邪热蒸腾营阴上潮于口,故口渴不如气分热重口渴之甚;热深入营,易扰心神,故心烦不寐,甚至神昏谵语;邪热入营,灼伤血络,则斑疹隐隐;营分有热,劫伤营阴,故舌质红绛无苔,脉细而数。

【辨证要点】 身热夜甚、心烦不寐、舌质红绛、脉细而数等症状共见。

(四) 血分证

指温病邪热深入阴血,导致动血、动风、耗阴所表现的一类证。血分证是温热病发展过程中最为深重的阶段。

本证是由邪在营分不解,传入血分而成;或气分炽热,劫营伤血,径入血分而成;或素体阴亏,已有伏热内蕴,温热病邪直入血分而成。根据病理改变及受损脏腑的不同,血分证可分为血分实热证和血分虚热证。

1. 血分实热证　指温热病邪,深入血分,血分热盛,闭扰心神,迫血妄行,或燔灼肝经,引动肝风,以身热夜甚、躁扰神昏,并见出血症状,或并见动风症状等为主要表现的证。本证多为血分证的前期阶段,性质为实热证。

【临床表现】　身热夜甚,心烦不寐,更见躁扰不宁,神昏谵语,舌绛紫,脉弦数;或更见斑疹显露,色紫黑,吐血、衄血、便血、尿血;或更见四肢抽搐,颈项强直,角弓反张,目睛上视,牙关紧闭。

【证候分析】　邪热由营及血,病势更深一层,症必更重。除身热夜甚、心烦不寐等营分证之外,因血热内扰心神,则躁扰不宁,或神昏谵语,舌也绛而兼紫。邪热迫血妄行,溢于脉外则斑疹显露、斑色紫黑,吐血、衄血、便血、尿血等;燔灼肝经,炽伤筋脉,则可引动肝风,导致四肢抽搐、颈项强直,甚至角弓反张、目睛上视、牙关紧闭等。

【辨证要点】　营分重证身热夜甚、躁扰神昏与出血等症状共见,或并见动风等症状。

2. 血分虚热证　指血热久羁,耗伤肝肾之阴,虚热不退,机体失养,或虚风内动,以虚热不退并见机体失养,或并见虚风内动等为主要表现的证。本证多为血分证的后期阶段,性质为虚热证。

【临床表现】　持续低热,暮热早凉,五心烦热,或更见口干咽燥,形体羸瘦,神疲耳聋,舌干少苔,脉虚细,或更见手足蠕动,瘛疭。

【证候分析】　邪热久羁,劫灼阴分,余热未净,则持续低热、暮热早凉、五心烦热。伤阴耗液,穷必及肾,上窍失润,则口干咽燥,舌干少苔;形体失养,则形体羸瘦,脉虚细;阴耗精损,不能上充脑髓,神窍失养则神疲耳聋。肝阴亏损,筋脉失濡,虚风内动则手足蠕动,甚或瘛疭。

【辨证要点】　虚热不退并见机体失养,或与虚风内动等症状共见。

二、卫气营血病证的传变

温热病的整个发展过程,实际上就是卫气营血病证的转变过程。卫气营血证之间的传变关系体现了温病发生发展的规律性。其传变有顺传和逆传两种形式。

(一) 顺传

指病变顺着由浅而深、由表而里、由轻而重的层次依序递传,即从卫分开始,按照卫分→气分→营分→血分的次序传变。顺传标志着邪气步步深入,病情逐渐加重。

(二) 逆传

逆传,即不依上述次序传变。如卫分证不经气分,而直接传入营分、血分,出现神昏、谵语的重笃病情。标志着邪气太盛或正气大虚,病势比较危急凶险。

此外,温病的传变,由于病邪和机体反应的特殊性,也有不按上述两种形式传变的。如发病之初无卫分证,而径见气分证或营分证;卫分证未罢,又兼气分证,而致"卫气同病",气分证尚存,又出现营分证或血分证,称"气营两燔"或"气血两燔"。

总之,温病有病发于表和病发于里的不同。一般来说病发于表的多从卫分开始,而传入气分渐次深入营分、血分,但这仅是一般的演变,并非固定不变的。由于感受温邪类别的差异以及患者体质的不同,亦有在发病初起就无卫分证候,而从营分和气分开始,以里热偏盛为特点。病发于表的温病,有在卫分,经治疗疾病即痊愈而不向里传变的;有治疗失时失当很快传入营分、血分的;也有邪传营分、血分,而卫分、气分之邪未罢的。至于病发于里的温病,有初起即见气分证候而后又陷入营血的;亦有先见营分、血分证候,转出气分之后,邪热未得及时清解,又复陷入营血的;也有营血之邪透出气分,由于一时不能透尽,致气血两燔的。由此可见,温热病过程中卫气营血证的相互转化,其形式是非常复杂的。温热病整个发生、发展和演变过程中,卫、气、营、血四个阶段并非孤立地,是相互联系着的。

(殷 鑫)

第四节 三焦辨证

三焦辨证,是清代医家吴瑭的《温病条辨》依据《黄帝内经》关于三焦所属部位的概念,将外感温热病的各种证归纳为上、中、下三焦病证,用以阐明三焦所属脏腑在温热病过程中的病理变化、证候表现及其传变规律,并指导治疗的一种辨证方法。

三焦病证,其实质就是三焦所属脏腑病理变化及其临床表现。由于温病有自上而下的传变特点,因此,三焦分证也标示着温病发展过程中的不同病理阶段。上焦病证主要包括手太阴肺和手厥阴心包的病变,多为温病的初起阶段;中焦病证主要包括手阳明大肠、足阳明胃和足太阴脾的病变,多为温病的中期阶段;下焦病证主要包括足少阴肾和足厥阴肝的病变,属温病的末期阶段。

三焦辨证是从"纵"的方面客观地反映了温病发病规律的,卫气营血辨证是从"横"的方面反映温病发展变化规律的,这被公认为温病的两大辨证纲领。两者一纵一横,经纬交错,相得益彰,两者结合使用,就能把病变阶段、病位浅深、所犯脏腑及病情轻重等,完整地反映出来,为临床治疗提供更全面可靠的依据。

一、三焦病证

(一) 上焦病证

指各种温热之邪侵袭上焦部位的手太阴肺或手厥阴心包所表现的证。

温热病邪侵袭人体,从口鼻而入,自上而下。鼻通于肺,肺合皮毛而统卫气,所以温热病一开始就出现肺卫受邪的相应证候。温热之邪犯肺以后,其传变有两种不同的趋向。一种即所谓"顺传",即病由上焦传入中焦,而出现中焦足阳明胃经的证候;另一种为"逆传",即从手太阴肺经而传入手厥阴心包经,出现"逆传心包"的证候。因此上焦病证有"邪热犯卫""邪热壅肺"与"逆传心包"三类证。

【临床表现】 发热,微恶风寒,汗出,口渴,头痛,舌边尖红,脉浮数;或但热不寒,咳嗽,气喘,汗出,口渴,苔黄,脉数;或高热,肢厥,神昏,谵语,舌蹇,舌质红绛。

【证候分析】 肺主皮毛,温热之邪犯表,卫气失和,肺失宣降,故见发热、微恶风寒、舌边尖红、脉浮数等症;温邪上扰清空则头痛;伤津则口渴;逼津外越则汗出。若邪热入里,壅滞于肺,肺失清肃,肺气上逆,故见咳嗽、气喘;邪热已由表入里,故但热不寒;邪热内盛,则汗出、口渴、苔黄、脉数。若肺经邪热不解,逆传心包,热扰心神,则见神昏、谵语、舌蹇;里热壅盛,蒸达于外,故见高热不退;阳热内郁,不达于四肢,故而肢厥;温热灼伤营阴,则舌质红绛。

【辨证要点】 温邪犯卫证以发热、微恶风寒、咳嗽、舌边尖红、脉浮数等为辨证要点;邪热壅肺证以但热不寒、咳喘、苔黄、脉数等为辨证要点;逆传心包证以高热、神昏、舌质红绛等为辨证要点。

(二) 中焦病证

指温热之邪传入中焦脾胃,邪从燥化或邪从湿化所表现的证。

温病自上焦开始,顺传至中焦,则脾胃二经受病。脾与胃虽同居中焦,互为表里,而其特性各不相同,胃属足阳明经,喜润恶燥,润则中焦浊气下行,肠道滋润;燥则浊气不通而郁闷,邪入中焦而从燥化,则出现阳明的燥热之证。脾性喜燥而恶湿,燥则促进脾的运化功能,使水谷精微上升而输布;湿则脾气抑遏而运化失常,邪入中焦而从湿化,则出现太阴脾经的湿热之证。因此中焦病证有中焦燥热证和中焦湿热证两类证。

【临床表现】 身热面赤,呼吸气粗,腹满便秘,神昏谵语,渴欲饮冷,口干唇裂,小便短赤,舌苔黄燥或焦黑起刺,脉沉实有力;或身热不扬,头身重痛,胸脘痞闷,泛恶欲呕,大便不爽或溏泄,舌苔黄腻,脉濡而数。

【证候分析】 胃性喜润恶燥,邪入阳明,中焦燥热,热炽津伤,胃肠失润,燥屎内停,故见腹满、便秘;邪热蒸腾则身热面赤;侵扰心神,故见神昏谵语;灼津耗液,则见渴欲饮冷、口干唇裂、小便短赤;上迫于肺,则见呼吸气粗;苔黄燥或焦黑起刺,脉沉实有力,为燥热内结、津液被劫之征。脾性喜燥恶湿,若邪从湿化,中焦湿热,脾失健运,胃失和降,故见胸脘痞闷、泛恶欲呕、大便不爽或溏泄;湿遏热伏,郁于肌腠,故身热不扬;湿性重着,湿热郁阻,气机不和故头身重痛;苔黄腻、脉濡数,为湿热内蕴之象。

【辨证要点】 中焦燥热证以身热神昏、腹满便秘、苔黄燥、脉沉实等为辨证要点;中焦湿热证以身热不扬、脘痞欲呕、便溏不爽、苔黄腻、脉濡数等为辨证要点。

(三) 下焦病证

指温热病邪犯及下焦,劫伤肝肾之阴所表现的证。

温热病邪,久羁中焦,易消灼津液而下劫肾阴,并因乙癸同源而累及肝脏,故多为肝肾阴伤之证。因此下焦病证有肾阴亏虚证和肝阴亏虚证两类证。

【临床表现】 身热颧红,手足心热甚于手足背,口燥咽干,神倦,耳聋,脉虚大;或见手足蠕动,甚或瘛疭,心中憺憺大动,神倦脉虚,舌绛苔少,甚或时时欲脱。

【证候分析】 温病后期,邪传下焦,易损肝肾之阴。肾阴亏耗,耳失充养,故耳聋;神失阴精充养,故神疲;阴亏不能制阳,虚热内生,则见口燥咽干、手足心热甚于手足背、脉虚大。热邪久羁,真阴被灼,水不涵木,肝阴亏虚,筋失所养,拘挛迫急,以致出现手足蠕动,甚或瘛疭;心中憺憺大动,亦系阴虚水亏,虚风内扰所致;神倦脉虚,舌绛苔少,甚或欲脱,均为阴精耗竭之象。

【辨证要点】 肾阴亏虚证以身热颧红、口燥咽干、神倦耳聋等为辨证要点;肝阴亏虚证以手足蠕动、神倦脉虚、舌绛苔少等为辨证要点。

二、三焦病证的传变

(一) 一般传变

1. **顺传** 一般多由上焦手太阴肺经开始,传入中焦,进而传入下焦,标志着病情由浅入深,由轻到重的病理进程。

2. **逆传** 指病邪从肺卫直接传入心包者。说明邪热炽盛,病情重笃。

(二) 特殊传变

三焦病证的传变,虽然自上而下,但这仅指一般而言,也并非固定不变的。有的病者邪犯上焦,经治而愈,并无传变;有的又可自上焦径传下焦;或有病直起于中焦,由中焦再传肝肾的,这与六经病证的循经传、越经传相似;也有发病即见下焦肝肾阴亏证候的,这与六经病证中的"直中"相类似。此外,还有两焦病证错综互见和病邪弥漫三焦的,这又与六经病证的合病、并病相类。因此,临床对三焦病势的判断,应综合临床资料,全面地加以分析。

(任　健)

第五节　经络辨证

经络辨证,是以经络学说为理论依据,对患者的症状、体征进行分析综合,以判断病属何经、何脏腑,以及病性的一种辨证方法。

划分病变所在的经络病位,源于《黄帝内经》,后世多有发挥。《灵枢·经脉》载有十二经病证,奇经八脉病证则以《素问·骨空论》《难经·二十九难》及李时珍《奇经八脉考》论述甚详。

经络分布周身,运行全身气血,联络脏腑关节,沟通上下内外,使人体各部相互协调,共同完成各种生理活动。当人体患病时,经络又是病邪传递的途径,外邪从皮毛、口鼻侵入人体,首先导致经络之气失调,进而内传脏腑;反之,如果脏腑发生病变时,同样也可循经络反映于体表,在体表经络循行的部位,特别是经气聚集的腧穴之处,出现各种异常反应,如麻木、酸胀、疼痛,对冷热等刺激的敏感度异常,或皮肤色泽改变等。这样,便可辨别病变所在的经络、脏腑。

经络辨证是对脏腑辨证的补充和辅助,特别是在针灸、推拿等治疗方法中,更常运用经络辨证。

经络辨证的内容有十二经脉病证和奇经八脉病证。

一、十二经脉病证

十二经脉包括手、足三阴经和手、足三阳经。

十二经病证有一定规律可循,可表现为本经经脉循行部位和所属脏腑的病变。掌握其规律和特点,便有助于推求病变所在的经络及脏腑。

1. **经络循行部位的症状**　经脉受邪,经气不利,所现病证多与其循行部位有关。如足太阳膀胱经受邪,可见项背、腰脊、腘窝、足跟等处疼痛;由于肝经循行于胁肋、少腹,故《素问·脏气法时论》说:"肝病者,两胁下痛引少腹。"

2. **经络及所属脏腑症状**　经络受病可影响脏腑,脏腑病变可反映于经络,而常表现为所属脏腑病候与经脉循行部位的症状相兼。如手太阴肺经病证,可见咳喘气逆、胸满、臑臂内侧前缘疼痛等,并常在肺俞、中府等腧穴处出现压痛感。

3. **多经合病的症状**　一经受邪,可影响其他经脉,表现为多经合病的症状。如脾经有病可见胃脘疼痛,食后作呕等胃经症状;足厥阴肝经受病可出现胸胁满痛,呕逆,飧泄,癃闭等症。

二、奇经八脉病证

奇经八脉,即冲、任、督、带、阳维、阴维、阳跷、阴跷八条经脉。奇经八脉具有联系十二经脉,调节人体阴阳气血的作用。

奇经八脉的病证,由其所循行的部位和所具有的特殊功能所决定。

督脉总督一身之阳,任脉总任一身之阴,冲脉为十二经之海,三脉皆起于下极而一源三歧,与足阳明胃经、足少阴肾经联系密切。所以,冲、任、督脉的病证,常与人的先、后天真气有关,并常反映为生殖功能的异常。如调理冲任可以治疗妇女月经不调、不孕、滑胎流产等;温养督任可以治疗生殖功能衰退等。

带脉环绕腰腹,其病常见腰脊绕腹而痛、子宫脱垂、赤白带下等。

阳跷为足太阳之别,阴跷为足少阴之别,能使机关矫健。其病多表现为肢体痿痹无力、运动障碍。

阳维脉起于诸阳会,以维系诸阳经;阴维脉起于诸阴交,以维系诸阴经,所以为全身之纲维。阳维脉为病,多见寒热;阴维脉为病,多见心胸、脘腹、阴中疼痛等。

(王朝晖)

第八章 诊断综合运用

> **导学**
>
> 本章主要介绍病情资料的综合处理、诊断思维的一般方法、主症诊断思路、辨证诊断思路、辨病诊断思路以及病历的含义与意义、中医病历书写要求与格式。
>
> **本章学习重点：** 诊断思维的一般方法及主症诊断思路、辨证诊断思路，住院病历、门诊病历的书写格式。
>
> **本章学习要求：**
>
> （1）熟悉诊断思维的一般方法、主症诊断思路、辨证诊断思路；熟悉中医病历书写格式。
>
> （2）了解病情资料的综合处理、辨病诊断思路、病历的含义与意义、中医病历书写要求。

中医诊断治疗的过程就是辨证施治的过程，中医诊断包括病情资料的采集、整理、分析、辨证方法的选用和得出辨病、辨证结论等环节。在病情资料的采集过程中，辨证分析也已经开始了，我们往往还要根据辨证的初步结论，有目的地采集有鉴别意义的阳性或阴性病情资料，以核实初步结论是否正确。

第一节 诊断思路与方法

一、病情资料的综合处理

病情资料是指医生运用多种诊法所收集到的临床资料，包括病史、症状和体征、患者生活的自然与社会环境等，是我们进行辨病、辨证的依据。由于每一诊法都是从不同的角度分别获得病情信息，而临床上的症状、体征表现，各种检测结果，可以千差万别，表现在不同方面，因此要综合考虑各种诊法的特点，并结合专科检查或实验室检查结果，多方验证，才能得出明确的结论。

（一）判断病情资料的完整性

患者的临床表现多种多样，其叙述不一定完整可靠，医生检查也可能出现疏漏。病情资料不够完整，往往导致漏诊、误诊。在收集临床资料时，要诸诊合参，而不能只凭一个症状、体征或检测结果便仓促作出诊断,不应片面强调或夸大某种诊法的作用,而必须对患者进行全面而系统的诊查,病情资料应力求完整而系统。不仅要注重患者的症状和体征,还要注意找出与患者疾病有关的深层次因素,如社会的、心理方面的影响。注意时令气候、地理环境与疾病的关系,以做到察形与察神、察机体与察环境等的统一。

(二) 评价病情资料的准确性

患者的临床表现错综复杂,如果某些病情资料不够准确或不够客观,便会影响正确的诊断。为保证病情资料的真实可靠,临证必须对所获得的资料进行评估,尽量避免辨认误差,有疑问时要运用多种诊法,相互验证,防止医生的主观性和片面性,避免先入为主、主观臆测或采用暗示诱导的方法收集病情资料。此外,还应对病情资料进行反复调查和动态观察,要善于借助客观检查手段(如舌象仪、脉象仪,也包括现代医学的实验检测与影像诊断等),以证实病情资料的可靠性。患者或陪伴者由于受年龄、文化程度、对病情的关心程度、表达能力、神志状况及其他因素的影响,有时出现对病情表达不准、不全、不清,甚至有隐讳、夸大、编造等情况,医生应注意识别,及时发现,设法加以弥补或更正,以保证病情资料的准确可靠。

(三) 分析病情资料的重要性

患者的临床表现常常十分复杂,涉及多个脏腑,如果我们不能找出应优先解决的关键问题,主次不分,难以取得理想的疗效。临证必须对所获得的资料进行评估,对症状、体征的重要性进行排序,尽量找出主要问题重点解决。

二、诊断思维的一般方法

中医辨证,要在正确思维方法的指导下,对所收集的病情资料进行分析、综合,以认识病证当前阶段的病位、病因、病性等本质,并概括为完整证名。中医学的诊断可以说是一种状态诊断,因此在诊断思维上重视患者临床表现和自我感受,重视反映内在状态的舌象与脉象的改变,检测指标往往作为观测疗效的参考,所以中医诊断以症状、体征为主要依据,而这些症状、体征大都是患者的主观感觉和医生的直观发现,这要求医生具有认真负责的精神和丰富的诊断经验。在具体诊断上重视整体状态的分析。引起整体状态反应的因素众多,且处于变动之中,故有同病异证、异病同证、有症无病等各种情况,因此诊断时要从整体上进行综合分析,重视脏腑气血阴阳的功能变化,而不局限于脏腑器官的结构改变。

(一) 诊断的逻辑思维方法

诊断是医生的主观思维对客观存在的疾病实质的认识,即通过反复进行的司外揣内的思维过程,依据患者的临床表现,不断修正对病情的认识,并得出正确结论,亦即所谓的追溯病机,寻找病因,倒果求因。辨证过程中的基本思维形式,从中医哲学层次看有阴阳分析辨证思维法、五行制约辨证思维法、知常达变辨证思维法、整体联系辨证思维法等,具体辨证时又有类比法、分析归纳法、演绎法、反证法等,对于每个医生来说,甚至同一医生对于不同病种来说,其在辨证时的思维过程与方法都不会完全相同,但具有较高水平的医生常可以殊途同归,得出相同或相近的结论,因此,对于运用何种思维方法进行"辨证",不必强求一致,也不可能作出完全统一的规定。归纳临床常用的辨证思维方法,主要有以下形式。

1. **类比法** 又称对比法、经验分析法、对号入座法,即将患者的临床表现和医生所习得的或通过临床经验所获得的常见证型进行比较,找出主要特征相吻合的证型,辨证诊断便可确立。类比法是一种直接的对应思维方式,具有迅速、简捷的特点,当病情不复杂而表现又很典型时,采用类比法可得出比较准确的诊断。临床上常根据主诉,首先对患者作出病名诊断,然后依据此种疾病的常见证型,从中选择最符合患者病情的某证作为诊断,可以有效地减少类比的工作量。

2. **分析归纳法** 即将患者表现的各种症状、体征,首先按照辨证的基本要素进行分类归纳,从而抓住病变本质的思维方法。

3. **演绎法** 是根据认识论对事物本质的认识由浅入深、由粗到精的原理,对病情进行层层深入的辨证分析方法,也包括对医生所不认识的疾病运用中医理论进行推演辨证的方法。如一患者煤气中毒,神昏抽搐。煤气中毒在中医古代医籍中没有相应证候,但从中医理论考虑,心主神明,神昏则病位在心(心包),《黄帝内经》云"诸风掉眩,皆属于肝",抽搐则病位在肝,由此可知本病可归为毒入心包、肝风内动之证。此外,根据脏腑、气血等的生理基础,而推导其病理变化,如"久病入络""久病及肾"等;或者根据病情选择最恰当的方剂,再依据该方的适应证,而得出证名诊断,即所谓"以方测证",也都可视之为演绎法。

4. **反证法** 又称否定法、非此即彼法,是指对类似证难以从正面进行鉴别时,可从反面寻找不属于某类似证的依据,通过否定类似证而达到诊断的目的。如一长期发热患者,余症表现不明显,前医用清热、养阴、利湿、解郁诸法不效,观其舌不红、苔不黄不腻、脉不数,可以排除实热、虚热、湿热证,胁不胀不痛、脉不弦可以排除肝郁发热,尽管气虚表现不突出,经否定疑似证后,按气虚治疗,将可取得很好的疗效。

5. **其他** 中医常用的诊断逻辑思维方法还有很多,如:① 亦此亦彼法:疾病在其发生发展过程中,可在原有的基础上发生与原有证相关的新证型。如原为肝阳上亢证,当出现肢体麻木或震颤等症时,即可诊为肝风内动、肝阳化风证。② 试探法:或称试治法,是指通过治疗而肯定或否定某证。如便秘多日,不知属实属虚,可稍与小承气汤试攻之,如药后转矢气者为肠燥腑实,如药后便清者属脾虚。③ 想象推测法:通过采集到的资料对患者的周边环境、发病原因作出合理推测。如患者于9月发病,且长时间活动于野外,有表证表现,并见唇舌干燥,可推测其感受了温燥之邪。对于一些疑难杂病、疑似病证、危急重症的诊断,还须运用特殊的思维方法。如对疑难杂证,常有经验再现、线索追溯、病因穷举等;对疑似病证的鉴别,要在相似的基础上运用求异的思维方法;对危急重症的诊断,应有准确、果断、迅速的思维,并注意诊治共举,急救为先。

(二)合理选用辨证方法

辨证的基本要求,主要在于明确疾病现阶段的性质与位置。因此,辨证基本内容可概括为辨病性与辨病位两个方面。其中八纲是分析各类疾病共性(病性与病位)的方法,是其他辨证方法的总纲;病性辨证是辨别病证本质属性的辨证方法,如六淫辨证,阴阳、气血、津液辨证,实际上都是辨别疾病的性质;病位辨证是在辨病性的同时辨别疾病所在的部位。其中脏腑辨证、经络辨证的重点是从"空间"性位置上辨别病变所在的脏腑、经络,主要适用于"内伤杂病"的辨证;六经辨证、卫气营血辨证、三焦辨证则主要从"时间"(层次)性位置上区分病情的不同阶段、不同层次,主要适用于"外感病"的辨证。

(三)辨证的思维步骤

1. **抓住主症,确定病位** "主症"往往是病变所在脏腑的主要病理表现,通过对主症进行辨析,常常可以大致确定脏腑病位,如以咳喘为主症者,病在肺等。同时应注意主症表现,结合兼症确定病因病性,在辨证上有着重要意义。

2. **根据临床表现探求病因**　通过询问病史,根据临床表现找出病因,一般采用审症求因、倒果求因的方法明确导致病变的原因。根据致病的途径,又可分为外感性和内伤性两类病因。

3. **依据临床表现分辨病性**　区分寒热虚实及阴虚、阳虚、亡阴、亡阳等纲要病性及具体的水、湿、痰、饮、瘀、滞、虫积、食积、邪毒,以及以气血津液的改变为主,如气虚、气陷、气不固、气脱、气滞、气逆、气闭,血虚、血脱、血瘀、血热、血寒,津亏、液耗,精亏、髓亏、营亏,以及动风、动血等具体病性。

4. **判断病情,阐释病机**　辨别病情的轻重、标本、缓急,以及阻、积、扰、闭、虚、衰、亡、脱等。根据中医学理论,将证的病因、病性、病位、病情、病势综合起来进行分析,作出全面而统一的机制解释。同时审度病势,把握病变发展演变的趋势,推测病证的转归与预后。

5. **确定证名**　通过对病因、病性、病位、病机的高度概括,提出完整而规范的证名诊断。

三、辨证诊断思路

"证"实际上包括"证候"和"证名"。疾病过程中,各个具有内在联系的一组症状和体征,称为"证候"。对病变过程中某阶段所表现的证候,在中医学理论指导下,通过"辨证"而确定其病位、病性等本质,并将其综合归纳而形成"证名"。因此,"证"是指病变过程中某一阶段所表现的"证候"和由病位、病性等病理本质性要素所构成的"证名"。证候是证的外候,即表现,证名是代表该证本质的名称。

辨证思维的一般方法,是在中医学理论的指导下,通过对症状、体征等临床资料的综合分析,先明确病位、病性等病理本质,然后形成完整准确的证名。采用正确的思维方法和步骤进行辨证,是提高临床辨证水平的重要途径。

(一) 辨证诸法的关系与特点

在长期的医疗实践中,中医学对辨证的认识不断得到发展、深化,创立了多种辨证归类的方法。通常提到的辨证归类方法就有八纲辨证、脏腑辨证、经络辨证、六经辨证、卫气营血辨证、三焦辨证、经络辨证以及病因(六淫、疫疠等)、病性(气、血、津液)辨证等。

历史上所形成的诸种辨证方法,由于是在不同的时代、不同的条件下形成的,因而其各自归纳的内容、论理的特点、适用的范围都不全相同。它们既有各自的特点,不能相互取代,而又各不全面,甚至存在着某些名实异同、相互矛盾的现象。所以应对其各自的内容与特点有全面的了解,并综合进行运用。

通过对各种辨证方法的特点进行分析,从中可以找出其相互间的关系。辨证八法之间的关系如图 8-1 所示。

八纲辨证是辨证的基本纲领,表里、寒热、虚实、阴阳可以从总体上分别反映证的部位、性质和类别。

脏腑辨证、六经辨证、卫气营血辨证、三焦辨证、经络辨证,是八纲中辨表里病位的具体深化,即以辨别病变现阶段的病位(含层次)为纲,而以辨病性为具体内容。其中脏腑辨证、经络辨证的重点是从"空间"位置上辨别病变所在的脏腑、经络,主要适用于"内伤杂病"的辨证;六经辨证、卫气营血辨证、三焦辨证则主要是从"时间(层次)"上区分病情的不同阶段、层次,主要适用于"外感时病"的辨证。

辨病性则是八纲中寒热虚实辨证的具体深化,即以辨别病变现阶段的具体病性为主要目的,

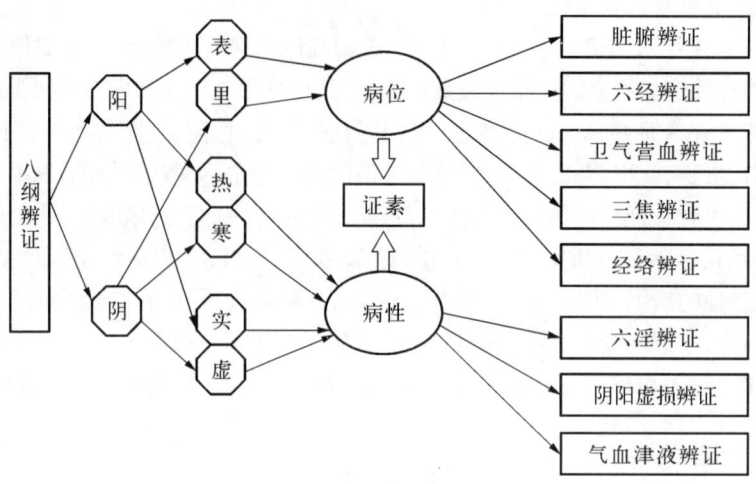

图8-1 辨证八法之间的关系

自然也不能脱离脏腑、经络等病位。其中六淫、虫、食等,主要是讨论邪气的侵袭停聚为病,与六经辨证、卫气营血辨证、三焦辨证等的关系较为密切;气血、津液、阴阳虚损等,主要是分析气血、津液、阴阳等正气失常所表现的变化,与脏腑辨证的关系尤为密切。

总之,八纲是辨证的纲领;辨病性是辨证的基础与关键;脏腑、六经、卫气营血、三焦等辨证,是辨证方法在内伤杂病、外感时病中的具体运用。

(二)辨证的统一体系

以往八纲、脏腑等诸种辨证方法中,必有对"证"本质的共同认识,在分析各种辨证方法的实质时,可从中发现其所包含的辨证具体内容,主要是病变部位与阶段的心、肝、胃……气分、血分等,病变性质的风、寒、湿、热……气虚、血虚、阴虚、阳虚、痰饮、瘀血……名称虽异而目的相同,任何疾病的病状,均与一定的病位、病性等辨证要素相关。任何复杂的"证",都是由病位、病性等辨证要素的排列组合而构成的。

因此,辨证的关键和基本要求,主要在于明确病变现阶段的病位与病性。通过分析而确定病位、病性等辨证的基本要素,便抓住了辨证的实质,为把握灵活复杂的辨证体系找到了执简驭繁的纲领。

掌握每一辨证基本要素的概念、主要表现,并了解其相互间的一般组合关系,便能抓住辨证的实质,就可对各种疾病进行辨证诊断。

1. **辨病位的内容** 辨病位,即辨别确定病变现阶段证所在的位置。其中又可分为空间性病位和时间(层次)性病位。

大的病位概念有表证、里证、半表半里证,病在上、病在下等。心、心神(或称脑、心包)、肺、脾、肝、肾、胃、胆、小肠、大肠、膀胱、三焦(上焦、中焦、下焦),以及胞宫、精室、清窍、咽喉、口唇、齿龈、头、鼻、目、肌肤、筋骨、经脉、经络、胸膈、脑络、脉络等,皆为空间病位概念。时间(层次)性病位,如卫分、气分、营分、血分,太阳、阳明、少阳、太阴、少阴、厥阴等,随着病程的阶段变化,而有浅深层次的含义。

每一病位概念各有特定的证候,如心悸、心痛等为病位在心的主症;新起恶寒发热、头身疼痛、脉浮等为表证的特定证候;身热夜甚、心烦不寐、神昏谵语、斑疹隐隐、舌绛等为营分证的主要表现。

认识和掌握每一病位的特定表现,有利于辨别出证候的病位。

2. **辨病性的内容** "病性",指证变化的本质属性,即病理改变的性质。

属于病性的概念,可有笼统与具体之分。虚证、实证,阴证、阳证,标证、本证等,属于抽象的病性概念。辨病性的具体证主要有:风淫证、寒淫证、暑淫证、湿淫证、燥淫证、火热证、毒证、脓证、痰证、饮证、水停证、食积证、虫积证、石阻证、气滞证、气逆证、气闭证、血瘀证、血热证、血寒证、气虚证、气陷证、气不固证、气脱证、血虚证、血脱证、阴虚证、亡阴证、阳虚证、亡阳证、阳亢证、阳浮证、津液亏虚证、精亏证、髓亏证、营亏证、喜证、怒证、忧思证、悲恐证等。

每一病性概念都应有特定的证候表现。如身体困重、关节肌肉酸痛、食欲不振、腹胀、便稀、舌苔滑腻、脉濡等为湿的证候;固定刺痛拒按、有包块、舌暗有斑点、脉涩等为血瘀之征;气短、乏力、神疲、舌淡、脉弱等为气虚的表现;面色淡白或萎黄、唇舌爪甲色淡、脉细等为血虚的表现;潮热、盗汗、五心烦热、舌红少苔、脉细数等为阴虚的表现。掌握每一病性的基本临床表现,便有利于辨别证的性质。

通过辨证而确定的病性,是疾病当前的病理本质,是对疾病当前阶段整体反应的概括,是对邪正关系的综合认识,因此具有整体、动态的特点。对病性的认识,一般要对全身症状、体征以及体质、环境等进行综合分析才能确定,所以准确地辨别病性,是辨证中最重要、最困难之处。病性的辨别结果,直接关系到治疗方法的确定,如寒者热之、热者寒之、虚者补之、实者泻之,气虚则补气、阴虚则滋阴、血瘀则化瘀、有痰则祛痰等。因此,辨病性是辨证中最重要的环节,对任何疾病的辨证都不可缺少。

3. **规范证名的构成** 现在临床上通用而又比较完整、规范的证名,一般是由前述的病位与病性 60 项左右具体内容相互组合而构成的。如肝胆湿热证、脾肾阳虚证、心血虚证、瘀滞胸膈证、肝肾阴虚阳亢证、风寒表实证等。

凡规范的证名,必有病性,一般应有病位。有时为了构成习惯上四个字一句的证名,常加上某些与病理相关的连接词,如盛、炽、袭、困、阻、壅、蕴、束、犯、亏、衰等。至于心肾不交、阳明腑实、水不涵木等证名概念,虽名称较为特殊,但就其病变实质而言,仍可用辨证基本内容加以明确,如前述证名一般为心肾阴虚阳亢(火旺)证、肠热腑实证、肝肾阴虚阳亢证等。

由 60 项左右辨证基本内容所组合成的证,实际上是难以数计的,虽然并不是各种辨证基本内容都可以任意组合,但由于临床上病情的极其复杂性,因而实际存在的证仍然难以确定,这就需要提出一些常见的规范证(即证型),以适应临床辨证的需要。临床常见证型约有 300 个。这些证型可以脏、腑、体、窍病位为主进行归类。

(三) 辨证诊断的要求

正确的辨证诊断,要求全面、准确、精炼、规范,以能准确地揭示病变当前阶段的病理本质为总的要求。

1. **辨证的七项基本内容** 有的文献主张将辨证的具体内容,分解为七个方面或若干步骤,即:探求病因、落实病位、分辨病性、判断病情、审度病势、阐释病机、确定证名。实际上是通过辨证而应明确的基本内容,并非辨证的步骤。因为辨证的步骤不可能诸病一律、前后固定不变,有的可能是先定病位,有的则是先辨病因病性,还有的是先察情势,所以对辨证步骤不能机械地理解。

2. **证名诊断的具体要求** 辨证的结果即确定证名诊断。对于正确的证名诊断,主要有以下要求。

(1) 内容要准确全面：一个规范的证名，应当包括病位和病性。有的虽由于病位笼统，或病位已从病名诊断中(如皮肤病、肛肠病、骨折病、痈疽等)得到明确等原因，而可不标明病位外，但病性是绝不可少的，否则就不称其为证名。

(2) 证名要精练规范：常用的证名一般只有四个字，它要包括病位、病性以及病机等内容，因此其用词是非常精练的，具有高度的概括性。能用四个字概括成证名者，则不要用六个或八个字。不应当将病机解释的语句纳入证名。

证名所用的词不能随意生造，应符合中医理论特色，要既能反映证的本质，又是规范的中医术语。如痰热是"闭"神还是"扰"神，虚证是亏虚还是衰竭抑或是亡脱，一字之差便可提示证的差别。

(3) 证候变则证名亦变：病情的变化，有可能提示病变本质已有差异。因此，一旦证候变化，其证名诊断也应随之而变。故辨证也是一个动态的过程，不能把证的诊断固定在一个时间或空间，而应进行动态观察，随着证候的变化而变化。

(4) 不受证型的拘泥：临床较为常见、典型的证，可称为证型。教材或专业著作所列各证及其所述证候，都是常用的、公认的、病情典型的证(型)。故辨证时应力求以单一证概括全部临床表现，首先考虑常见、典型证的诊断。

但"候"者，随征候而定，随时候而变；"型"者，模型，固定不变。临床上的证候，不一定典型、单纯，可能数证兼夹、复合，而教材所列证型，往往不能满足临床辨证的实际需要。因此，临床辨证要突破分型的局限，不能僵化，要知常达变，能够根据证候的实际，概括出正确的证名(当然这种证名也应规范)，病情复杂者，可考虑兼夹、复合证的诊断，做到名实相符。

四、辨病诊断思路

狭义的"病"，是指由病名所代表的各具体病种。每一具体病名及其定义，是对该疾病全过程的特点(如病因、病机、主要临床表现等)与规律(如发病条件、演变趋势、转归预后)所作的病理性概括。

证和病都是对疾病本质的认识，两者既有联系又有区别。"证"主要揭示病变当前阶段的主要矛盾，"病"体现疾病全过程的根本矛盾。病的本质一般规定了证的外在表现和证的动态变化规律，在病的全过程中可有不同的证，而同一证又可见于不同的病之中，所以病与证之间存在着同病异证、异病同证的相互关系。临床上既辨证，又辨病，才能使诊断更全面、更准确，治疗更有针对性。

(一) 辨病诊断的意义

辨病诊断即是确定疾病的种类和病名。临床时，根据四诊等方法所收集到的临床资料，在中医理论指导下进行综合分析，按照有关"病"的定义，确定疾病的病种，并对该病种的特点和规律进行整体性的诊断思维过程，称为辨病。

病名是中医学在长期临床实践中产生和发展起来的重要概念，是中医学体系中的重要内容。病名代表着该具体病种的本质及特征，因而病名诊断是中医诊断不可缺少的部分。由于证的诊断较难体现疾病发生发展的演变规律，因而疾病诊断不能由证名代替；同时，由于中西医学的理论体系、文化背景等存在较大差异，因此也不能用西医病名代替中医病名。

1. 把握病变规律 由于每一种病都有各自的本质与规律，即有一定的病因可查、病机可究、规律可循、治法可依、预后可测。因而明确疾病诊断，便可以根据该病演变发展的一般规律，把握全局，有利于对该病的本质认识和辨证论治，掌握诊疗的主动权。正如朱肱《南阳活人书》所说："因名识病,因病识证,如暗得明,胸中晓然,而处病不差矣。"如中风病可分为三个阶段：平时经常出现头痛、肢端麻木、眩晕欲仆等症时,为阴虚阳亢、肝风欲作之势;而一旦出现突然昏仆、昏不知人等症时,则为卒中,系肝风夹痰夹瘀上蒙清窍;神清之后,往往经脉阻滞,表现为半身不遂、口眼㖞斜、语言不利等后遗症状。此病一般沿着阴虚阳亢、肝风夹痰夹瘀上蒙清窍、经脉阻滞的基本病变规律发展。若能认识疾病的本质与规律,在诊疗上便能把握主动权。

同时,确定了病名,便可抓住疾病辨证的纲领。由于每种病的常见证型有限,抓住了病,也就把该病的辨证范围大致局限于该病的常见证型当中,缩小了辨证的范围,减少了辨证的盲目性。

2. **针对疾病治疗**　针对"病"所进行的专法、专方、专药治疗,是中医学的重要内容。如徐灵胎《兰台轨范》曾指出："欲治病者,必先识病之名……一病必有主方,一病必有主药。"说明不同疾病可有本病的专法、专方、专药治疗。专病可有专法治疗,如内痔常用枯痔钉疗法、结扎疗法,痄腮可于角孙穴行灯火灸疗法等。专病可用专方治疗,如心动悸用炙甘草汤,郁病用逍遥散,蛔厥用乌梅丸等。专病采用专药治疗,如茵陈退黄,海藻、昆布软坚散结而治瘿肿,常山、青蒿截疟而治疗疟疾等。这些专法、专方、专药对疾病的治疗有很强的针对性,可以大大提高临床疗效。

同病虽可有异证,但是无论证型有何差异,从病变角度分析则有其共同的特点和规律,因此除据证选用不同的治法方药外,还应结合病的特点进行治疗。如肺痨病,有肺阴亏虚、阴虚火旺、气阴耗伤、阴阳两虚等不同证型,须各自采取不同的治疗方药,但是抗痨杀虫药应该贯穿于治疗的始终。

异病虽可同证,证相同则可用相同的治法,但同中有异,针对不同的病在治疗上应有侧重。如胃缓、久泄和脾痿等病,均可表现为脾虚证,都要健脾益气,但是胃缓以胃体下垂为主要病理特点,故健脾的同时应升提阳气;久泄多夹有湿邪,则健脾的同时常佐以利湿止泄;脾痿常伴营血亏虚,则健脾益气常加补血养营之品。

(二) 辨病诊断的一般途径

病情的表现复杂而多样,但是任何疾病都有其发病、症状、病程演变等方面的规律和特点,而这些规律是可以被把握的。因而疾病诊断应结合病因或发病特点、病史、主症或特征性症状、特发人群、流行情况等方面进行分析思考。

1. **主要据发病特点辨病**　患者年龄、性别、发病特点等的不同,常可提示或缩小辨病的范围。如新生儿出现黄疸称胎黄,除却生理现象外多属血疸范畴;青年人患黄疸,以肝热病、肝瘟为常见;中年人患黄疸,无发热等症者,女性以胆石为多,男性应考虑肝积、肝癌;中年以上患黄疸,常见于肝积、癌病,男性多为胰癌、肝癌,女性多为胆癌。

2. **主要据病因病史辨病**　若能确定导致疾病发生的特殊原因,对疾病诊断极为有益。如因食用蚕豆后出现腹痛、尿血、黄疸者,为蚕豆黄;近期有输血史,或毒蛇咬伤史,或服用损伤肝脏药物史,而出现黄疸者,多为血疸。

了解既往患病情况,根据其病情演变趋势而推测当前疾病,也是临床辨病的思路之一。如内脏本有长期的严重疾患,在原有病情加重的基础上出现神昏者,常见于"脏厥"、中风等病;原有风眩等病,头晕头痛,血压高,突然仆倒,神志昏迷者,为中风。

3. **主要据主症或特征症辨病**　主症及特征症是许多疾病诊断的主要线索和根据。如百日咳,必有阵发呛咳的主要表现;痄腮以腮部肿胀、疼痛为主要表现;哮病必有喉间哮鸣有声、呼吸喘促的主症;以反复发作、或左或右的剧烈头痛为主症者,多为偏头痛;以高热、身发斑疹为主要表现者,多为温毒发斑;以朝食暮吐、暮食朝吐为主症者,诊为胃反。

4. 主要据特发人群辨病 如妇女有经、带、胎、产、杂病，故育龄妇女就诊，应考虑此类疾病。若以月经异常作为主诉，则总不离月经的期、色、量、质异常，如月经提前、月经延后、月经先后无定期等；男性有遗精、阳痿、早泄、不育等特发疾病；老年人以久咳、肺胀、风眩、胸痹、消渴、脑萎、痴呆、精癃、癌病等较常见；小儿有疹、痘、惊、疳、五迟等特发病。

总之，医生诊断时须将上述常用思路、方法综合运用，有所侧重，合理取舍，方能诊断正确，治疗得当。

（胡志希）

第二节　病历书写与要求

病历又称医案、方案、脉案、诊籍、病案，是中医临床医师实施辨证论治过程中的文字记录，其中包括患者的一般资料、病情(症状、病因、脉象、舌象、其他体征等)、诊断(含病机分析、预后转归等)、治疗(含治法、方药、服用法、其他治疗、医嘱、注意事项等)。在医疗工作中，及时、正确地书写病历有着非常重要的意义。在历代留存的大量病案中，保存、记载了中医名家丰富的防病治病经验和独特的学术思想。

一、病历的含义与意义

病历是中医临床实践的客观记录，不仅详细记述了疾病发生、发展、变化、转归、诊治的全过程，而且反映了医务人员在诊治过程中的思维活动，具有十分重要的意义。

1. 病历是记录临床诊治过程的重要资料 病历是保证患者得到正确诊断和治疗的先决条件之一，也是复诊、转诊、会诊等的重要资料。病历书写不准确、不及时，往往是造成误诊、误治的重要原因。

2. 病历是解决医疗纠纷、处理医疗事故的原始依据 病历是解决医疗事故和纠纷、判定法律责任等事项的一种事实依据。我国有关处理医疗事故的办法规定，患者可复制有关病历作为证据使用。

3. 病历是考察医院管理水平、考察医务人员学术水平和工作态度的重要指标之一 病历书写的质量，直接反映医务人员的学术水平和工作态度，它既是考察医务人员工作质量、态度和业务水平的重要依据，也反映了医院的管理水平。病历建设是医院科学管理的一项重要内容。医院的所有临床工作人员以及患者，均须对病历资料十分珍视，慎重保管，不可丢失。病历书写训练有助于促进医疗质量的提高，也是培养中医临床医务人员业务水平和科学态度的主要途径之一，是临床工作者必须训练的基本功。

4. 病历是临床科研所不可欠缺的基础材料 病历是临床科研的宝贵资料，通过对大量病历内容的统计分析，可总结极有学术价值的科学资料。病历可提供诊断治疗、转归预后、流行病学、医学史等多方面资料，对研究各种方剂、药物的作用、主治、配伍、剂型等都有重要价值。

5. 病历是临床医生重要的参考读物 古代病历蕴涵着名医的学术思想与经验，给我们以启迪，其秀美的文笔可丰富中医词汇，可供后人借鉴。阅读病历可训练辨证论治的技能，培养知常达变的本领。

6. 病历是学习中医的重要资料 病历是中医教学中理论联系临床最有价值的资料,对培养学生独立分析和解决实际问题的能力起着重要作用。因此,指导学生书写病历是教学中不可缺少的环节,也是学生临床实践的重要步骤之一。

二、中医病历书写要求

中医病历书写内容及要求应依照 2010 年卫生部、国家中医药管理局发布的《中医病历书写基本规范》执行。

(一) 基本要求

(1) 病历书写应当客观、真实、准确、及时、完整、规范。

(2) 病历书写应当使用蓝黑墨水、碳素墨水,需复写的病历资料可以使用蓝或黑色油水的圆珠笔。计算机打印的病历应当符合病历保存的要求。

(3) 病历书写应当使用中文,通用的外文缩写和无正式中文译名的症状、体征、疾病名称等可以使用外文。

(4) 病历书写应规范使用医学术语,中医术语的使用依照相关标准、规范执行。要求文字工整,字迹清晰,表述准确,语句通顺,标点正确。

(5) 病历书写过程中出现错字时,应当用双线划在错字上,保留原记录清楚、可辨,并注明修改时间,修改人签名。不得采用刮、粘、涂等方法掩盖或去除原来的字迹。

上级医务人员有审查、修改下级医务人员书写的病历的责任。

(6) 病历应当按照规定的内容书写,并由相应医务人员签名。

实习医务人员、试用期医务人员书写的病历,应当经过本医疗机构注册的医务人员审阅、修改并签名。

进修医务人员由医疗机构根据其胜任本专业工作实际情况认定后书写病历。

(7) 病历书写一律使用阿拉伯数字书写日期和时间,采用 24 小时制记录。

(8) 病历书写中涉及的诊断,包括中医诊断和西医诊断,其中中医诊断包括疾病诊断与证候诊断。

中医治疗应当遵循辨证论治的原则。

(9) 对需取得患者书面同意方可进行的医疗活动,应当由患者本人签署知情同意书。患者不具备完全民事行为能力时,应当由其法定代理人签字;患者因病无法签字时,应当由其授权的人员签字;为抢救患者,在法定代理人或被授权人无法及时签字的情况下,可由医疗机构负责人或者授权的负责人签字。

因实施保护性医疗措施不宜向患者说明情况的,应当将有关情况告知患者近亲属,由患者近亲属签署知情同意书,并及时记录。患者无近亲属的或者患者近亲属无法签署同意书的,由患者的法定代理人或者关系人签署同意书。

(二) 门(急)诊病历书写内容及要求

(1) 门(急)诊病历内容包括门(急)诊病历首页[门(急)诊手册封面]、病历记录、化验单(检验报告)、医学影像检查资料等。

(2) 门(急)诊病历首页内容应当包括患者姓名、性别、出生年月日、民族、婚姻状况、职业、工作单位、住址、药物过敏史等项目。

门诊手册封面内容应当包括患者姓名、性别、年龄、工作单位或住址、药物过敏史等项目。

(3) 门(急)诊病历记录分为初诊病历记录和复诊病历记录。

初诊病历记录书写内容应当包括就诊时间、科别、主诉、现病史、既往史、中医四诊情况、阳性体征、必要的阴性体征和辅助检查结果、诊断及治疗意见和医师签名等。

复诊病历记录书写内容应当包括就诊时间、科别、中医四诊情况、必要的体格检查和辅助检查结果、诊断、治疗处理意见和医师签名等。

急诊病历书写就诊时间应当具体到分钟。

(4) 门(急)诊病历记录应当由接诊医师在患者就诊时及时完成。

(5) 急诊留观记录是急诊患者因病情需要留院观察期间的记录,重点记录观察期间病情变化和诊疗措施,记录简明扼要,并注明患者去向。实施中医治疗的,应记录中医四诊、辨证施治情况等。抢救危重患者时,应当书写抢救记录。门(急)诊抢救记录书写内容及要求按照住院病历抢救记录书写内容及要求执行。

(三) 住院病历书写内容及要求

1. 住院病历 主要内容包括住院病案首页、入院记录、病程记录、手术同意书、麻醉同意书、输血治疗知情同意书、特殊检查(特殊治疗)同意书、病危(重)通知书、医嘱单、辅助检查报告单、体温单、医学影像检查资料、病理资料等。

2. 入院记录 是指患者入院后,由经治医师通过望、闻、问、切及查体、辅助检查获得有关资料,并对这些资料归纳分析书写而成的记录。可分为入院记录、再次或多次入院记录、24小时内入出院记录、24小时内入院死亡记录。

入院记录、再次或多次入院记录应当于患者入院后 24 小时内完成;24 小时内入出院记录应当于患者出院后 24 小时内完成,24 小时内入院死亡记录应当于患者死亡后 24 小时内完成。

(1) 入院记录及其要求和内容

1) 患者一般情况包括姓名、性别、年龄、民族、婚姻状况、出生地、职业、入院时间、记录时间、发病节气、病史陈述者。

2) 主诉是指促使患者就诊的主要症状(或体征)及持续时间。

3) 现病史是指患者本次疾病的发生、演变、诊疗等方面的详细情况,应当按时间顺序书写,并结合中医问诊,记录目前情况。内容包括发病情况、主要症状特点及其发展变化情况、伴随症状、发病后诊疗经过及结果、睡眠和饮食等一般情况的变化,以及与鉴别诊断有关的阳性或阴性资料等。

与本次疾病虽无紧密关系、但仍需治疗的其他疾病情况,可在现病史后另起一段予以记录。

4) 既往史是指患者过去的健康和疾病情况。内容包括既往一般健康状况、疾病史、传染病史、预防接种史、手术外伤史、输血史、食物或药物过敏史等。

5) 个人史,婚育史、月经史,家族史。

6) 中医望、闻、切诊应当记录神色、形态、语声、气息、舌象、脉象等。

7) 体格检查应当按照系统循序进行书写。内容包括体温、脉搏、呼吸、血压,一般情况皮肤、黏膜,全身浅表淋巴结,头部及其器官,颈部,胸部(胸廓、肺部、心脏、血管),腹部(肝、脾等),直肠肛门,外生殖器,脊柱,四肢,神经系统等。

8) 专科情况应当根据专科需要记录专科特殊情况。

9) 辅助检查指入院前所作的与本次疾病相关的主要检查及其结果。应分类按检查时间顺序记录检查结果,如系在其他医疗机构所作检查,应当写明该机构名称及检查号。

10) 初步诊断是指经治医师根据患者入院时情况,综合分析所作出的诊断。如初步诊断为多项时,应当主次分明。对待查病例应列出可能性较大的诊断。

11) 书写入院记录的医师签名。

(2) 再次或多次入院记录：是指患者因同一种疾病再次或多次住入同一医疗机构时书写的记录。要求及内容基本同入院记录。主诉是记录患者本次入院的主要症状(或体征)及持续时间;现病史中要求首先对本次住院前历次有关住院诊疗经过进行小结,然后再书写本次入院的现病史。

(3) 24小时内入出院记录：患者入院不足24小时出院的,可以书写24小时内入出院记录。内容包括患者姓名、性别、年龄、职业、入院时间、出院时间、主诉、入院情况、入院诊断、诊疗经过、出院情况、出院诊断、出院医嘱,医师签名等。

(4) 24小时内入院死亡记录：患者入院不足24小时死亡的,可以书写24小时内入院死亡记录。内容包括患者姓名、性别、年龄、职业、入院时间、死亡时间、主诉、入院情况、入院诊断、诊疗经过(抢救经过)、死亡原因、死亡诊断,医师签名等。

3. 病程记录 是指继入院记录之后,对患者病情和诊疗过程所进行的连续性记录。内容包括患者的病情变化情况及证候演变情况、重要的辅助检查结果及临床意义、上级医师查房意见、会诊意见、医师分析讨论意见、所采取的诊疗措施及效果、医嘱更改及理由、向患者及其近亲属告知的重要事项等。

中医方药记录格式参照中药饮片处方相关规定执行。

病程记录的要求及内容：

1) 首次病程记录是指患者入院后由经治医师或值班医师书写的第一次病程记录,应当在患者入院8小时内完成。首次病程记录的内容包括病例特点、拟诊讨论(诊断依据及鉴别诊断)、诊疗计划等。

2) 日常病程记录是指对患者住院期间诊疗过程的经常性、连续性记录。由经治医师书写,也可以由实习医务人员或试用期医务人员书写,但应有经治医师签名。书写日常病程记录时,首先标明记录时间,另起一行记录具体内容。对病危患者应当根据病情变化随时书写病程记录,每日至少1次,记录时间应当具体到分钟。对病重患者,至少2日记录一次病程记录。对病情稳定的患者,至少3日记录一次病程记录。

日常病程记录应反映四诊情况及治法、方药变化及其变化依据等。

3) 上级医师查房记录是指上级医师查房时对患者病情、诊断、鉴别诊断、当前治疗措施疗效的分析及下一步诊疗意见等的记录。

主治医师首次查房记录应当于患者入院48小时内完成。内容包括查房医师的姓名、专业技术职务、补充的病史和体征、理法方药分析、诊断依据与鉴别诊断的分析及诊疗计划等。

主治医师日常查房记录间隔时间视病情和诊疗情况确定,内容包括查房医师的姓名、专业技术职务、对病情的分析和诊疗意见等。

科主任或具有副主任医师以上专业技术职务任职资格医师查房的记录,内容包括查房医师的姓名、专业技术职务、对病情和理法方药的分析及诊疗意见等。

4) 疑难病例讨论记录是指由科主任或具有副主任医师以上专业技术任职资格的医师主持、召集有关医务人员对确诊困难或疗效不确切病例讨论的记录。内容包括讨论日期、主持人、参加人员姓名及专业技术职务、具体讨论意见及主持人小结意见等。

4. 交(接)班记录 是指患者经治医师发生变更之际,交班医师和接班医师分别对患者病情及诊疗情况进行简要总结的记录。交班记录应当在交班前由交班医师书写完成;接班记录应当由接班医师于接班后 24 小时内完成。交(接)班记录的内容包括入院日期、交班或接班日期、患者姓名、性别、年龄、主诉、入院情况、入院诊断、诊疗经过、目前情况、目前诊断、交班注意事项或接班诊疗计划、医师签名等。

5. 转科记录 是指患者住院期间需要转科时,经转入科室医师会诊并同意接收后,由转出科室和转入科室医师分别书写的记录。包括转出记录和转入记录。转出记录由转出科室医师在患者转出科室前书写完成(紧急情况除外);转入记录由转入科室医师于患者转入后 24 小时内完成。转科记录内容包括入院日期、转出或转入日期、转出、转入科室,患者姓名、性别、年龄、主诉、入院情况、入院诊断、诊疗经过、目前情况、目前诊断、转科目的及注意事项或转入诊疗计划、医师签名等。

6. 阶段小结 是指患者住院时间较长,由经治医师每月所作病情及诊疗情况总结。阶段小结的内容包括入院日期、小结日期,患者姓名、性别、年龄、主诉、入院情况、入院诊断、诊疗经过、目前情况、目前诊断、诊疗计划、医师签名等。

交(接)班记录、转科记录可代替阶段小结。

7. 出院记录 是指经治医师对患者此次住院期间诊疗情况的总结,应当在患者出院后 24 小时内完成。内容主要包括入院日期、出院日期、入院情况、入院诊断、诊疗经过、出院诊断、出院情况、出院医嘱、中医调护、医师签名等。

三、中医病历书写格式

(一) 门诊病历

1. 初诊记录

就诊时间:　　年　　月　　日　　　　科别:

姓名:　　　性别:　　　年龄:　　　职业:

住址:

主诉:患者感受最明显或最痛苦的主要症状(或体征)及持续时间。

现病史:主症发生时间、主要病情发展变化、本次就诊前的诊治经过与目前情况。

既往史:与本次就诊疾病有关的重要既往史、个人史和过敏史等。

体格检查:生命体征、与本病相关的阳性体征、具有鉴别意义的阴性体征。

辅助检查:记录就诊时已获得的有关检查结果。

初步诊断:记录经过病史调查、一般检查及系统检查之后所做出的诊断。

中医诊断:包括疾病诊断与证候诊断。

西医诊断:若初步诊断为多项,当主次分明。

治疗意见:即刻的处理、治疗措施。

1) 中医论治:治法、方药、用法等。

2) 西医治疗:具体用药、剂量、用法等。

3) 拟行检查项目。

4) 随诊要求及注意事项。

医师签名:

2. 复诊记录

就诊时间：   年 月 日   科别：

前次诊疗后的病情变化，用药的疗效及反应情况，中医四诊内容，辅助检查结果，补充诊断及更正诊断等。

各种诊疗措施。

随诊要求及注意事项。

医师签名：

(二) 住院病历

1. 入院记录

姓名：   性别：
年龄：   民族：
婚况：   职业：
发病节气：   出生地：
常住地址：   单位：
入院时间：   病史采集时间：
病史陈述者：   可靠程度：

    年 月 日 时

主诉：促使患者就诊的主要症状（或体征）及持续时间。

现病史：围绕主诉系统记录患者从发病到就诊前疾病的发生、发展、变化和诊治经过，应当按时间顺序书写。凡有鉴别意义的阴性症状亦应列入。内容应包括以下几个方面。

1) 发病情况：记录发病的时间、地点、起病缓急、前驱症状、可能的原因或诱因。

2) 主要症状特点及其发展变化情况：按发生的先后顺序描述主要症状的部位、性质、持续时间、程度、缓解或加剧因素，以及演变发展情况。

3) 伴随症状：记录伴随症状，描述伴随症状与主要症状之间的相互关系。

4) 发病以来诊治经过及结果：记录患者发病后到入院前，在院内、外接受检查与治疗的详细经过及效果。对患者提供的药名、诊断和手术名称需加引号（""）以示区别。

5) 发病以来一般情况：结合十问简要记录患者发病后的寒热、饮食、睡眠、情志、二便、体重等情况。

与本次疾病虽无紧密关系、但仍需治疗的其他疾病情况，可在现病史后另起一段予以记录。

既往史：系统全面记录既往健康状况，防止遗漏，内容包括下列各项。

1) 既往健康状况。虚弱还是健康。

2) 患过哪些疾病。传染病、地方病、职业病及其他疾病应按时间顺序记录诊断、治疗情况。

3) 手术、外伤、中毒及输血史等。

4) 过敏史：记录致敏药物、食物等名称及其表现。

个人史：记录出生地及长期居留地，生活习惯及有无烟、酒、药物等嗜好，职业与工作条件及有无工业毒物、粉尘、放射性物质接触史，有无冶游史。

婚育史、月经史：婚姻状况、结婚年龄、配偶健康状况、有无子女等。女性患者记录经带胎产史，初潮年龄、行经期天数、间隔天数、末次月经时间（或闭经年龄），月经量、痛经及生育等情况。

家族史：父母、兄弟、姐妹健康状况，有无与患者类似疾病，有无家族遗传倾向的疾病。

体格检查：
体温(T)　　　脉搏(P)　　　呼吸(R)　　　血压(BP)
一般情况：神、色、形、态、声音、气味、舌象、脉象、小儿指纹。
皮肤、黏膜及全身浅表淋巴结。
头面部：头颅、眼、耳、鼻、口腔。
颈部：形、态、气管、甲状腺、颈脉。
胸部：胸廓、乳房、肺脏、心脏、血管。
腹部：肝脏、胆囊、脾脏、肾脏、膀胱。
直肠肛门、外生殖器及排泄物。
脊柱四肢：脊柱、四肢、指(趾)甲。
神经系统：感觉、运动、浅反射、深反射、病理反射。(体格检查基本内容附后)
专科情况：按各专科检查要求进行书写。
辅助检查：采集病史时已获得的与本次疾病相关的主要检查结果。
辨病辨证依据：汇集四诊资料，运用中医临床辨证思维方法，得出中医辨病辨证依据。
西医诊断依据：从病史、症状、体征和实验室检查等方面综合总结出主要疾病的诊断依据。
入院诊断：
中医诊断：疾病诊断(包括主要疾病和其他疾病)。
　　　　　证诊断(包括相兼证)。
西医诊断：(包括主要疾病和其他疾病)。

实习医师(签名)：
住院医师(签名)：

如有修正诊断、确定诊断、补充诊断时，应书写在原诊断的左下方，并签上医师姓名和诊断时间。

附：住院病历体格检查基本内容

(1) 生命体征
体温(T)　　　脉搏(P)　　　呼吸(R)　　　血压(BP)
(2) 整体状况
望神：包括神志、精神状况、表情等。
望色：面容、色泽、病容等。
望形：包括发育、营养、体型、体质等。
望态：包括体位、姿势、步态等。
声音：语言清晰度，语言强弱如前轻后重、低微，异常声音如咳嗽、呃逆、嗳气、哮鸣、呻吟等。
气味：是否正常，有无特殊气味等。
舌象：舌神、舌色、舌形、舌态、舌下脉络、苔质、苔色等。
脉象：各种脉象。
(3) 皮肤黏膜及淋巴结
皮肤黏膜：包括色泽、纹理、弹性、温度、汗液、斑疹、白㾦、疮疡、瘢痕、肿物、腧穴异常征、血管征、蜘蛛痣、色素沉着等，并明确记录其部位、大小及程度，也要记录皮肤划痕征。
淋巴结：有无瘰疬，若有，应记录其大小、活动度、部位、数目、压痛、质地等。

(4) 头面部

头部：有无畸形、肿物、压痛，头发情况(疏密、色泽、分布)，有无疖、癣、瘢痕。

眼：眉毛(有无脱落)、睫毛(倒睫)、眼睑(水肿、下垂、闭合、歪斜)、眼球(活动情况，震颤、斜视)、结膜(充血、水肿、苍白、出血、滤泡)、巩膜(黄染、充血)、角膜(混浊、瘢痕、反射)、瞳神(大小，两侧是否等大、等圆，得神、失神、神呆)、对光反应。

耳：耳郭形状，外耳道是否通畅，有无分泌物，乳突有无压痛，听力情况等。

鼻：有无畸形、中隔偏曲或穿孔，有无鼻甲肥大或阻塞，鼻腔分泌物性状、出血(部位、数量)，副鼻窦有无压痛及嗅觉情况等。

口腔：口唇(颜色、疱疹、皲裂、溃疡)，牙齿(龋齿、缺齿、义齿、残根，并注明其位置)，齿龈(色泽、肿胀、溢脓、出血、铅线、萎缩)，口腔黏膜有无发疹、出血、溃疡及腮腺导管口情况，扁桃体(大小及有无充血和分泌物、假膜)，咽(充血及反射等)，悬雍垂(是否居中)等。

(5) 颈项：是否对称，有无抵抗强直、压痛、肿块，活动是否受限。颈动脉有无异常搏动及杂音，颈静脉有无怒张。有无肝颈静脉回流征。气管位置是否居中。有无瘿瘤(如有，应描述其形态、硬度、压痛，有无结节、震颤及杂音)。

(6) 胸部

胸廓：是否对称、有无畸形，局部隆起、凹陷、压痛，有无水肿、皮下气肿、肿块或静脉有无怒张及回流异常。

乳房：大小，是否有红肿、橘皮样外观、压痛、结节、肿块等。

肺脏：呼吸类型、动度(两侧对比是否对称)、呼吸速度和特征、肋间隙(增宽、变窄、隆起或凹陷)。语颤、摩擦音、皮下气肿、捻发音。叩诊音(清音、浊音、鼓音、实音，异常者应注明部位)。肺肝浊音界、肺下界、呼吸时肺下缘移动度。呼吸音的性质(肺泡音、支气管肺泡音、管状性呼吸音)、强度(减弱、增强、消失)、有无干湿性音，语音传导有无异常。有无胸膜摩擦音、哮鸣音。

心脏：心尖搏动的性质及位置(最强点)，有无震颤或摩擦感(部位、时间和强度)。心脏左右浊音界指各肋间心脏浊音界距前正中线的距离(用图表表示)，需注明锁骨中线距前正中线的距离。

心脏左右浊音界示意表

右(厘米)	肋间	左(厘米)
	Ⅱ	
	Ⅲ	
	Ⅳ	
	Ⅴ	

锁骨中线距正中线____厘米。

心脏搏动的节律、频率、心音强弱、分裂、肺动脉瓣区第二音与主动脉瓣区第二音的比较、额外心音、奔马律等。有无心脏杂音及杂音的部位、性质、心动期间的传导方向、何处最响、强度。心包摩擦音、心律不齐时，应比较心率和脉率。

(7) 血管

动脉：桡动脉的频率、节律(规则、不规则、脉搏短绌)，有无奇脉、左右桡动脉搏动的比较，动脉壁的性质、紧张度、硬度。股动脉及肱动脉有无枪击音。

周围血管征：毛细血管搏动征、射枪音、水冲脉、动脉异常搏动、Duroziez征(杜氏征)。

(8) 腹部

视诊：对称、大小、膨隆、凹陷、呼吸运动、皮疹、色素、条纹、瘢痕、体毛、脐疝、静脉曲张与血流方向、胃肠蠕动波、腹围测量(有腹水或腹部包块时)。

触诊：腹部柔软、紧张，有无压痛、反跳痛(压痛部位及其程度)，拒按或喜按。

叩诊：有无移动性浊音、包块(部位、大小、形状、软硬度、压痛、移动度)。

听诊：鼓音、有无移动性浊音。肠鸣音、有无气过水声，血管杂音及其部位、性质等。

肝脏：大小、质地、边缘钝或锐、压痛。表面光滑与否，有无结节。肝浊音界。如有肝肿大，应图示。

胆囊：可否触及、大小、形态、压痛。

脾脏：可否触及、大小、硬度、压痛、表面光滑度及边缘钝或锐。脾浊音界。如有脾肿大，应图示。

肾脏：大小、硬度、叩击痛、移动度。

膀胱：可否触及、上界，输尿管压痛点。

(9) 二阴及排泄物

二阴：根据需要进行检查。

排泄物：包括痰液、呕吐物、大便、小便、汗液等。

(10) 脊柱四肢

脊柱：有无畸形、强直、叩压痛，运动是否受限，两侧肌肉有无紧张、压痛。

四肢：肌力、肌张力，有无外伤、骨折、肌萎缩。关节有无红肿、疼痛、压痛、积液、脱臼、活动度，有无畸形(强直)，下肢有无水肿、静脉曲张。指(趾)甲(荣枯、色泽、形状等)。

(11) 神经系统

感觉：痛觉、温度觉、触觉、音叉振动觉及关节位置觉。

运动：肌肉有无紧张及萎缩，有无瘫痪(部位和程度，系弛缓性或痉挛性)，有无不正常的动作，共济运动及步态如何。

浅反射：腹壁反射、跖反射、提睾反射及肛门反射。

深反射：二、三头肌反射，桡骨膜反射，膝腱反射及跟腱反射。

病理反射：在一般情况下检查弹指反射(Hoffmann征)、跖伸拇反射(Babinski征，具有同样意义而检查方法不同者有Gordon征、Chaddock征)、脑膜刺激征(Kernig征)。

2. 病程记录

(1) 首次病程记录：首次病程记录必须由具有执业医师资格的接诊医师书写。包括以下内容：

1) 病例特点：应当在对病史、四诊情况、体格检查和辅助检查进行全面分析、归纳和整理后写出本病例特征，包括阳性发现和具有鉴别诊断意义的阴性症状和体征等。

2) 拟诊讨论(诊断依据及鉴别诊断)：根据病例特点，提出初步诊断和诊断依据；对诊断不明的写出鉴别诊断并进行分析；并对下一步诊治措施进行分析。诊断依据包括中医辨病辨证依据与西医诊断依据，鉴别诊断包括中医鉴别诊断与西医鉴别诊断。

3) 诊疗计划：提出具体的检查、中西医治疗措施及中医调护等。

(2) 日常病程记录：由经治医师书写，也可以由实习医务人员或试用期医务人员书写，但应有经治医师签名。包括以下内容：

1) 病情变化及治疗情况,特别要注意对生命体征的检查和记录。在病情平稳阶段,要记录患者的一般情况,如神志、精神、情绪、饮食、二便等;病情骤然出现变化时,要对病情的变化进行详细记录,并对可能的预后(如合病、并病等)进行分析判断。

2) 各项检查的回报结果,以及前后对比变化及其分析等。

3) 新开医嘱、停用医嘱及其依据。若变更治法及用药,则要求有理有据。

4) 原诊断的修改、新诊断的确定,均应说明理由。

5) 详细记录诊疗操作的情况(如腰穿、骨穿、胸穿等)。

6) 与患者本人、患者家属、患者单位负责人谈话的内容。必要时请对方签字。

(3) 上级医师查房记录,要求写明查房者的姓名、技术职称;具体记录对病史、体格检查的补充,对患者情况的分析判断以及对检查治疗的具体意见。如实记录上级医师查房的内容,不得主观揣摩推测。必要时由上级医师亲自书写或核对审查后签名。

3. **出院记录**　　主要包括入院日期、出院日期、入院情况、入院诊断、诊疗经过、出院诊断、出院情况、出院医嘱、中医调护、医师签名等。

病历书写的相关内容还有许多,不同的专科还有各自特殊的要求,具体内容请参照《中医病历书写基本规范》(国中医药医政发〔2010〕29号)。

（王学岭）

原文选录

绪 论

《素问·阴阳应象大论》：善诊者，察色按脉，先别阴阳；审清浊，而知部分；视喘息，听音声，而知所苦；观权衡规矩，而知病所主；按尺寸，观浮沉滑涩，而知病所生。以治无过，以诊则不失矣！

《难经·六十一难》：经言，望而知之谓之神，闻而知之谓之圣，问而知之谓之工，切脉而知之谓之巧。何谓也？然。望而知之者，望见其五色，以知其病。闻而知之者，闻其五音，以别其病。问而知之者，问其所欲五味，以知其病所起所在也。切脉而知之者，诊其寸口，视其虚实，以知其病，病在何脏腑也。

《医宗金鉴·四诊心法要诀》：望以目察，闻以耳占，问以言审，切以指参。明斯诊道，识病根源，能合色脉，可以万全。

《素问·阴阳应象大论》：以我知彼，以表知里；以观过与不及之理，见微得过，用之不殆。

《灵枢·外揣》：日与月焉，水与镜焉，鼓与响焉。夫日月之明，不失其影；水镜之察，不失其形；鼓响之应，不后其声。动摇则应和，尽得其情……昭昭之明不可蔽，其不可蔽，不失阴阳也。合而察之，切而验之，见而得之，若清水明镜之不失其形也。五音不彰，五色不明，五藏波荡，若是则内外相袭，若鼓之应桴，响之应声，影之似形。故远者司外揣内，近者司内揣外，是谓阴阳之极，天地之盖。

《黄帝内经太素·任脉》：见表而知里，睹微而识著，瞻日月而见光影，听音声而解鼓响，闻五声而通万形，察五色而辨血气者，非岐伯至圣，通万物之精，孰能若此也？

《丹溪心法·能合色脉可以万全》：欲知其内者，当以观乎外；诊于外者，斯以知其内。盖有诸内者形诸外……诚能察其精微之色，诊其微妙之脉，内外相参而治之，则万举万全之功，可坐而致矣。

《伤寒论·序》：夫天布五行，以运万类，人禀五常，以有五藏。经络府俞，阴阳会通，玄冥幽微，变化难极。自非才高识妙，岂能探其理致哉……观今之医，不念思求经旨，以演其所知；各承家技，始终循旧；省病问疾，务在口给；相对斯须，便处汤药；按寸不及尺，握手不及足，人迎趺阳，三部不参，动数发息，不满五十，短期未知决诊，九候曾无仿佛；明堂阙庭，尽不见察，所谓窥管而已。夫欲视死别生，固亦难矣。

《备急千金要方·论大医精诚》：今病有内同而外异，亦有内异而外同，故五脏六腑之盈虚，血脉荣卫之通塞，固非耳目之所察，必先诊候以审之。而寸口关尺有浮沉弦紧之乱；俞穴流注有高下浅深之差；肌肤筋骨有浓薄刚柔之异，唯用心精微者，始可与言于兹矣。今以至精至微之事，求之于至粗至浅之思，其不殆哉……故学者必须博极医源，精勤不倦，不得道听途说，而言医道已了，深自误哉！

望　诊

一、全身望诊

《素问·五脏生成》：色见青如草兹者死，黄如枳实者死，黑如炲者死，赤如衃血者死，白如枯骨者死，此五色之见死也。青如翠羽者生，赤如鸡冠者生，黄如蟹腹者生，白如豕膏者生，黑如乌羽者生，此五色之见生也。生于心，如以缟裹朱；生于肺，如以缟裹红；生于肝，如以缟裹绀；生于脾，如以缟裹栝楼实；生于肾，如以缟裹紫，此五脏所生之外荣也。

《医原·望病须察神气论》：夫人之神气，栖于两二目，而历乎百体，尤必统百体察之。察其清浊，以辨燥湿；察其动静，以辨阴阳；察其有无，以决死生。如是而望始备，而望始神……不论何色，均要有神气。神气云者，有光、有体是也。光者，外面朗朗；体者，里面润泽。光无形，主阳、主气；体有象，主阴、主血。气血无乖，阴阳不争，自然光、体俱备……盖以平人五脏既和，其色禀胃气，而出于皮毛之间，胃气色黄，皮毛色白，精气内含，宝光外发，既不浮露，又不混蒙，故曰如缟裹……即重有神气之义。盖有神气者，有胃气者也。

《医门法律·望色论》：色者，神之旗也。神旺则色旺，神衰则色衰，神藏则色藏，神露则色露……察色之妙，全在察神。血以养气，气以养神，病则交病。失睡之人，神有饥色；丧亡之子，神有呆色，气索自神失所养耳。

《证治准绳·察身》：凡病人身轻，自能转侧者，易治。若身体沉重，不能转侧者，则难治也。盖阴证则身重，必足冷而蜷卧，恶寒，常好向壁卧，闭目不欲向明，懒见人也。又阴毒身如被杖之疼，身重如山而不能转侧也。又中湿、风湿皆主身重疼痛，不可转侧，要当辨之。大抵阳证身轻而手足和暖，开目而欲见人，为可治。若头重视身，此天柱骨倒而元气败也。凡伤寒传变，循衣摸床，两手撮空，此神去而魂乱也。

二、局部望诊

《通俗伤寒论·伤寒诊法》：凡病至危，必察两目，视其目色，以知病之存亡也。故观目为诊法之首要。凡开目欲见人者阳证，闭目不欲见人者阴证。目瞑者鼻将衄，目暗者肾将枯。目白发赤者血热，目白发黄者湿热。目眵多结者肝火上盛，目睛不和者热蒸脑系。目光炯炯者燥病，燥甚则目无泪而干涩；目多昏蒙者湿病，湿盛则目珠黄而眦烂。眼胞肿如卧蚕者水气，眼胞上下黑色者痰气。怒目而视者肝气盛，横目斜视者肝风动。阳气脱者目不明，阴气脱者目多瞽。目清能识人者轻；睛昏不认人者重。阳明实证可治，少阴虚证难治。目不了了，尚为可治之候；两目直视，则为不治之疾。热结胃腑，虽日中亦谵语神昏，目中妄有所见；热入血室，惟至夜则低声自语，目中如见鬼状。瞳神散大者元神虚散，瞳神缩小者脑系枯结。目现赤缕，面红娇艳者，阴虚火旺；目睛不轮，舌强不语者，元神将脱。凡目有眵有泪，精彩内含者，为有神气，凡病多吉；无眵无泪，白珠色蓝，乌珠色滞，精彩内夺，及浮光外露者，皆为无神气，凡病多凶。凡目睛正圆，及目斜视上视，目瞪目陷，皆为神气已去，病必不治；惟目睛微定，暂时即转动者痰，即目直视斜视上视，移时即如常者，亦当因痰闭使然，又不可竟作不治论。

《四诊抉微·察鼻部》：鼻头微黑，为有水气。色见黄者，胸上有寒；色白亡血；微赤非时，见之者死。鼻头色黄，小便必难。余处无恙，鼻尖青黄，其人必淋；鼻青腹痛，舌冷者死。鼻孔忽仰，可决短期。鼻色枯槁，死亡将及。

《四诊抉微·察唇部》：赤肿为热，青黑为阴寒，鲜红为阴虚火旺，淡白为血虚。

《证治准绳·察口唇》：凡口唇焦干为脾热，焦而红者吉，焦而黑者凶。唇口俱赤肿者，热甚也。唇口俱青黑者，冷极也……口噤难言者痉，风也……若唇青舌卷，唇吻反青，环口黧黑，口张气直，口如鱼口，口唇颤摇不止，气出不返，皆不治也。

《四诊抉微·诊毛发》：发枯生穗，血少火盛。毛发堕落，卫疏有风；若还眉堕，风证难愈。头毛上逆，久病必凶。

《望诊遵经·牙齿望法提纲》：齿忽黄，为肾虚；齿忽黑，为肾热；滋润者，津液犹充；干燥者，津液已耗；形色枯槁者，精气将竭；形色明亮者，精气未衰。

《望诊遵经·牙齿望法条目》：牙床红肿者，阳明之病也。牙床溃烂者，肠胃之证也。重龈病齿，龈肿如水泡者，热蓄于胃也。小儿面色黧黑，齿龈出血，口中气臭，足冷如冰，腹痛泄泻，啼哭不已者，肾疳也。齿龈间津津出血不止者，阳明之经病也。牙肉色白者，非久病血少，即失血过多也。牙肉之际，有蓝迹一线者，沾染铅毒也。若服水银轻粉，亦令牙床壅肿也。

《望诊遵经·诊鼻望法提纲》：鼻煽动者肺虚，鼻仰息者肺实。鼻枯槁者，寒热之证；鼻蚀烂者，疳疮之形；鼻窍干燥者，阳明之经病。鼻柱崩坏者，疠风之败症。鼻下红肿如疮者，腹中有虫之疳病。鼻流浊涕者，外受风热；鼻流清涕者，外感风寒。鼻渊者，脑中热，故涕下渗；鼻衄者，阳络伤，故血外溢。鼻生息肉谓之齆鼻；鼻生粉刺谓之皶。

三、望排出物

《望诊遵经·诊痰望法提纲》：痰形稠而浊，饮色稀而清。寒痰青，湿痰白，火痰黑，热痰黄，老痰胶。其滑而易出者，湿痰属脾；燥而难出者，燥痰属肺；清而多泡者，风痰属肝；坚而成块者，热痰属心；有黑点而多稀者，寒痰属肾。病新而轻者，清白稀薄；病久而重者，黄浊稠黏。多唾者胃寒，流涎者脾冷。舌难言，口吐沫者，邪入于脏。腹时痛，口吐涎者，蛔乱于中。咳唾涎沫，口张气短者，肺痿之证。咳唾脓血，口干胸痛者，肺痈之征。其吐如米粥，吐而腥臭者，皆肺痈之候。形如败絮，色如煤焰者，悉老痰之容。

《望诊遵经·大便望法提纲》：屎以得黄色之正者为中，得于湿之中者为常。知其正，则知其偏，知其常，则知其变矣。设因饮食之殊，而有形色之异，亦其变之常也。诊之之法，诸书以为暴注下迫，皆属于热，澄彻清冷，皆属于寒。出黄如糜者肠中热，肠鸣渗泄者肠中寒。濡泄者因于湿，飧泄者伤于风。粪如鹜溏者，泄泻之病，大肠寒。粪如羊矢者，噎膈之病，大肠枯。如水倾下者属湿，完谷不化者为寒。泄利无度者肠绝，下利清谷者里寒。自利清水，色纯青者少阴病。急下之证，行其大便，燥且结者，胃家实。下后之征，诸下血先便后血为远血，先血后便为近血。从肠中来者其色红，从胃中来者其色黑。白痢者属乎气；赤痢者属乎血。便色白者大肠泄；便脓血者小肠泄；泄青白者大肠虚；便肠垢者大肠实。纯下青水者风痢；泄如蟹渤者气痢；黑如豆汁者湿痢；黄如鱼脑者积痢；白如鼻涕者虚痢；黑如鸡肝者蛊疰痢。

《望诊遵经·诊溺望法提纲》：小便黄者，小腹中有热，小便白者，小腹中有寒，浊赤而短者，下焦实热；清白而长者，下焦虚寒。溺如黄柏汁者，黄胆犹轻；溺如皂角汁者，黄胆已重。尿变米泔者食滞，溺如脂膏者肾消，溺如血者血淋，溺如膏者膏淋，溺如沙石者石淋，溺有余沥者气淋。

四、望小儿示指络脉

《幼幼集成·指纹晰义》：指纹之法起于宋人钱仲阳，以食指分为三关：寅曰风关，卯曰气关，辰曰命关。其诀谓风轻、气重、命危……盖位则自下而上,邪则自浅而深,证则自轻而重,人皆可信……盖此指纹,即太渊脉之旁支也,则纹之变易,亦即太渊之变易,不必另立异说,眩人心目,但当以浮沉分表里,红紫辨寒热,淡滞定虚实,则用之不尽矣。

五、舌诊

《望诊遵经·诊舌气色条目》：夫舌者心之官,色者心之华。心主血而属火,色赤而主舌,是赤者,舌之正色也。

《医门棒喝·伤寒论本旨·辨舌苔》：舌苔由胃中生气所现,而胃气由心脾发生。故无病之人常有薄苔,是胃中之生气,如地上之微草也。

《笔花医镜·望舌色》：舌者心之窍,凡病俱现于舌,能辨其色,证自显然。舌尖主心肺,舌中主脾胃,舌边主肝胆,舌根主肾。

《辨舌指南·辨舌质生苔之原理》：观舌质,可验正之阴阳虚实,审苔垢,即知其邪之寒热浅深。

《辨舌指南·辨舌之苔垢》：如平人无病常苔,宜舌地淡红,舌苔微白隐红,须要红润内充,白苔不厚,或略厚有底,然皆干湿得中,斯为无病之苔,乃火藏金内之象也。

《辨舌指南·辨舌之神气》：荣者,有光彩也,凡病皆吉。枯者,无精神也,凡病皆凶。荣润则津足,干枯则津乏。荣者谓有神……凡舌质有光有体,不论黄白灰黑,刮之而里面红润,神气荣华者,诸病皆吉。若舌质无光无体,不拘有苔无苔,视之里面枯晦,神气全无者,诸病皆凶……凡舌质坚敛而苍老,不论苔色白黄灰黑,病多属实;舌质浮胖兼娇嫩,不拘苔色灰黑黄白,病多属虚。

《辨舌指南·辨舌之形容》：软者,痿柔也,气液自滋;硬者,强硬也,脉络失养。有胃气则舌柔和,无胃气则舌板硬……胀者,浮而肿大也,或水浸,或痰溢,或湿热上蕴;瘪者,薄而瘦小也,或心虚,或血微,或内热消肉。舌肿胀者,病在血。舌赤胀大满口者,心胃之热也;舌赤肿满不得息者,心经热甚而血壅也。舌肿大者,或因热毒,或因药毒;舌紫黯青肿者,中毒也;舌紫肿厚者,酒毒上壅,心火炎上也……舌肉属心脾,心脾虚则舌瘦瘪也。亦须辨其苔(舌)色,若淡红、嫩红者,心血不足也;紫绛灼红者,内热动风也。舌干绛,甚至紫暗如猪肝色者,皆心肝血枯也。

《辨舌指南·辨舌之质本》：舌生横裂者,素体阴亏也……凡舌见裂纹、断纹,如人字、川字、爻字及裂如直槽之类,虽多属舌燥液涸,而实热内逼者亦有之。

《临症验舌法》：凡病属实者,其舌必坚敛而兼苍老;病属虚者,其舌必浮胖而兼娇嫩。阴虚阳盛者,其舌必干;阳虚阴盛者,其舌必滑;阴虚阳盛而火旺者,其舌必干而燥。

《证治准绳·察舌》：凡舌上胎白而滑者,表有寒也。又曰：丹田有热,而胸中有寒也。胎黄而燥渴者,热盛也。胎黑而燥渴者,热甚而亢极也。若不燥渴,舌上黑胎而滑者,为寒、为阴也。舌卷而焦黑而燥者,阳毒热极也。舌青而胎滑者,阴毒冷极也。凡舌肿胀,舌上燥裂,舌生芒刺,皆热甚也。

《望诊遵经·望舌诊法提纲》：舌常有苔也,无苔者虚也。苔垢薄者,形气不足,苔垢厚者,病气有余。白苔者病在表,黄苔者病在里,灰黑苔者,病在少阴。胎色由白而黄,由黄而黑者,病日进;苔色由黑而黄,由黄而白者,病日退。

《形色外诊简摩·舌苔有根无根辨》：至于苔之有根者,其薄苔必匀匀铺开,紧贴舌面之上;其厚苔必四围有薄苔辅之,亦紧贴舌上,似从舌里生出,方为有根。若厚苔一片,四周洁净如截,颇似别以一物涂在舌上,不是舌上所自生者,是无根也。此必久病,先有胃气而生苔,继乃胃气告匮,不能接生新苔,而旧苔仅浮于舌面,不能与舌中之气相通,即胃肾之气,不能上朝以通于舌也。

《通俗伤寒论·辨舌举要》：凡舌苔糙者多秽浊，黏者多痰涎，固已。惟厚腻与厚腐，尤宜明辨。厚腻者多食积，亦有湿滞……若厚腐，虽多由胃液腐败，然有脓腐、霉腐之别：如舌上生脓腐苔，白带淡红，黏厚如疮中之脓，凡内痈最多此证。肺痈、肠痈多白腐苔；胃痈多黄腐苔；肝痈、腰痈多紫黑腐苔；下疳结毒仍多白腐苔。若霉腐苔，满舌生白衣如霉苔，或生糜点如饭子样……多见于湿温、温毒、伏暑、赤痢、梅毒、疳积等证。

闻 诊

一、听声音

《通俗伤寒论·伤寒诊法》：声虽发于肺，实发自丹田。其轻清重浊，虽由禀始，要以不异平时为吉。而声音清朗如常者，形病气不病也。始病即气壅声浊者，邪干清道也。病未久而语声不续者，其人中气本虚也。脉之呻吟者，痛也。言迟者，风也。多言者，火之用事也。声如从室中言者，中气之湿也。言而微，终日乃复言者，正气夺也。衣被不敛，言语善恶不避亲疏者，神明之乱也。出言懒怯，先重后轻者，内伤元气也。出言壮厉，先轻后重者，外感客邪也。攒眉呻吟者，头痛也。噫气以手抚心者，中脘痛也。呻吟不能转身，坐而下一脚者，腰痛也。摇头以手扪腮者，齿颊痛也。呻吟不能行步者，腰脚痛也。诊时吁气者，郁结也。摇头而言者，里痛也。形羸声哑者，劳瘵，咽中有肺花疮也。暴哑者，风痰伏火，或怒喊哀号所致也。语言謇涩者，风痰也。诊时独言独语，不知首尾者，思虑伤神也。伤寒坏病，声哑，唇口有疮者，狐惑也。平人无寒热，短气不足以息者，痰火也。此皆闻证之大要也。

《医宗金鉴·伤寒心法要诀》：言语心主之也。心气实热而神有余，则发为谵语。谵语为实，故声长而壮，乱言无次数更端也。心气虚热而神不足，则发为郑声。郑声为虚，故音短而细，只将一言重复呢喃也。盖神有余，则能机变而乱言，神不足，则无机变而只守一声也。

《医宗金鉴·杂病心法要诀》：有声无痰曰咳，有痰无声曰嗽，有声有痰曰咳嗽……呼吸气出急促者，谓之喘急。若更喉中有声响者，谓之哮吼。气粗胸满不能布息而喘者，实邪也；而更痰稠便硬者，热邪也；气乏息微不能续息而喘者，虚邪也；若更痰饮清冷，寒邪也。

《四诊抉微·卷之三闻诊》：喘粗气热为有余，喘急气寒为不足。息高者，心肺之气有余；吸弱者，肝肾之气不足。怒骂粗厉者，邪实内热也；怒骂微苦者，肝逆气虚也。鼻塞声重喷嚏，风寒未解也。言语轻迟气短，中气虚也。呻吟者，必有痛也。噫气者，脾乃困也。嗳气者，胃中不宽也。嗳逆冷气者，胃之寒也。呕吐酸苦者，肝之火也……干咳无痰者，胃中伏火也。嗽痰作而清白，寒也；稠黄，火也。谵语收财帛者，元已竭也。狂言多与人者，邪方实也。

二、嗅气味

《形色外诊简摩·嗅法》：人病尸臭不可近者死。口气重者，胃热盛也，阳气尚充，其病虽剧，可治。汗出稠黏，有腥膻气，或色黄者，风湿久蕴于皮肤，津液为之蒸变也，风湿、湿温、热病失汗者，多有之。唾腥，吐涎沫者，将为肺痈也。唾脓血腥腐者，肺痈已成也。小便臊甚者，心与膀胱热甚也。不禁而不臊者，火败也。大便色坏，无粪气者，大肠气绝胃败也。小儿粪有酸气者，停滞也。病人后气极臭者，为胃有停食，肠有宿粪，为内实，易治。若不臭者，在平人为气滞；病剧而出多，连连不止者，为气虚下陷，恐将脱也。

《瘟疫明辨·辨气》：风寒，气从外收敛入内，病无臭气触人，间有作臭气者，必待数日转阳明腑症之时，亦只作腐气，不作尸气。瘟疫，气从中蒸达于外，病即有臭气触人，轻则盈于床帐，重则蒸然一室，且专作尸气，不作腐气。以人身脏腑、气血津液，得生气则香，得败气则臭。瘟疫，败气也，人受之，自脏腑蒸出于肌表，气血津液，逢蒸而败，因败而溢，溢出有盛衰，充塞有远近也……若瘟疫，乃天地之杂气，非臊、非腥、非焦、非腐，其触人不可名状，非鼻观精者，不能辨之。

问　　诊

《医门法律·问病论》：医，仁术也。仁人君子必笃于情，笃于情，则视人犹己，问其所苦，自无不到之处。古人闭户塞牖，系之病者，数问其情，以从其意，诚以得其欢心，则问者不觉烦，病者不觉厌，庶可详求本末，而治无误也……饮食起居，失时过节；忧愁恐惧，荡志离魂；所喜所恶，气味偏殊；所宜所忌，禀性迥异，不问何以相体裁方耶？所以入国问俗，入家问讳，上堂问礼，临病人问所便。便者，问其居处动静，阴阳寒热，性情之宜。如问其为病热，则便于用寒；问其为病寒，则便于用热之类，所谓顺而施之也。人多偏执己见，逆之则拂其意，顺之则加其病，莫如之何？然苟设诚致问，明告以如此则善，如彼则败，谁甘死亡而不降心以从耶？至于受病情形，百端难尽。如初病口大渴，久病口中和，若不问而概以常法治之，宁不伤人乎？如未病素脾约，才病忽便利，若不问而计日以施治，宁不伤人乎？如未病先有痼疾，已病重添新患，若不问而概守成法治之，宁不伤人乎？如疑难证，着意对问，不得其情，他事间言，反呈真面，若不细问而急遽妄投，宁不伤人乎？

《医原·问证求病论》：病，藏于中者也。证，形于外者也。工于问者，非徒问其证，殆欲即其证见，以求其病因耳！法当先问其人之平昔有无宿疾？有无恚怒忧思？饮食喜淡喜浓，喜燥喜润？嗜茶嗜酒？大便为燥为溏？妇人问其有无胎产？月事先期后期？有无胀痛？再问其病初起何因？前见何证？后变何证？恶寒恶热孰重孰轻？有汗无汗？汗多汗少？汗起何处？汗止何处？口淡口苦？渴与不渴？思饮不思饮？饮多饮少？喜热喜凉？思食不思食？能食不能食？食多食少？化速化迟？胸心胁腹有无胀痛？二便通涩？大便为燥为溏？小便为清为浊？色黄色淡？种种详诘，就其见证，审其病因，方得轩歧治病求本之旨。岂徒见痰治痰，见血治血而已哉！

《侣山堂类辨·问因论》：盖得其因，则能定其名，能定其名，则知所以治矣。夫病又有脉证之相应者，有不相应者，有病久而重感于新病者，有外感风寒，而复内伤五志，病不以次入而乘传者，故当详审其受病之因，所病之苦，察其志意得失，神气存亡，饮食嗜欲，居处房劳，参合脉证，以意逆之，然又不可惑于病家之言而无果断也。

《医宗说约》：如至病家，问其泻痢，以知其泻痢；问其寒热，以知其寒热，则浅矣！必非古人之意也。即至病家，问其病起于何日？曾食何物？曾有怒劳、房欲等事？及问初起何症？后变何病？今口渴思饮否？喜热喜冷否？口中淡苦否？思食否？胸中宽否？腹中有无痛处否？大小便如常否？足冷暖否？及平日劳逸喜怒忧思，并喜食何物？种种问法，实为活人之捷径。然以此而尽古人问而知之之义，尤未也。予于静定之中，若有所悟。盖今人之病，如咳嗽、发热、泻痢诸病，俱病之总名也。一症之中，各有火、有寒、有痰、有气、有虚、有实，致症之原不同……此岂有异人之目，洞见脏腑者乎？亦惟问其症，以知之也。

《景岳全书·传忠录·十问篇》：
一问寒热二问汗，三问头身四问便，
五问饮食六问胸，七聋八渴俱当辨，

九因脉色察阴阳，十从气味章神见。

见定虽然事不难，也须明哲毋招怨。

上十问者，乃诊治之要领，临证之首务也。明此十问，则六变俱存，而万病形情俱在吾目中矣。医之为难，难在不识病本而施误治耳。误则杀人，天道可畏；不误则济人，阴德无穷。学者欲明是道，必须先察此要，以定意见，以为阶梯，然后再采群书，广其知识，又何误焉？有能熟之胸中，运之掌上，非止为人，而为己不浅也，慎之宝之。

一问寒热　问寒热者，问内外之寒热，欲以辨其在表在里也。人伤于寒则病为热，故凡病身热脉紧，头疼、体痛，拘急无汗，而且得于暂者，必外感也。盖寒邪在经，所以头痛身疼，邪闭皮毛，所以拘急发热。若素日无疾，而忽见脉证若是者，多因外感。盖寒邪非素所有，而突然若此，此表证也。若无表证，而身热不解，多属内伤，然必有内证相应，合而察之，自得其真……凡内证发热者，多属阴虚，或因积热，然必有内证相应，而其来也渐。盖阴虚者必伤精，伤精者必连脏。故其在上而连肺者，必为喘急咳嗽；在中而连脾者，或妨饮食，或生懊恼，或为躁烦焦渴；在下而连肾者，或精血遗淋，或二便失节，然必倏热往来，时作时止，或气怯声微，是皆阴虚证也。凡怒气七情，伤肝伤脏而为热者，总属真阴不足，所以邪火易炽，亦阴虚也。凡劳倦伤脾而发热者，以脾阴不足，故易于伤。伤则热生于肌肉之分，亦阴虚也。凡内伤积热者，在癥痞必有形证，在气血必有明征，或九窍热于上下，或脏腑热于三焦，若果因实热，凡火伤在形体而无涉于真元者，则其形气声色脉候自然壮丽，无弗有可据而察者，此当以实火治之。

二问汗　问汗者，亦以察表里也。凡表邪盛者必无汗，而有汗者，邪随汗去，已无表邪，此理之自然也。故有邪尽而汗者，身凉热退，此邪去也。有邪在经而汗在皮毛者，此非真汗也。有得汗后，邪虽稍减，而未得尽全者，犹有余邪，又不可因汗而必谓其无表邪也，须因脉证而详察之。凡温暑等证，有因邪而作汗者，有虽汗而邪未去者，皆表证也。总之，表邪未除者，在外则连经，故头身或有疼痛；在内则连脏，故胸膈或生躁烦。在表在里，有证可凭。或紧或数，有脉可辨。须察其真假虚实，孰微孰甚而治之。凡全非表证，则或有阳虚而汗者，须实其气；阴虚而汗者，须益其精。火盛而汗者，凉之自愈；过饮而汗者，清之可宁。此汗证之有阴阳表里，不可不察也。

三问头身　问其头可察上下，问其身可察表里。头痛者，邪居阳分；身痛者，邪在诸经。前后左右，阴阳可辨；有热无热，内外可分。但属表邪，可散之而愈也。凡火盛于内而为头痛者，必有内应之证，或在喉口，或在耳目，别无身热恶寒在表等候者，此热盛于上，病在里也……凡阴虚头痛者，举发无时，是因酒色过度，或遇劳苦，或逢情欲，其发则甚。此为里证，或精或气，非补不可也。凡头痛属里者，多因于火，此其常也。然亦有阴寒在上，阳虚不能上达而痛甚者。其证则恶寒呕恶，六脉沉微，或兼弦细……凡身痛之甚者，亦当察其表里以辨寒热。其若感寒作痛者，或上或下，原无定所，随散而愈，此表邪也。若有定处，而别无表证，乃痛痹之属。邪气虽亦在经，此当以里证视之，但有寒热之异耳。若因火盛者，或肌肤灼热，或红肿不消，或内生烦渴，必有热证相应，治宜以清以寒。若并无热候而疼痛不止，多属阴寒，以致血气凝滞而然。经曰：痛者寒气多也，有寒故痛也，必温其经，使血气流通，其邪自去矣。凡劳损病剧而忽加身痛之甚者，此阴虚之极，不能滋养筋骨而然。营气惫矣，无能为也。

四问便　二便为一身之门户，无论内伤外感，皆当察此，以辨其寒热虚实。盖前阴通膀胱之道，而其利与不利，热与不热，可察气化之强弱。凡患伤寒而小水利者，以太阳之气未剧，即吉兆也。后阴开大肠之门，而其通与不通，结与不结，可察阳明之实虚。凡大便热结而腹中坚满者，方属有余，通之可也。若新近得解而不甚干结，或旬日不解而全无胀意者，便非阳明实邪……凡小便，人但见其黄,便谓是火,而不知人逢劳倦,小水即黄;焦思多虑,小水亦黄;泻痢不期,小水亦黄;酒色伤阴,小水亦黄。使非有或淋或痛,热证相兼,不可因黄便谓之火……若小水清利者,知里邪之未甚,而病亦不在气分,以津液由于气化,气病则小水不利也。小水渐利,则气化可知,最为吉兆。大便通水谷之海,肠胃之门户也;小便通血气之海,冲任水道之门户也。二便皆主于肾,本为元气之关……所以凡病不足,慎勿强通。最喜者小便得气而自化,大便弥固者弥良。营卫既调,自将通达,即大便秘结旬余,何虑之有？若滑泄不守,乃非虚弱者所宜,当首先为之防也。

　　五问饮食　问饮食者,一可查胃口之清浊,二可查脏腑之阴阳。病由外感而食不断者,知其邪未及脏,而恶食不恶食者可知;病因内伤而食饮变常者,辨其味有喜恶,而爱冷爱热者可知。素欲温热者,知阴脏之宜暖;素好寒冷者,知阳脏之可清。或口腹之失节以致误伤,而一时之权变可因以辨。故饮食之性情,所当详察,而药饵之宜否可因以推也。凡诸病得食稍安者,必是虚证;得食更甚者,或虚或实皆有之,当辨而治也。

　　六问胸　胸即膻中,上连心肺,下通脏腑。胸腹之病极多,难以尽悉。而临证必当问者,为欲辨其有邪无邪,及宜补宜泻也。夫凡胸腹胀满,则不可用补,而不胀不满,则不可用攻,此大法也。然痞与满不同,当分轻重,重者胀塞中满,此实邪也,不得不攻;轻者但不欲食,不知饥饱,似胀非胀,中空无物,乃痞气耳,非真满也。此或以邪陷胸中者有之,或脾虚不运者有之。病者不知其辨,但见胃气不开,饮食不进,问之亦曰饱闷,而实非真有胀满,此在疑虚疑实之间。若不察其真确,未免补泻倒施,必多致误,则为害不小……凡势在危急,难容稍缓,亦必先问其胸宽乃可骤进。若元气真虚而胸腹又胀,是必虚不受补之证,若强进补剂,非惟无益,适足以招谤耳,此胸腹之不可不察也。

　　七问聋　耳虽少阳之经,而实为肾脏之官,又为宗脉之所聚。问之非惟可辨虚实,亦且可知死生。凡人之久聋者,此一经之闭,无足为怪,惟是因病而聋者,不可不辨……聋有轻重,轻者病轻,重者病重。若随治渐轻,可察其病之渐退也,进则病亦进矣。若病至聋极,甚至绝然无闻者,此诚精脱之证。余经历者数人矣,皆至不治。

　　八问渴　问渴与不渴,可以察里证之寒热,而虚实之辨,亦从以见。凡内热之甚,则大渴喜冷,冰水不绝,而腹坚便结,脉实气壮者,此阳证也。凡口虽渴而喜热不喜冷者,此非火证,中寒可知。既非火证,何以作渴？则水亏故耳。凡患者问其渴否,则曰口渴。问其欲汤水否,则曰不欲。盖其内无邪火,所以不欲汤水,真阴内亏,所以口无津液。此口干也,非口渴也,不可以干作渴治。凡阳邪虽盛,而真阴又虚者,不可因其火盛喜冷,便云实热。盖其内水不足,欲得外水以济,水涸精亏,真阴枯也,必兼脉证细察之。

切　　诊

一、脉诊

　　《重订诊家直诀》：诊脉之指法,见于经论者：曰举、曰按、曰寻、曰推、曰初持、曰久按、曰单持、曰总按……夫脉有四科,位数形势而已。位者,浮沉尺寸也;数者,迟数促结也;形者,长短、广狭、厚薄、粗细、刚柔,犹算学之有线面体也;势者,敛舒、伸缩、进退、起伏之有盛衰也。势因形显,敛舒成形于广狭,伸缩成形于长短,进退成形于前后,起伏成形于高下,而盛衰则贯于诸势之中,以为之纲者也。此所谓脉之四科也,指法即由此而辨。曰举按以诊高深也;曰上下以诊长短也;曰寻推以诊广狭厚薄曲直也;曰初持久按,以诊迟数滑涩止代也;曰单持总按,以诊去来断续也。病者气口处骨肉不平,须用侧指法;病者不能平臂而侧置,须用挽指法。俯仰者,三指轻重相畸也;辗转者,一指左右相倾也;操纵者,举按迭用,以察根气之强弱,《难经》所谓按之软,举指来疾者此也。惟三指总按,横度三关,三指缝中各有其隙,若三部脉形不同,如寸涩尺滑,前小后大,即无由得其接续之真迹。

《景岳全书·脉神章·胃气解》:凡诊脉须知胃气……谷气即胃气,胃气即元气也。夫元气之来,力和而缓;邪气之至,力强而峻。高阳生曰:阿阿软若春杨柳,此是脾家脉四季,即胃气之谓也。故凡诊脉者,无论浮沉迟数,虽值诸病叠见,而但于邪脉中,得兼软滑徐和之象者,便是五脏中俱有胃气,病必无害也。

《诊家枢要·脉贵有神》:不病之脉,不求其神,而神无不在也。有病之脉,则当求其神之有无,谓如六数七极热也。脉中有力,即有神矣。为泄其热,三迟二败,寒也,脉中有力,即有神矣。为去其寒,若数极迟败,中不复有力,为无神也。

《医宗必读·脉无根有两说》:一以尺中为根。人之有尺,犹树之有根,水为天一之元,先天命根也。王叔和曰:寸关虽无,尺犹不绝,如此之流,何忧殒灭?谓其有根也。若肾脉独败,是无根矣。一以沉候为根。经曰:诸浮脉无根者皆死。是谓有表无里,是谓孤阳不生,造化所以恒(亘)万古而不息者,一阴一阳互为其根也,阴既绝矣,孤阳岂能独存乎? 二说似乎不同,实则一致。两尺为肾部,沉候之六脉皆肾也,然则两尺之无根,与沉取之无根,总之肾水绝也。

《素问·脉要精微论》:夫脉者,血之府也。长则气治,短则气病,数则烦心,大则病进……代则气衰,细则气少,涩则心痛。

《脉经·脉形状指下秘诀第一》:浮脉,举之有余,按之不足。芤脉,浮大而软,按之中央空,两边实。洪脉,极大在指下。滑脉,往来前却,流利展转替替然,与数相似。数脉,去来促急。促脉,来去数,时一止复来。弦脉,举之无有,按之如弓弦状。紧脉,数如切绳状。沉脉,举之不足,按之有余。伏脉,极重指按之,着骨乃得。革脉,有似沉伏,实大而长微弦。实脉,大而长,微强,按之隐指愊愊然。微脉,极细而软,或欲绝,若有若无。涩脉,细而迟,往来难且散,或一止复来。细脉,小大于微,常有,但细耳。软脉,极软而浮细。弱脉,极软而沉细,按之欲绝指下。虚脉,迟大而软,按之不足,隐指豁豁然空。散脉,大而散,散者气实血虚,有表无里。缓脉,去来亦迟,小驶于迟。迟脉,呼吸三至,去来极迟。结脉,往来缓,时一止复来。代脉,来数中止,不能自还,因而复动。脉结者生,代者死。动脉,见于关上,无头尾,大如豆,厥厥然动摇。浮与芤相类,弦与紧相类,革与实相类,滑与数相类,沉与伏相类,微与涩相类,软与弱相类,缓与迟相类。

《景岳全书·脉神章·逆顺》:凡内出不足之证,忌见阳脉,如浮洪紧数之类是也。外入有余之病,忌见阴脉,如沉细微弱之类是也。如此之脉,最不易治。凡有余之病,脉宜有力有神,如微涩细弱而不应手者,逆之兆也。凡不足之病,脉宜和缓柔软,若洪大搏击,逆也。凡暴病脉来浮洪数实者为顺,久病脉来微缓软弱者为顺。若新病而沉微细弱,久病而浮洪数实者,皆为逆也。凡脉证贵乎相合,设若证有余而脉不足,脉有余而证不足,轻者亦必延绵,重者即危亡之兆……凡元气虚败之证,脉有微极欲绝者,若用回阳救本等药,脉气徐徐渐出渐复者,乃为佳兆;若陡然暴出,忽如复元者,此假复也,必于周日之后复脱如故。

《濒湖脉学·七言诀》:

浮(阳)

[体状诗] 浮脉惟从肉上行,如循榆荚似毛轻;三秋得令知无恙,久病逢之却可惊。

[相类诗] 浮如木在水中浮,浮大中空乃是芤;拍拍而浮是洪脉,来时虽盛去悠悠。

　　　　　　　　浮脉轻平似捻葱,虚来迟大豁然空;浮而柔细方为濡,散似杨花无定踪。
[主病诗]　浮脉为阳表病居,迟风数热紧寒拘;浮而有力多风热,无力而浮是血虚。
　　　　　　寸浮头痛眩生风,或有风痰聚在胸;关上土衰兼木旺,尺中溲便不流通。

沉(阴)
[体状诗]　水行润下脉来沉,筋骨之间软滑匀;女子寸兮男子尺,四时如此号为平。
[相类诗]　沉帮筋骨自调匀,伏则推筋着骨寻;沉细如绵真弱脉,弦长实大是牢形。
[主病诗]　沉潜水畜阴经病,数热迟寒滑有痰;无力而沉虚与气,沉而有力积并寒。
　　　　　　寸沉痰郁水停胸,关主中寒痛不通;尺部浊遗并泄痢,肾虚腰及下元痌。

迟(阴)
[体状诗]　迟来一息至惟三,阳不胜阴气血寒;但把浮沉分表里,消阴须益火之源。
[相类诗]　脉来三至号为迟,小驶于迟作缓持;迟细而难知是涩,浮而迟大以虚推。
[主病诗]　迟司脏病或多痰,沉痼癥瘕仔细看;有力而迟为冷痛,迟而无力定虚寒。
　　　　　　寸迟必是上焦寒,关主中寒痛不堪;尺是肾虚腰脚重,溲便不禁疝牵丸。

数(阳)
[体状诗]　数脉息间常六至,阴微阳盛必狂烦;浮沉表里分虚实,惟有儿童作吉看。
[相类诗]　数比平人多一至,紧来如数似弹绳;数而时止名为促,数见关中动脉形。
[主病诗]　数脉为阳热可知,只将君相火来医;实宜凉泻虚温补,肺病秋深却畏之。
　　　　　　寸数咽喉口舌疮,吐红咳嗽肺生疡;当关胃火并肝火,尺属滋阴降火汤。

滑(阳中阴)
[体状诗]　滑脉如珠替替然,往来流利却还前;莫将滑数为同类,数脉惟看至数间。
[主病诗]　滑脉为阳元气衰,痰生百病食生灾;上为吐逆下畜血,女脉调时定有胎。
　　　　　　寸滑膈痰生呕吐,吞酸舌强或咳嗽;当关宿食肝脾热,渴痢癫淋看尺部。

涩(阴)
[体状诗]　细迟短涩往来难,散止依稀应指间;如雨沾沙容易散,病蚕食叶慢而艰。
[相类诗]　叁伍不调名曰涩,轻刀刮竹短而难;微似秒芒微软甚,浮沉不别有无间。
[主病诗]　涩缘血少或伤精,反胃亡阳汗雨淋;寒湿入营为血痹,女人非孕即无经。
　　　　　　寸涩心虚痛对胸,胃虚胁胀察关中;尺为精血俱伤候,肠结溲淋或下红。

虚(阴)
[体状相类诗]　举之迟大按之松,脉状无涯类谷空;莫把芤虚为一例,芤来浮大似慈葱。
[主病诗]　脉虚身热为伤暑,自汗怔忡惊悸多;发热阴虚须早治,养营益气莫蹉跎。
　　　　　　血不荣心寸口虚,关中腹胀食难舒;骨蒸痿痹伤精血,却在神门两部居。

实(阳)
[体状诗]　浮沉皆得大而长,应指无虚愊愊强;热蕴三焦成壮火,通肠发汗始安康。
[相类诗]　实脉浮沉有力强,紧如弹索转无常;须知牢脉帮筋骨,实大微弦更带长。
[主病诗]　实脉为阳火郁成,发狂谵语吐频频;或为阳毒或伤食,大便不通或气疼。
　　　　　　寸实应知面热风,咽痛舌强气填胸;当关脾热中宫满,尺实腰肠痛不通。

长(阳)
[体状相类诗]　过于本位脉名长,弦则非然但满张;弦脉与长争较远,良工尺度自能量。
[主病诗]　长脉迢迢大小匀,反常为病似牵绳;若非阳毒癫痫病,即是阳明热势深。

短(阴)
[体状相类诗] 两头缩缩名为短;涩短迟迟细且难;短涩而浮秋喜见,三春为贼有邪干。
[主病诗] 短脉惟于尺寸寻,短而滑数酒伤神;浮为血涩沉为痞;寸主头痛尺腹疼。

洪(阳)
[体状诗] 脉来洪盛去还衰,满指滔滔应夏时;若在春秋冬月分,升阳散火莫狐疑。
[相类诗] 洪脉来时拍拍然,去衰来盛似波澜;欲知实脉参差处,举按弦长愊愊坚。
[主病诗] 脉洪阳盛血应虚,相火炎炎热病居;胀满胃翻须早治,阴虚泄痢可踌躇。
　　　　 寸洪心火上焦炎,肺脉洪时金不堪;肝火胃虚关内察,肾虚阴火尺中看。

微(阴)
[体状相类诗] 微脉轻微瀎瀎乎,按之欲绝有如无;微为阳弱细阴弱,细比于微略较粗。
[主病诗] 气血微兮脉亦微,恶寒发热汗淋漓;男为劳极诸虚候,女作崩中带下医。
　　　　 寸微气促或心惊,关脉微时胀满形;尺部见之精血弱,恶寒消瘅痛呻吟。

紧(阳)
[体状诗] 举如转索切如绳,脉象因之得紧名;总是寒邪来作寇,内为腹痛外身疼。
[相类诗] 见弦脉、实脉。
[主病诗] 紧为诸痛主于寒,喘咳风痫吐冷痰;浮紧表寒须发越,紧沉温散自然安。
　　　　 寸紧人迎气口分,当关心腹痛沉沉;尺中有紧为阴冷,定是奔豚与疝疼。

缓(阴)
[体状诗] 缓脉阿阿四至通,柳梢袅袅飐轻风;欲从脉里求神气,只在从容和缓中。
[相类诗] 见迟脉。
[主病诗] 缓脉营衰卫有余,或风或湿或脾虚;上为项强下痿痹,分别浮沉大小区。
　　　　 寸缓风邪项背拘,关为风眩胃家虚;神门濡泄或风秘,或是蹒跚足力迂。

芤(阳中阴)
[体状诗] 芤形浮大软如葱,边实须知内已空;火犯阳经血上溢,热侵阴络下流红。
[相类诗] 中空旁实乃为芤,浮大而迟虚脉呼;芤更带弦名曰革,芤为失血革血虚。
[主病诗] 寸芤积血在于胸,关里逢芤肠胃痈;尺部见之多下血,赤淋红痢漏崩中。

弦(阳中阴)
[体状诗] 弦脉迢迢端直长,肝经木旺土应伤;怒气满胸常欲叫,翳蒙瞳子泪淋浪。
[相类诗] 弦来端直似丝弦,紧则如绳左右弹;紧言其力弦言象,牢脉弦长沉伏间。
[主病诗] 弦应东方肝胆经,饮痰寒热疟缠身;浮沉迟数须分别,大小单双有重轻。
　　　　 寸弦头痛膈多痰,寒热癥瘕察左关;关右胃寒心腹痛;尺中阴疝脚拘挛。

革(阴)
[体状主病诗] 革脉形如按鼓皮,芤弦相合脉寒虚;女人半产并崩漏,男子营虚或梦遗。
[相类诗] 见芤脉、牢脉。

牢(阴中阳)
[体状相类诗] 弦长实大脉牢坚,牢位常居沉伏间;革脉芤弦自浮起,革虚牢实要详看。
[主病诗] 寒则牢坚里有余,腹心寒痛木乘脾;疝㿗癥瘕何愁也,失血阴虚却忌之。

濡(即软字,阴)
[体状诗] 濡形浮细按须轻,水面浮绵力不禁;病后产中犹有药,平人若见是无根。

[相类诗] 浮而柔细知为濡,沉细而柔作弱持;微则浮微如欲绝,细来沉细近于微。
[主病诗] 濡为亡血阴虚病,髓海丹田暗已亏;汗雨夜来蒸入骨,血山崩倒湿侵脾。
寸濡阳微自汗多,关中其奈气虚何;尺伤精血虚寒甚,温补真阴可起疴。

弱(阴)
[体状诗] 弱来无力按之柔,柔细而沉不见浮;阳陷入阴精血弱,白头犹可少年愁。
[相类诗] 见濡脉。
[主病诗] 弱脉阴虚阳气衰,恶寒发热骨筋痿;多惊多汗精神减,益气调营急早医。
寸弱阳虚病可知,关为胃弱与脾衰;欲求阳陷阴虚病,须把神门两部推。

散(阴)
[体状诗] 散似杨花散漫飞,去来无定至难齐;产为生兆胎为堕,久病逢之不必医。
[相类诗] 散脉无拘散漫然,濡来浮细水中绵;浮而迟大为虚脉,芤脉中空有两边。
[主病诗] 左寸怔忡右寸汗,溢饮左关应软散;右关软散胻胕肿,散居两尺魂应断。

细(阴)
[体状诗] 细来累累细如丝,应指沉沉无绝期;春夏少年俱不利,秋冬老弱却相宜。
[相类诗] 见微脉、濡脉。
[主病诗] 细脉萦萦血气衰,诸虚劳损七情乖;若非湿气侵腰肾,即是伤精汗泄来。
寸细应知呕吐频,入关腹胀胃虚形;尺逢定是丹田冷,泄痢遗精号脱阴。

伏(阴)
[体状诗] 伏脉推筋着骨寻,指间裁动隐然深;伤寒欲汗阳将解,厥逆脐疼证属阴。
[相类诗] 见沉脉。
[主病诗] 伏为霍乱吐频频,腹痛多缘宿食停;畜饮老痰成积聚,散寒温里莫因循。
食郁胸中双寸伏,欲吐不吐常兀兀;当关腹痛困沉沉,关后疝疼还破腹。

动(阳)
[体状诗] 动脉摇摇数在关,无头无尾豆形团;其原本是阴阳搏,虚者摇兮胜者安。
[相类诗] 见数脉。
[主病诗] 动脉专司痛与惊,汗因阳动热因阴;或为泄痢拘挛病,男子亡精女子崩。

促(阳)
[体状诗] 促脉数而时一止,此为阳极欲亡阴;三焦郁火炎炎盛,进必无生退可生。
[相类诗] 见代脉。
[主病诗] 促脉惟将火病医,其因有五细推之;时时喘咳皆痰积,或发狂斑与毒疽。

结(阴)
[体状诗] 结脉缓而时一止,浊阴偏盛欲亡阳;浮为气滞沉为积,汗下分明在主张。
[相类诗] 见代脉。
[主病诗] 结脉皆因气血凝,老痰结滞苦沉吟;内生积聚外痈肿,疝瘕为殃病属阴。

代(阴)
[体状诗] 动而中止不能还,复动因而作代看;病者得之犹可疗,平人却与寿相关。
[相类诗] 数而时止名为促,缓止须将结脉呼;止不能回方是代,结生代死自殊途。
[主病诗] 代脉原因脏气衰,腹疼泄痢下元亏;或为吐泻中宫病,女子怀胎三月兮。

《医宗金鉴·四诊心法要诀·败脉歌》:

雀啄连连,止而又作。屋漏水留,半时一落。
弹石沉弦,按之指搏。乍疏乍密,乱如解索。
本息末摇,鱼翔相若。虾游冉冉,忽然一跃。
釜沸空浮,决无根脚。偃刀坚急,循刀责责。
转豆累累,如循薏仁。麻促细乱,其脉失神。
败脉十种,自古以闻。急救下药,必须认真。

二、按诊

《素问·调经论》:实者,外坚充满,不可按之,按之则痛……虚者,聂辟气不足,按之则气足以温之,故快然而不痛。

《素问·平人气象论》:胃之大络,名曰虚里,贯鬲络肺,出于左乳下,其动应衣,脉宗气也。盛喘数绝者,则病在中;结而横,有积矣;绝不至曰死。乳之下其动应衣,宗气泄也。

《通俗伤寒论·按胸腹》:内经云:夫胸腹者,藏腑之郭也。考其部位层次,胸上属肺,胸膺之间属心,其下有一横膈,绕肋骨一周。膈下属胃。大腹与脐属脾。脐四围又属小肠。脐下两腰属肾。两肾之旁及脐下,又属大肠。膀胱亦当脐下,故脐下又属膀胱……小腹两旁谓之少腹,乃血室之边际,属肝。少腹上连季胁,亦属肝。季胁上连肋骨,属胆……故胸腹为五脏六腑之宫城,阴阳气血之发源,若欲知其脏腑何如,则莫如按胸腹,名曰腹诊。其诊法宜按摩数次,或轻或重,或击或抑,以察胸腹之坚软,拒按与否,并察胸腹之冷热,灼手与否,以定其病之寒热虚实。又如轻手循抚,自胸上而脐下,知皮肤之润燥,可以辨寒热;中手寻扪,问其痛不痛,以察邪气之有无;重手推按,察其硬否,更问其痛否,以辨脏腑之虚实,沉积之何如……惟左乳下虚里脉,脐间冲任脉,其中虚实,最为生死攸关……若肝病须按两胁。两胁满实而有力者肝平;两胁下痛引小腹者肝郁;男子积在左胁下者属疝气;女子块在右胁下者属瘀血;两胁空虚,按之无力者为肝虚;两胁胀痛,手不可按者为肝痈……凡满腹痛,喜按者属虚,拒按者属实,喜暖手按抚者属寒,喜冷物按放者属热。按腹而其热灼手,愈按愈甚者伏热;按腹而其热烙手,痛不可忍者内痈……惟虫病按腹有三候,腹有凝结如筋而硬者,以指久按,其硬移他处,又就所移者按之,其硬又移他处,或大腹,或脐旁,或小腹,无定处,是一候也。右手轻轻按腹,为时稍久,潜心候之,有物如蚯蚓蠢动,隐然应手,是二候也。高低凸凹,如畎亩状,熟按之,起伏聚散,上下往来,浮沉出没,是三候也……水肿胀满症,按之至脐,脐随手移左右,重手按之近乎脊,失脐根者必死……然按胸必先按虚里,按之微动而不应者,宗气内虚;按之跃动而应衣者,宗气外泄;按之应手,动而不紧,缓而不急者,宗气积于膻中也,是为常;按之弹手,洪大而搏,或绝而不应者,皆心胃气绝也,病不治;虚里无动脉者必死;即虚里搏动而高者,亦为恶候,孕妇胎前症最忌,产后三冲症尤忌,虚损痨瘵症,逐日动高者切忌;惟猝惊疾走大怒后,或强力而动肢体者,虚里脉动虽高,移时即如平人者不忌。

《厘正按摩要术·按胸腹》:人以胃气为本,故虚里之动,可以辨病机之轻重。按之应手,动而不紧,缓而不急者,宗气积于膻中也,是为常。其动洪大而弹手,与绝而不应者,俱胃气绝也(《阳山原文》)。平人膻中静者为佳。虚里者,脉之宗气也。视之不见;按之渐动,如应如不应者为吉。若胸中阳气衰,其动高逾乳,至中府、云门者凶;虚劳劳瘵,逐日动高者为无治(《台州》)……上中下三脘,以指抚之,平而无涩滞者,胃中平和而无宿滞也。按中脘虽痞硬而不如石者,饮癖也(《诊病奇侅》)……诊胸腹,轻手循抚,自鸠尾至脐下,知皮肤之润燥,可以辨寒热;中手寻扪,问疼不疼者,以察邪气之有无;重手推按,更问疼否,以察脏腑之虚实,沉积之何如,即诊脉中浮中沉之法也(《对时论》)。诊腹之要,以脐为先。人身之有脐,犹天之有北辰也。故名曰天枢,又曰神阙,是神气之穴,为保生之根。徐按之而有力,其气应手者,内有神气之守也。若按之而气不应者,其守失常也(《阳山》)。

八 纲 辨 证

《景岳全书·传忠录·阴阳篇》：凡诊病施治,必须先审阴阳,乃为医道之纲领。阴阳无谬,治焉有差？医道虽繁,而可以一言蔽之者,曰阴阳而已。故证有阴阳,脉有阴阳,药有阴阳。以证而言,则表为阳,里为阴；气为阳,血为阴；动为阳,静为阴；多言者为阳,无声者为阴；喜明者为阳,欲暗者为阴。阳微者不能呼,阴微者不能吸；阳病者不能俯,阴病者不能仰。以脉而言,则浮大滑数之类皆阳也,沉微细涩之类皆阴也……此皆医中之大法。至于阴中复有阳,阳中复有阴,疑似之间,辨须的确。此而不识,极易差讹,是又最为紧要,然总不离于前之数者。但两气相兼,则此少彼多,其中便有变化,一皆以理测之,自有显然可见者。若阳有余而更施阳治,则阳愈炽而阴愈消；阳不足而用阴方,则阴愈盛而阳斯灭矣。设能明彻阴阳,则医理虽玄,思过半矣。《经》曰：阳虚则外寒,阴虚则内热,阳盛则外热,阴盛则内寒。《经》曰：阳气有余,为身热无汗。此言表邪之实也。又曰：阴气有余,为多汗身寒。此言阳气之虚也。仲景曰：发热恶寒发于阳,无热恶寒发于阴。又曰：极寒反汗出,身必冷如冰。此与经旨义相上下。

《景岳全书·传忠录·六变篇》：六变者,表里寒热虚实也。是即医中之关键。明此六者,万病皆指诸掌矣。

《景岳全书·传忠录·表证篇》：表证者,邪气之自外而入者也。凡风寒暑湿火燥,气有不正,皆是也……邪有阴阳之辨,而所伤亦自不同。盖邪虽有六,化止阴阳。阳邪化热,热则伤气；阴邪化寒,寒则伤形。伤气者,气通于鼻,鼻通于脏,故凡外受暑热而病有发于中者,以热邪伤气也；伤形者,浅则皮毛,深则经络,故凡外受风寒而病为身热体痛者,以寒邪伤形也。《经》曰：寒则腠理闭,气不行,故气收矣。炅则腠理开,荣卫通,汗大泄,故气泄。

《景岳全书·传忠录·里证篇》：里证者,病之在内在脏也。凡病自内生,则或因七情,或因劳倦,或因饮食所伤,或为酒色所困,皆为里证。以此言之,实属易见。第于内伤外感之间,疑似之际,若有不明,未免以表作里,以里作表,乃致大害,故当详辨也。身虽微热,而濈濈汗出不止,及无身体酸疼拘急,而脉不紧数者,此热非在表也。证似外感,不恶寒,反恶热,而绝无表证者,此热盛于内也。凡病表证,而小便清利者,知邪未入里也。表证已具,而饮食如故,胸腹无碍者,病不及里；若见呕恶口苦,或心胸满闷不食,乃表邪传至胸中,渐入于里也；若烦躁不眠,干渴谵语,腹痛自利等证,皆邪入于里也；若腹胀喘满,大便结硬、潮热斑黄,脉滑而实者,此正阳明胃腑里实之证,可下之也。

《景岳全书·传忠录·虚实篇》：虚实者,有余不足也。有表里之虚实,有脏腑之虚实,有阴阳之虚实。凡外入之病多有余；内出之病之不足。实言邪气实则当泻,虚言正气虚则当补。凡欲察虚实者,为欲知根本之如何,攻补之宜否耳。夫疾病之实,固为可虑,而元气之虚,虑尤甚焉。故凡诊病者,必当先察元气为主,而后求疾病。若实而误补,随可解救,虚而误攻,不可生矣。然总之虚实之要,莫逃乎脉。如脉之真有力真有神者,方是真实证；脉之似有力、似有神者,便是假实证。矧脉之无力无神,以至全无力全无神者哉。临证者万勿忽此。表实者,或为发热,或为身痛,或为恶热掀衣,或为恶寒鼓栗。寒束于表者无汗,火盛于表者有疡。走注而红痛者,知营卫之有热；拘急而酸疼者,知经络之有寒。里实者,或为胀为痛,或为痞为坚,或为闭为结,或为喘为满,或懊恼不宁,或躁烦不眠。或气血积聚,结滞腹中不散,或寒邪热毒,深留脏腑之间……表虚者,或为汗多,或为肉战,或为怯寒,或为目暗羞明,或为耳聋眩运,或肢体多见麻木,或举动不胜劳烦,或为毛槁而肌肉削,或为颜色憔悴而神气索然。里虚者,为心怯心跳,为惊惶,为神魂之不宁,为津液之不足,或为饥不能食,或为渴不喜冷,或为张目而视,或闻人声而惊。上虚则饮食不能运化,或多呕恶而气虚中满;下虚则二阴不能流利,或便尿失禁,肛门脱出,而泻泄遗精,在妇人则为血枯经闭,及堕胎崩淋带浊等证。阳虚者,火虚也,为神气不足,为眼黑头眩,或多寒而畏寒;阴虚者,水亏也,为亡血失血,为戴阳,为骨蒸劳热;气虚者,声音微而气短似喘;血虚者,肌肤干涩而筋脉拘挛……诸痛之可按者为虚,拒按者为实。胀满之虚实。仲景曰:腹满不减,减不足言,当下之;腹满时减,复如故,此为寒,当与温药。夫减不足言者,以中满之甚,无时或减,此实胀也,故当下之。腹满时减者,以腹中本无实邪,所以有时或减,既减而腹满如故者,以脾气虚寒而然,所以当与温药,温即兼言补也。《内经》诸篇皆惓惓以神气为言,夫神气者,元气也。元气完固,则精神昌盛,无待言也;若元气微虚,则神气微去;元气大虚,则神气全去,神去则机息矣,可不畏哉?《脉要精微论》曰:夫精明者,所以视万物,别白黑,审短长。以长为短,以白为黑,如是则精衰矣。言而微,终日乃复言者,此夺气也;衣被不敛,言语善恶不避亲疏者,此神明之乱也。仓廪不藏者,是门户不要也;水泉不止者,是膀胱不藏也。得守者生,失守者死。夫五藏者,身之强也。头者精明之府,头倾视深,精神将夺矣;背者胸中之府,背曲肩随,府将坏矣;腰者肾之府,转摇不能,肾将惫矣;膝者筋之府,屈伸不能,行则偻附,筋将惫矣;骨者髓之府,不能久立,行则振掉,骨将惫矣。得强则生,失强则死。此《内经》之言虚证也,当察其意。

《景岳全书·传忠录·寒热篇》:寒热者,阴阳之化也。阴不足则阳乘之,其变为热;阳不足则阴乘之,其变为寒。故阴胜则阳病,阴胜为寒也;阳胜则阴病,阳胜为热也。热极则生寒,因热之甚也;寒极则生热,因寒之甚也。阳虚则外寒,寒必伤阳也;阴虚则内热,热必伤阴也。阳盛则外热,阳归阳分也;阴盛则内寒,阴归阴分也。寒则伤形,形言表也;热则伤气,气言里也。故火王之时,阳有余而热病生;水王之令,阳不足而寒病起。人事之病由于内,气交之病由于外。寒热之表里当知,寒热之虚实,亦不可不辨……病人身大热,反欲得近衣者,热在皮肤,寒在骨髓也;身大寒,反不欲近衣者,寒在皮肤,热在骨髓也。此表证之辨。若内热之甚者,亦每多畏寒,此当以脉证参合察之。真寒之脉,必迟弱无神;真热之脉,必滑实有力。阳脏之人多热,阴脏之人多寒。阳脏者,必平生喜冷畏热,即朝夕食冷,一无所病,此其阳之有余也;阴脏者,一犯寒凉,则脾肾必伤,此其阳之不足也。第阳强者少,十惟二三;阳弱者多,十常五六。

《医学心悟·寒热虚实表里阴阳辨》:病有总要,寒、热、虚、实、表、里、阴、阳,八字而已。病情既不外此,则辨症之法,亦不出此……一病之虚实,全在有汗与无汗,胸腹胀痛与否,胀之减与不减,痛之拒按与喜按,病之新久,禀之厚薄,脉之虚实以分之。假如病中无汗,腹胀不减,痛而拒按,病新得,人禀厚,脉实有力,此实也。假如病中多汗,腹胀时减,复如故,痛而喜按,按之则痛止,病久禀弱,脉虚无力,此虚也……至于病之阴阳,统上六字而言,所包者广。热者为阳,实者为阳,在表者为阳;寒者为阴,虚者为阴,在里者为阴。寒邪客表,阳中之阴;热邪入里,阴中之阳。寒邪入里,阴中之阴;热邪达表,阳中之阳。而真阴真阳之别,则又不同。假如脉数无力,虚火时炎,口燥唇焦,内热便结,气逆上冲,此真阴不足也;假如脉大无力,四肢倦怠,唇淡口和,肌冷便溏,饮食不化,此真阳不足也。

《类经·论治类·气味方制治法逆从》:病有微甚者,以证有真假也。寒热有真假,虚实亦有真假。真者正治,知之无难,假者反治,乃为难耳。如寒热之真假者,真寒则脉沉而细,或弱而迟,为厥逆,为呕吐,为腹痛,为飧泄下利,为小便清频,即有发热,必欲得衣,此浮热在外而沉寒在内也。真热则脉数有力,滑大而实,为烦躁喘满,为声音壮厉,或大便秘结,或小水赤涩,或发热掀衣,或胀疼热渴。此皆真病……至若假寒者,阳证似阴,火极似水也,外虽寒而内则热,脉数而有力,或沉而鼓击,或身寒恶衣,或便热秘结,或烦渴引饮,或肠垢臭秽,此则恶寒非寒,明是热证,所谓热极反兼寒化,亦曰阳盛隔阴也。假热者,阴证似阳,水极似火也,外虽热而内则寒,脉微而弱,或数而虚,或浮大无根,或弦芤断续,身虽炽热而神则静,语虽谵妄而声则微,或虚狂起倒而禁之即止,或蚊迹假斑而浅红细碎,或喜冷水而所用不多,或舌胎面赤而衣被不撤,或小水多利,或大便不结,此则恶热非热,明是寒证,所谓寒极反兼热化,亦曰阴盛隔阳也。此皆假病……然至虚有盛候,则有假实矣,大实有羸状,则有假虚矣。总之,虚者正气虚也,为色惨形疲,为神衰气怯,或自汗不收,或二便失禁,或梦遗精滑,或呕吐隔塞,或病久攻多,或气短似喘,或劳伤过度,或暴困失志,虽外证似实而脉弱无神者,皆虚证之当补也。实者邪气实也,或外闭于经络,或内结于藏府,或气壅而不行,或血留而凝滞,必脉病俱盛者,乃实证之当攻也。

病 性 辨 证

《素问·至真要大论》:帝曰:愿闻病机何如?岐伯曰:诸风掉眩,皆属于肝。诸寒收引,皆属于肾。诸气膹郁,皆属于肺。诸湿肿满,皆属于脾;诸热瞀瘛,皆属于火。诸痛痒疮,皆属于心。诸厥固泄,皆属于下。诸痿喘呕,皆属于上。诸禁鼓栗,如丧神守,皆属于火。诸痉项强,皆属于湿。诸逆冲上,皆属于火。诸胀腹大,皆属于热。诸躁狂越,皆属于火。诸暴强直,皆属于风。诸病有声,鼓之如鼓,皆属于热。诸病胕肿,疼酸惊骇,皆属于火。诸转反戾,水液浑浊,皆属于热。诸病水液,澄彻清冷,皆属于寒。诸呕吐酸,暴注下迫,皆属于热。故大要曰:谨守病机,各司其属,有者求之,无者求之,盛者责之,虚者责之,必先五胜,疏其血气,令其调达,而致和平,此之谓也。

一、六淫辨证

《医学心悟·六气相杂须辨论》:六气者,风、寒、暑、湿、燥、火是也……假如脉浮缓,自汗头痛,发热而恶风者,伤风也;脉浮紧,无汗头痛,发热而恶寒者,伤寒也。此随时感冒,虽在暑月,亦必有之。亦有纳冷饮冷,脏受寒侵,遂至呕吐痛泻,脉沉迟,手足厥冷,口鼻气冷,此乃夏月中寒之候,仅因避暑太过而得之也。至于暑症,乃夏月之正病,然有伤暑、中暑、闭暑之殊。伤暑者,病之轻者也,其症汗出身热而口渴也。中暑者,病之重者也,其症汗大泄,昏闷不醒,蒸热齿燥,或烦心喘喝妄言也。闭暑者,内伏暑气,而外为风寒闭之也,其头痛身痛,发热恶寒者,风寒也;口渴烦心者,暑也。其有霍乱吐泻而转筋者,则又因暑而停食伏饮以致之也。然停食伏饮,湿气也,或身重体痛,腹满胀闷,泄利无度,皆湿也。风、寒、暑、湿,四气动而火随之,是为五气。

《医学真传·六淫外感》:六淫在人而不在天,凡有所病,皆本人身之六淫,而非天之六淫也。

《医学一贯·万病一源说》:天之六淫伤人,亦乘其虚处感化。阴虚者,易感风燥暑火;阳虚者,易感寒湿雾露。

二、阴阳虚损辨证

《理虚元鉴·治虚二统》:治虚二统,统之于肺、脾而已。人之病,或为阳虚,或为阴虚。阳虚之久者阴亦虚,终是阳虚为本。阴虚之久者阳亦虚,终是阴虚为本。凡阳虚为本者,其治之有统,统于脾也。阴虚为本者,其治之有统,统于肺也。

《阴证略例·论阴证发渴》:阴证口干舌燥,非热邪侵凌肾经也,乃嗜欲之人,耗散精气,真水涸竭,元气阳中脱坎内阳爻是也。饮食伤冷,变为枯阴,阳从内消者,或不渴,阳游于外者,必渴而欲饮也。

《医理真传·辨认一切阳虚证法》:阳虚病,其人必面色唇口青白,无神,目瞑,倦卧,声低,息短,少气,懒言,身重,畏寒,口吐清水,饮食无味,舌清滑或黑润青白色,淡黄润滑色,满口津液,不思水饮,即饮亦喜热汤,二便自利,脉浮空,细微无力,自汗肢冷,爪甲青,腹痛囊缩,种种病形,皆是阳虚的真面目。

三、气血辨证

《景岳全书·杂证谟·诸气》:夫百病皆生于气,正以气之为用,无所不至,一有不调,则无所不病。故其在外则有六气之侵;在内则有九气之乱。而凡病之为虚为实,为热为寒,至其变态,莫可名状。欲求其本,则止一气字足以尽之。盖气有不调之处,即病本所在之处也。是为明哲不凡者,乃能独见其处,撮而调之。

《重订通俗伤寒论·气血虚实》:肺气实而上逆,则有胸痞头眩,痰多气壅等症,甚则喘不得卧,张口抬肩。胃气实而中满,则有嘈杂懊憹,嗳腐吐酸等症,甚则食不能进,呕吐呃逆。肝气实而上冲,则有头疼目眩,呕酸吐苦等症,甚则消渴,气上冲心,心中疼热。

《金匮要略·惊悸吐衄下血胸满瘀血病脉证治》:病人胸满,唇痿舌青,口燥,其人但欲漱水不欲咽,无寒热,脉微大来迟,腹不满,其人言我满,为有瘀血。

《景岳全书·杂证谟·血证》:凡形质所在,无非血之用也。是以人有此形,惟赖此血,故血衰则形萎,血败则形坏,而百骸表里之属,凡血亏之处,则必随所在各见其偏废之病。

《血证论·瘀血》:瘀血在经络脏腑之间,则周身作痛,以其堵塞气之往来,故滞碍而痛,所谓痛则不通也……瘀血在上焦,或发脱不生,或骨膊胸膈顽硬刺痛……瘀在中焦,则腹痛胁痛,腰脐间刺痛……瘀血在下焦,则季胁、少腹胀满刺痛。

四、津液辨证

《医林绳墨·痰》:痰者,人身之痰饮也,人之气道清顺则痰不生,窒塞则痰壅盛,或因风寒暑湿之外感,或因七情饮食之内伤,以致气逆而液浊,则痰证成焉。是以聚于肺者则名气痰,其痰喘嗽上出;留于胃者则名食痰,其痰积利下行,在肺经者,名为风痰,其痰青而多泡,在心经者,名为热痰,其痰坚而成块,在肾经者,名为寒痰,其痰有黑点而多稀。若夫痰滞于经络则为肿为毒,痰存于四肢则麻痹不仁;痰迷于心窍则谵语恍惚,惊悸,健忘,痰壅于中膈,则为痞为满,关格喉闭,胁痛乳痛,乃其所因,则又不可不知。盖痰因于风则眩晕动摇,痰因于火则吐呕酸苦,痰因于湿则肢节重痛,不能转移,痰因于寒则吞酸恶心,呃逆涎沫,痰因于情郁感动则劳瘵生虫,肌肤羸瘦,痰因于饮食内伤则中气迷闷,腹中不利,见食恶食,不食不饥,此皆痰之见于内而证于外者也。

《金匮要略·痰饮咳嗽病脉证并治》:问曰:夫饮有四,何谓也?师曰:有痰饮,有悬饮,有溢饮,有支饮。问曰:四饮何以为异?师曰:其人素盛今瘦,水走肠间,沥沥有声,谓之痰饮。饮后水流在胁下,咳唾引痛,谓之悬饮。饮水流行,归于四肢,当汗出而不汗出,身体疼重,谓之溢饮。其人咳逆倚息,短气不得卧,其形如肿,谓之支饮。

《金匮要略·水气病脉证并治》:心水者,其身重而少气,不得卧,烦而躁,其人阴肿。肝水者,其腹大,不能自转侧,胁下腹痛,时时津液微生,小便续通。肺水者,其身肿,小便难,时时鸭溏。脾水者,其腹大,四肢苦重,津液不生,但苦少气,小便难。肾水者,其腹大,脐肿腰痛,不得溺,阴下湿如牛鼻上汗,其足逆冷,面反瘦。

病 位 辨 证

一、脏腑辨证

《脏腑虚实标本用药式》:肝藏血,属木,胆火寄于中,主血,主目,主筋,主呼,主怒。本病:诸风眩晕,僵卧硬直,惊痫,两胁肿痛,胸胁满痛,呕血,小腹疝痛疥瘕,女人经病。标病:寒热疟,头痛吐涎,目赤面青,多怒,耳闭颊肿,筋挛卵缩,丈夫㿉疝,女人少腹肿痛,阴病。

心藏神,为君火,包络为相火,代君行令,主血,主言,主汗,主笑。本病:诸热瞀瘛,惊惑,谵妄烦乱,啼笑詈骂,怔忡健忘,自汗,诸痛痒疮疡。标病:肌热,畏寒战栗,舌不能言,面赤目黄,手心烦热,胸胁满,痛引腰背肩胛肘臂。

脾藏智,属土,为万物之母,主营卫,主味,主肌肉,主四肢。本病:诸湿肿满,痞满嗳气,大小便闭,黄疸痰饮,吐泻霍乱,心腹痛,饮食不化。标病:身体胕肿,重困嗜卧,四肢不举,舌本强痛,足大趾不用,九窍不通,诸痉项强。

肺藏魄,属金,总摄一身元气,主闻,主哭,主皮毛。本病:诸气膹郁,诸痿喘呕,气短,咳嗽上逆,咳唾脓血,不得卧,小便数而欠,遗失不禁。标病:洒淅寒热,伤风自汗,肩背痛冷,臑臂前廉痛。

肾藏志,属水,为天一之源,主听,主骨,主二阴。本病:诸寒厥逆,骨痿腰痛,腰冷如冰,足胕肿寒,少腹满急,疝瘕,大便闭泄,吐利腥秽,水液澄澈清冷不禁,消渴引饮。标病:发热不恶热,头眩头痛,咽痛舌燥,脊股后廉痛。

命门为相火之原,天地之始,藏精生血……主三焦元气。本病:前后癃闭,气逆里急,疝痛奔豚,消渴膏淋,精漏精寒,赤白浊,溺血,崩中带漏。

三焦为相火之用,分布命门元气,主升降出入,游行天地之间,总领五脏六腑、营卫经络、内外上下左右之气,号中清之府,上主纳,中主化,下主出。本病:诸热瞀瘛,暴病暴死暴瘖,躁扰狂越,谵妄惊骇,诸血溢血泄,诸气逆冲上,诸疮疡痘疹瘤核。上热则喘满,诸呕吐酸,胸痞胁痛,食饮不消,头上汗出。中热则善饥而瘦,解㑊中满,诸胀腹大,诸病有声,鼓之如鼓,上下关格不通,霍乱吐利。下热则暴注下迫,水液浑浊,下部肿满,小便淋沥或不通,大便闭结或下痢。上寒则吐饮食痰水,胸痹前后引痛,食已还出。中寒则饮食不化,寒胀,反胃吐水,湿泻不渴。下寒则二便不禁,脐腹冷,疝痛。标病:恶寒战栗,如丧神守,耳鸣耳聋,嗌干喉痹,诸病胕肿,疼酸惊骇,手小指次指不用。

胆属木,为少阳相火,生发万物,为决断之官,十一脏之主。本病:口苦,呕苦汁,善太息,憺憺如人将捕状,目昏不眠。标病:寒热往来,痎疟,胸胁痛,头额痛,耳痛鸣聋,瘰疬结核马刀,足小指次指不用。

胃属土,主容受,为水谷之海。本病:噎膈反胃,中满肿胀,呕吐泻痢,霍乱腹痛,消中善饥,不消食,伤饮食,胃管当心痛支两胁。标病:发热蒸蒸,身前热,身后寒,发狂谵语,咽痹,上齿痛,口眼㖞斜,鼻痛,鼽衄赤齇。

大肠属金,主变化,为传送之官。本病:大便闭结,泄痢下血,里急后重,疽痔脱肛,肠鸣而痛。标病:齿痛喉痹,颈肿口干,咽中如梗,鼽衄目黄,手大指次指痛,宿食发热寒栗。

小肠主分泌水谷,为受盛之官。本病:大便水谷利,小便短,小便闭,小便血,小便自利,大便后血,小肠气痛,宿食夜热且止。标病:身热恶寒,嗌痛颔肿,口糜耳聋。

膀胱主津液,为胞之府,气化乃能出,号州都之官,诸病皆干之。本病:小便淋沥,或短数,或黄赤,或白,或遗失,或气痛。标病:发热恶寒,头痛,腰脊强,鼻窒,足小指不用。

《血证论·脏腑病机论》：脏腑各有主气,各有经脉,各有部分,故其主病,亦各有见证之不同。有一脏为病而不兼别脏之病者,单治一脏而愈;有一脏为病而兼别脏之病者,兼治别脏而愈。业医不知脏腑,则病原莫辨,用药无方,乌睹其能治病哉？

二、六经辨证

《素问·热论》：伤寒一日,巨阳受之,故头项痛,腰脊强。二日阳明受之,阳明主肉,其脉侠鼻络于目,故身热目疼而鼻干,不得卧也。三日少阳受之,少阳主胆,其脉循胁络于耳,故胸胁痛而耳聋。三阳经络皆受其病,而未入于藏者,故可汗而已。四日太阴受之,太阴脉布胃中络于嗌,故腹满而嗌干。五日少阴受之,少阴脉贯肾络于肺,系舌本,故口燥舌干而渴。六日厥阴受之,厥阴脉循阴器而络于肝,故烦满而囊缩。

《伤寒论》：太阳之为病,脉浮,头项强痛而恶寒。(1条)

太阳病,发热,汗出,恶风,脉缓者,名为中风。(2条)

太阳病,或已发热,或未发热,必恶寒,体痛,呕逆,脉阴阳俱紧者,名为伤寒。(3条)

中风发热,六七日不解而烦,有表里证,渴欲饮水,水入则吐者,名曰水逆,五苓散主之。(74条)

太阳病六七日,表证仍在,脉微而沉,反不结胸,其人发狂者,以热在下焦,少腹当硬满,小便自利者,下血乃愈。所以然者,以太阳随经,瘀热在里故也,抵当汤主之。(124条)

阳明之为病,胃家实是也。(180条)

问曰：阳明病外证云何？答曰：身热,汗自出,不恶寒,反恶热也。(182条)

伤寒,脉滑而厥者,里有热,白虎汤主之。(350条)

患者不大便五六日,绕脐痛,烦躁,发作有时者,此有燥屎,故使不大便也。(239条)

少阳之为病,口苦,咽干,目眩也。(263条)

太阳病不解,转入少阳,胁下硬满,干呕不能食,往来寒热,尚未吐下,脉沉紧者,与小柴胡汤。(266条)

太阴之为病,腹满而吐,食不下,自利益甚,时腹自痛。若下之,必胸下结硬。(273条)。

少阴之为病,脉微细,但欲寐也。(281条)

厥阴之为病,消渴,气上撞心,心中疼热,饥而不欲食,食则吐蛔,下之利不止。(326条)

三、卫气营血辨证

《外感温热篇》：温邪上受,首先犯肺,逆传心包。肺主气属卫,心主血属营。辨营卫气血虽与伤寒同,若论治法则与伤寒大异也。盖伤寒之邪留恋在表,然后化热入里,温邪则热变最速。未传心包,邪尚在肺,肺主气,其合皮毛,故云在表,在表初用辛凉轻剂……或透风于热外,或渗湿于热下,不与热相搏,势必孤矣。不尔,风挟温热而燥生,清窍必干,谓水主之气不能上荣,两阳相劫也。湿与温合,蒸郁而蒙蔽于上,清窍为之壅塞,浊邪害清也。其病有类伤寒,其验之之法,伤寒多有变证,温热虽久,在一经不移,以此为辨……大凡看法,卫之后方言气,营之后方言血。在卫汗之可也,到气才可清气,入营犹可透热转气,如犀角、玄参、羚羊角等物,入血就恐耗血动血,直须凉血散血,如生地、丹皮、阿胶、赤芍等物。否则前后不循缓急之法,虑其动手便错,反致慌张矣。

四、三焦辨证

《温病条辨·上焦篇》:凡病温者,始于上焦,在手太阴。伤寒由毛窍而入,自上而下,始足太阳。足太阳膀胱属水,寒即水之气,同类相从,故病始于此。古来但言膀胱主表,殆未尽其义。肺者,皮毛之合也,独不主表乎?治法必以仲景六经次传为祖法。温病由口鼻而入,自上而下,鼻通于肺,始手太阴。太阴金也,温者火之气,风者火之母,火未有不克金者,故病始于此,必从河间三焦定论。

《温病条辨·中焦篇》:温病由口鼻而入,鼻气通于肺,口气通于胃。肺病逆传则为心包。上焦病不治,则传中焦,胃与脾也。中焦病不治,即传下焦,肝与肾也。始上焦,终下焦。温病以手经为主,未始不关足经也。但初受之时,断不可以辛温发其阳耳。盖伤寒伤人身之阳,故喜辛温、甘温、苦热,以救其阳;温病伤人身之阴,故喜辛凉甘寒甘咸,以救其阴。彼此对勘,自可了然于心目中矣。

五、经络辨证

《灵枢·经脉》:"经脉者,所以能决死生,处百病,调虚实,不可不通。"

《难经·二十九难》:"阳维维于阳,阴维维于阴,阴阳不能自相维,则怅然失志,溶溶不能自收持。阳维为病苦寒热,阴维为病苦心痛。阴跷为病,阳缓而阴急;阳跷为病,阴缓而阳急。冲之为病,逆气而里急。督之为病,脊强而厥。任之为病,其内苦结,男子为七疝,女子为瘕聚。带之为病,腹苦满,腰溶溶若坐水中。"

诊断综合运用

一、诊断思路与方法

《医学阶梯·证中证论》:凡有病必有证,有证必有论,论清则证明,证明则病易疗,非可以模棱两端,取效于疑似之间也。古人审病论证,着定七情、六淫十三字,千病万证,不能越此。然辨病定证,义颇深奥。

《古今医彻·医箴·疗医》:医之临病,胜于临敌。运筹帷幄之中,决胜千里之外,良将是也。存乎呼吸之间,而远退二竖之舍,良医是也。察色不可不精,审声不可不详,持脉不可不静,辨症不可不细,既责其有,又责其无,既求其始,又虑其后,既达其常,又通其变,必使有济无损,有利无害,慊于己而无怨于人,庶阴德可积,冥谴可逃矣。

《时病论·自序》:甚矣,医道之难也!而其最难者尤莫甚于知时论证,辨体立法。盖时有温、热、凉、寒之别,证有表、里、新、伏之分,体有阴、阳、壮、弱之殊,法有散、补、攻、和之异,设不明辨精确,妄为投剂,鲜不误人。

二、病历书写与要求

《重订名医类案·序》:医之有案,实权舆于左氏传、太史公。魏晋以降,多散见于史集,至丹溪始有专书,皆其门人所日记,亦小说、杂记之属。宋张季明作《医说》十卷,首述轩岐,以发其宗,次列证治,以穷其变,又此编之鼻祖也。

《重订名医类案·叙》:吾观太史公之传淳于意,则意之医案也;陈寿之传华佗,则佗之医案也;李延寿之传徐父伯,则父伯之医案也。后史以医为小道,传方术者略而不书,而案之存于史者盖寡。诸医之良者,自传其术,幸而不终至于泯没……语云:医者意也。黄帝有问岐伯,即知其人之病之由;雷公有问黄帝,即知其人之病之由,以意决之也。此即黄帝、岐伯之医案也。若其病不应脉,当思其病;脉不应病,当思其脉;药不应病,当思其药。三者相参,思之,思之,其有不合者寡矣。医之有案,盖未有出此三者。遵其道而用之,人皆可以为良医,人皆可以立案。

《寓意草·与门人定议病式》:某年某月,某地某人,年纪若干,形之肥瘦长短若何,色之黑白枯润若何,声之清浊长短若何,人之形志苦乐若何,病始何日,初服何药,次后再服何药,某药稍效,某药不效,时下昼夜孰重,寒热孰多,饮食喜恶多寡,二便滑涩无有,脉之三部九候何候独异,二十四脉中何脉独见,何脉兼见,其症或内伤,或外感,或兼内外,或不内外,依经断为何病,其标本先后何在……一一详明,务令纤毫不爽,起众信从,允为医门矜式,不必演文可也。某年者,年上之干支,治病先明运气也;某月者,治病必本四时也;某地者,辨高卑燥湿、五方异宜也;某龄某形、某声某气者,用之合脉,图万全也;形志苦乐者,验七情劳逸也;始于何日者,察久近传变也;历问病症药物验否者,以之斟酌己见也;昼夜寒热者,辨气分血分也;饮食二便者,察胃肠乖和也;三部九候何候独异,推十二经脉受病之所也;二十四脉见何脉者,审阴阳表里无差忒也;依经断为何病者,名正则言顺事成,如律度也;标本先后何在者,识轻重次第也。